基于学习科学的学科教学丛书

丛书总主编◎皮连生　庞维国　高宏伟

主　编／皮连生
副主编／唐懋龙　周金钟　江美芳
　　　　屈太侠　李　静

小学语文教学设计与实施

XIAOXUE YUWEN JIAOXUESHEJI YU SHISHI

华东师范大学出版社
·上海·

图书在版编目(CIP)数据

小学语文教学设计与实施/皮连生主编. —上海:华东师范大学出版社,2018
(基于学习科学的学科教学丛书)
ISBN 978 - 7 - 5675 - 7801 - 2

Ⅰ.①小…　Ⅱ.①皮…　Ⅲ.①小学语文课-教学设计　Ⅳ.①G623.202

中国版本图书馆 CIP 数据核字(2018)第 144309 号

小学语文教学设计与实施

主　　编　皮连生
项目编辑　师　文
特约审读　余　漪
责任校对　邱红穗
装帧设计　俞　越　庄玉侠

出版发行　华东师范大学出版社
社　　址　上海市中山北路 3663 号　邮编 200062
网　　址　www.ecnupress.com.cn
电　　话　021 - 60821666　行政传真 021 - 62572105
客服电话　021 - 62865537　门市(邮购)电话 021 - 62869887
地　　址　上海市中山北路 3663 号华东师范大学校内先锋路口
网　　店　http://hdsdcbs.tmall.com

印 刷 者　浙江临安曙光印务有限公司
开　　本　787 毫米×1092 毫米　1/16
印　　张　19.75
字　　数　427 千字
版　　次　2018 年 10 月第 1 版
印　　次　2023 年 7 月第 5 次
书　　号　ISBN 978 - 7 - 5675 - 7801 - 2
定　　价　49.00 元

出 版 人　王　焰

(如发现本版图书有印订质量问题,请寄回本社客服中心调换或电话 021 - 62865537 联系)

课堂教学的科学

——《学与教的心理学》在学科教学中的运用

1987年，我在苏州铁道师范学院（今苏州科技大学）从事公共课心理学的教学工作。当时，我国高等师范院校一般只开设一门心理学课程（一个学期，每周2—3课时）。教材内容主要是从苏联引进的普通心理学，包括认知过程：注意、感知觉、记忆、思维、想象；个性心理特征：能力、性格、意志等；另外还增加了有关儿童发展心理学和教育心理学等的内容。学生对心理学这门概念多、实际运用难的课程普遍不感兴趣，认为学了用不上。教育行政部门对这门课程也普遍不够重视。在一次江苏省教委的会议上，我提出心理学课程只开一学期，每周只有两课时，课时太少。一位教委负责人回答："给两课时基层学校还嫌浪费，给三课时就更嫌浪费了。"

值得庆幸的是，国际心理学在20世纪七八十年代发起了认知心理学革命。认知心理学恰好回答了钱学森先生提出的教育科学的基础理论问题。他说："教育科学中最难的问题，也是最核心的问题是教育学科的基础理论，即人的知识和应用知识的智力是怎样获得的，有什么规律。解决了这个核心问题，教育科学的其他学问和教育工作的其他部门就有了基础，有了依据。没有这个基础理论，其他也就难说准。所以，首先应该集中研究教育科学的基础理论。"例如，加涅在20世纪70年代将学生的学习结果分成言语信息、智慧技能、认知策略、动作技能和态度等五个类别。他在《学习的条件》一书中解释了每类学习的过程和条件。除态度之外，其他四类学习结果都来源于知识。加涅系统地阐明了知识是怎么转化为学生的技能和智慧能力（即钱先生所说的"应用知识的智力"）的一般规律。这样心理学就从孤立地研究认知过程走上将认知过程与知识学习相结合的道路。

20世纪八九十年代，在认知学习理论基础上又产生了一门新学科，即基于学习心理学的系统化教学设计。它通过四个关键环节，使教师教学行为建立在科学的学习心理学基础上：

（1）通过一套技术使教学目标行为化，变得可以观察和测量；

（2）对教育目标中的学习结果类型及其学习的条件进行分析，据此决定学习的过程和条件；

（3）依据上述分析选择适当的教学过程和方法，为有效学习创造合适的条件；

（4）对照目标设计测量与评价教学效果的工具（包括测验题、练习题）以及评价标准。

传统上，教师的教学主要基于经验。新教师上岗主要模仿老教师的做法。因此一般师范院校的学生认为"不用学心理学，照样可以当教师"。在系统化教学设计产生并被移植到学校课堂教学之后，教师不学心理学，寸步难行。因为不懂心理学，在备课时教师不会写教学目标；在上课时，教师不知道学习的性质是什么，往往会将技能教成知识，或用教知识的方法来教学生态度和行为,也不知道如何用外显行为来检测学生内在的能力和倾向的变化。

为了反映国际学习心理学和教学设计方面的新进展,改革高等师范院校公共心理学课程,我在 1987 年承担高等师范院校公共心理学课程的教学工作之后,就着手改革高等师范院校公共心理学的教材内容。经过三年的努力,在华东师范大学心理学系邵瑞珍教授的指导下,苏州铁道师范学院联合上海教育学院、浙江省教育学院、南京师范大学和宁波师范学院(今宁波大学)部分心理学教师编写了一本以学习心理学和教学心理学为主要内容的高等师范院校公共心理学教材,取名《学与教的心理学》(1990 年由华东师范大学出版社出版)。实际上,它是我国第一本基于科学心理学的教学论,简称科学取向的教学论。

该教材一经使用就受到试用学校的普遍欢迎。苏州铁道师范学院的公共心理学教学教材获院内优秀教材一等奖,并获江苏省普通高校优秀教学质量三等奖(1991 年);宁波师范学院的公共心理学教学改革获院内特等奖,省内二等奖(1993 年);《学与教的心理学》曾获上海市哲学社会科学优秀著作三等奖(1994 年),优秀教材一等奖(1999 年),2006 年入选教育部普通高校教育"十一五"国家级规划教材。

《学与教的心理学》被作为高等师范院校公共心理学教材之后,受到了普遍欢迎,每年发行一万多册,近三十多年来经久不衰。但试教学校的教师和学生普遍感到该书的特点是新和难。难在什么地方? 不在文字,而在于如何运用。因为学习公共心理学的师范院校的学生来自语文、数学、英语、历史、地理等不同系科。公共心理学教材只讲一般学习与教学的心理学原理,举例也大多数是小学的例子。学科知识越简单,越容易被来自不同系科的学生接受。但各学科的学生如何在本学科的实践中运用学与教的一般心理学原理呢? 对于这个问题,不仅学生感到难,任课教师也感到难,而且作为教材的编者,也犯难,因为这是一个有待研究和开发的全新领域。同时,这一任务不是心理学家、教学设计专家能独立完成的,他们必须与中小学学科教师合作,只有经过多年努力,才可能在理论研究和案例开发上获得较大突破。自 20 世纪 90 年代以来,我和我的硕士、博士研究生先后在华东师范大学附属小学进行多年语文教学研究,之后又连续三年在上海市宝山区十所中小学校的多个学科课堂中进行应用研究。在硕士、博士论文研究的基础上,我们出版了"学科教学论新体系"丛书共七种:语文、数学各两册,自然科学、社会科学和英语各一册(2004 年和 2005 年先后在上海教育出版社出版)。

此后,我和王小明、庞维国及他们的研究生的参与下,将修订的布卢姆认知目标分类学《学习、教学和评估的分类学:布卢姆教育目标分类学修订版》(2001 年)、加涅等的《教学设计原理》(2005 年)、史密斯等的《系统化教学设计》(2005 年)、迪克等的《教学设计》(2005 年)和 M·P·德里斯科尔的《学习心理学:面向教学的取向》(2005 年)翻译出来,于 2008 至 2009 年在华东师范大学出版社先后出版,为深入进行学与教的理论与应用研究提供了最新资料。

从学科应用研究来看,语文学科是最难运用学与教的心理学原理的学科。经过长期积累和近十年的集中研究,语文学科的应用研究取得了重大突破。由我和合作者所著的《小学语文学习与教学论》和《小学语文教学设计与实施》已经完稿。由安徽师范大学文学院何更生教授（心理学博士）及其合作者所著的《中学语文学习与教学论》和《中学语文教学设计与实施》、由华东师范大学教师教育学院陈刚副教授（心理学博士）及其合作者所著的《物理学习与教学论》和《物理教学设计与实施》近期内可以完稿。由北京师范大学张春莉教授（数学硕士、心理学博士）及其合作者所著的《数学学习与教学论》和《数学教学设计与实施》实践卷争取在年内完稿。因研究人员更换，由苏州科技大学教育与公共管理学院吴红耘教授及其合作者所承担的《历史学习与教学论》和《历史教学设计与实施》，由徐州市教研室副主任、英语特级教师李秋颖及其合作者所承担的《英语学习与教学论》和《英语教学设计与实施》争取明年完成。

在 2005 年前，我们的教学案例开发是单科进行的。自 2005 年起，广州市花都区教育局提出了构建"科学课堂"的任务。构建"科学课堂"实质上就是用科学取向的教学理论武装教师，并通过在专家指导下的教学设计与实施的反复练习，使该理论支配教师备课、上课和评课的行为。全区设立了七所实验学校（小学三所，初中、高中各两所），同时聘请我的学术团队中的五名教授、一名副教授和一名特级教师进行理论指导。经过两年不分学科与分学科系统培训与操练，实验学校的教学骨干才开始比较系统地领会了科学取向的教学论。一旦他们系统地领会了科学取向的教学论，他们的教学设计就能表现出创造性。现在广州市花都区的"科学课堂"建设已经进入第三年，正是到了出人才和出成果的时候。

在此我要十分感谢广州市花都区教育局和教研室领导为我们提供了心理学专家、学科教学论专家、教研员和优秀的一线教师四结合开发教学案例的机会。没有你们的高瞻远瞩和强有力的领导，要完成这样的大型工程是不可想象的。经过三十年努力，供教师学习与运用的心理学不仅有《学与教的心理学》的一般原理，不久又会有语文、数学、英语、物理、历史等学科版的学与教的心理学教材出版。尽管不同学科的研究深度会有不同，可能还会留下遗憾，但我们已尽力了。

皮连生

2018 年 7 月

在《小学语文教学设计与实施》一书中，我们将小学语文课堂教学分成单篇课文教学、单元整组课文教学、专项知识与技能教学和综合能力教学四种类型。单篇课文教学中既有专项知识与技能教学，又有综合能力教学。而在单元整组课文教学中，既有单篇课文教学，又有整组课文教学。

从科学取向的教学论来看，综合能力是不能直接教的，必须将它分解为单项知识或技能，才能直接教。语文阅读能力和写作能力都是综合能力，教师能直接教的是文章中的字、词、句、标点，以及修辞、描写、议论、说明等种种手法。综合能力的培养，主要是通过教师指导下的练习来进行的。传统语文教学论主张多读多写，有一定的道理，但这是一种不讲效率、不得已而为之的教学方法。

科学取向的教学论不同于传统语文教学论。它采用任务分析的方法，将综合的阅读与写作能力加以分解，找出支持这种综合能力背后的具体知识、技能或方法。教师对学生先进行单项知识、技能教学，然后进行综合能力教学。这样的练习，目标明确，针对性强，可以做到缺什么补什么。教学实践表明，这样的综合能力教学，可以收到立竿见影的效果。这就是本书选择教学案例的指导思想。

本书分三个部分：

第一部分教学案例二十一个，另加一篇句子教学经验总结。其中分为五章，分别涉及朗读指导，句子、段落与篇章，修辞以及写作技巧等方面的知识与技能的教学设计与实施。选择这些教学案例的目的，是以教学案例的形式，展示如何进行专业知识和技能的教学设计、实施与评价。

第二部分由二十个单篇课文教学案例构成（两个识字教学案例除外）。从低年级到高年级，年级不同，单篇课文教学的重点不同，教学策略也不同。所选的低、中、高三个年段的教学案例大致均衡，分别为七个、五个和十个。选择这些教学案例的目的，是向教师展示如何进行单篇课文教学，包括如何进行第一课时和第二课时或第三课时的教学，探求单篇课文教学中可以遵循的普遍规律。

第三部分由三个单元整组课文教学案例构成。这一部分的技术含量最高。编者的目的是向教师展示如何根据年级特点和学生语文读写能力发展需要，设置单元读写终点目标，将终点目标分解成若干个子目标。然后根据终点目标和子目标选择或开发（自编）教学材料。在教学程序上，先通过单篇课文教学，实现子目标，并进行专项能力训练。最后通过口语交际和写作实践，进行综合能力训练，实现终点目标。

本书所选的教学案例，有五个是编者依据科学取向的教学论对我国著名语文特级教师于永正（三篇）、袁瑢（一篇）、李吉林（一篇）的课堂教学实录重新整理和评析。实验学校的绝大多数教案，都经过教师集体备课，在平行班试教；然后根据试教结果，修改教学设计；

最后进行公开教学,并进行说课、评课,包括专家点评。大多数案例,都有教学效果的后测与评价。

皮连生

2018 年 7 月

第一部分
专项知识与技能的教学设计与实施

　　专项技能是从语文阅读和写作的综合能力中分解出来的技能,分高级技能和基本技能两大类。每一类别又分许多小项。属于基本技能的案例有:朗读指导中的词法、句法和语音教学,句子结构图式、概念与规则的教学;属于高级技能的案例有:段落与篇章结构的教学设计与实施,修辞教学设计与实施,写作技巧教学设计与实施。选择这些教学案例的目的,是用教学实例来说明这些语文知识是怎样转化为语文技能的。

第一章　朗读指导中的词法、句法和语音教学

案例一：简单句的主谓结构图式与"停连"规则教学

执教教师：广州市花都区教育局教学研究室　石皇冠　执教年级：一年级

一、设计理念

1. 语文课当堂传授新知识。
2. 当堂把新知识转化为新技能。

二、教学分析

【教材内容】(例子)：

以"部编本"语文教材一年级上册《乌鸦喝水》句子为主，同时兼顾本册书中其他课文的例句。

【教学内容】(新知)：

1. 简单句的主谓结构图式；2. 简单句的主谓结构概念；3. 简单句的主谓"停连"规则。

【教学目标】知识类型＋掌握程度：

目标 1：教学内容 1＋记忆、理解、运用(目标陈述为：记忆、理解、运用"简单句的主谓结构图式"；其余类推)；

目标 2：教学内容 2＋记忆、理解、运用；

目标 3：教学内容 3＋记忆、理解、运用。

知识类型	掌握程度(认知过程)					
	记忆	理解	运用	分析	评价	创造
A 事实类知识						
B 概念类知识	目标 1、2	目标 1、2	目标 1、2			
C 程序类知识	目标 3	目标 3	目标 3			
D 元认知知识						

注：教学内容 1 和 2，在修订的布卢姆认知教育目标分类学中属于"概念性知识"，其掌握程度达到记忆、理解与运用。在布卢姆认知教育目标分类学中，如果高一级目标达到了，其下面级别的目标自然就可以达到了，所以可以省略，不必详细呈现。教学内容 3，在修订的布卢姆认知教育目标分类学中，应属于"程序性知识"，其掌握程度达到运用。

将目标置于修订的知识与认知过程两维目标分类框架表中(见上表)，本课教什么，教到什么程度，一目了然。

【学习结果】(表现):

读简单句,主语谓语之间正确停顿,主语内部、谓语内部连读。在加涅学习结果分类中,学习结果属于智慧技能,即概念和规则的运用。

【任务分析】(条件):

低年级儿童,包括一年级儿童,其听说中枢已经掌握了主谓句法图式,仅仅是没有上升为概念和规则而已;其阅读中枢,尚无句法结构图式。

三、教学过程(认知)

1. 一个词要连读,词内部字与字之间不能停顿。例如:

乌鸦　到处　找水　办法

旁边　许多　放进　小白兔

(矫正旧习惯,克服一字一顿的念字习惯,词要连读)

2. 在口语基础和前期基础上教儿童阅读中枢掌握主谓句法图式。

羊	头	身
猪	头	身
火车	头	身
句子	头	身
例子	小花猫|吃饭。	
停顿		

练习:划分简单句的"头"和"身"。

(1) 小兔子喝水。

(2) 老师写字。

(3) 太阳当空照。

(4) 妈妈没回来。

(5) 小河是鱼儿的家。

3. 在主谓句法图式基础上教主谓句法概念。

句法图式	头	身
句法概念	主语	谓语
例子1	小兔子	喝水
例子2	老师	写字
例子3	太阳	当空照

练习:切分简单句的主语和谓语。

（1）小猴子在井边玩。

（2）井里有个月亮。

（3）小狗叫。

（4）月亮掉在井里啦。

4．在主谓句法概念基础上教主谓停连规则。

主语内部连读	主谓之间停顿	谓语内部连读
小猴子		在井边玩
井里		有个月亮
小狗		叫

四、课堂练习（评估）

1．检测简单句"停连规则"的运用。

（1）小明去上学。

（2）爸爸、妈妈在看电视。

（3）今天星期五。

2．更上一层楼：检测句子概念。

（1）花猫爱吃鱼小羊走来走去。

（2）我上学了我是一个小学生老师说我是好学生我心里很高兴我要好好学习。

五、凭借句法规则学词汇

一只乌鸦|口渴了，

它|到处找水喝。

乌鸦|看见一个瓶子，

瓶子里|有水。

但是，瓶子里|水不多，

瓶口|小，

乌鸦|喝不着水。怎么办呢？

乌鸦|看见许多小石子，

它|想出办法来了。

乌鸦|把小石子放进瓶子里。

瓶子里的水|渐渐升高，

乌鸦|就喝着水了。

六、课堂小结

评析

　　面对入学才两个多月的小学生，石老师教他们划分主语和谓语，在句子中切分词语。这是受我国传统语文教学理论持久熏陶的人想都不敢想的。石老师教了那些我们不敢想象的语文知识，但整节课教下来，进行得十分流畅，并未见学生产生困难。最后用无标点的几句话进行测试，学生竟然能断句，能按"主谓停连"的规则进行朗读，并且这一朗读规则能迁移到朗读课文《乌鸦喝水》中。石老师一节课的效果，比那种只会让学生扯着嗓子高声大叫的课堂教一年的效果还好！

石老师之所以能突破传统，创造"科学与高效"的课堂，是他对教学任务正确分析的结果。石老师认为，朗读既有动作技能学习的成分，又有智慧技能学习的成分。动作技能可以通过模仿进行学习；智慧技能不能通过简单模仿进行学习。所以石老师的朗读指导双管齐下：教师一方面进行朗读示范，让学生模仿；另一方面，进行词法和句法教学（限制在简单句范围内）。学生一旦能切分词语和句子的主谓成分，其朗读就不是单纯模仿，而是受词法和句法概念与规则的支配。所以石老师执教的课堂，既科学又高效。

(皮连生)

案例二：《项链》的朗读指导

执教教师：广州市花都区新雅街云峰小学　李　静　执教年级：一年级

【教材内容】

"部编本"小学语文一年级上册《项链》。

一、学习第一自然段

1. 请自读第一自然段，数一数，第一自然段有几句话？每句话分别写了什么？用横线划出相关的词语。

2. 指名汇报。

3. 请三个同学分别读一读这三个句子。文中写大海是什么样的？沙滩是什么样的？浪花是什么样的？

（课件出示："什么+怎么样"）

4. 你看见过大海吗？（看视频）边看边问：你觉得大海怎么样？练读第一句：

大海，蓝蓝的，又宽又远。

教师指导学生：叠词要连起来读，"又"字要稍重读，想象大海的样子，读出"宽和远"的感觉。

5. 看沙滩图，用读第一句的方法，练读第二句：

沙滩，黄黄的，又长又软。

6. 指导读第三句：

雪白雪白的/浪花，哗哗地/笑着，涌向沙滩，悄悄/撒下小小的/海螺和贝壳。

师：请同学们注意"雪白雪白的"和"小小的"这两个词语，想想有什么特点？（都有"的"字，认识带"的"字的词组）

7. 小结：这些带有"的"字的词语，都是形容后面这个"什么"，构成"怎么样（的）什么"的词组,使后面这个名词更形象具体。读的时候要在"的"字后面短暂停顿一下,而且"的"字要读成轻声。

(老师示范读)

蓝蓝的/大海   黄黄的/沙滩

雪白雪白的/浪花   小小的/海螺和贝壳

8. 指名或分组读第三句。

过渡:我们刚才欣赏了蓝蓝的大海,踩着黄黄的沙滩,还接受了浪花带给我们的小礼物——海螺和贝壳。小娃娃也来到沙滩,和我们一起玩捉迷藏的游戏。他要和大家比一比,谁能最快从第二段中找出像这样带有"的"字的词组。

二、学习第二自然段

1. 指名读第二自然段。请划出"怎么样的+什么"的词组。

2. 请按停顿练读,读出这些事物的特点(指名读、齐读、配乐读)。

小娃娃/嘻嘻地/笑着,迎上去,捡起小小的/海螺和贝壳,穿成/彩色的/项链,挂在/胸前。快活的/脚印/落在沙滩上,穿成/金色的/项链,挂在/大海胸前。

3. 同学们找到项链了吗? 找到了谁的项链? 是什么?(师板书:小朋友的项链是海螺和贝壳;大海的项链是脚印)

4. 出示图片:海螺和贝壳项链图以及一串脚印图。指导学生学习生字"贝",并组词。

5. 按课后练习题的要求,指导学生练说词语或句子。

dú yi dú   shuō yi shuō   kàn shuíshuō de duō
读一读, 说一说, 看谁说得多。

金色的

雪白的

快活的

我会说:金色的太阳……

6. 补充以前出现过的"的"字词组,请按停顿朗读。

弯弯的/月儿   小小的/船   闪闪的/星星   蓝蓝的/天

三、拓展练习

看看图上画了什么,要求学生按"怎么样的+什么"的图式说图。

评析

　　同石老师一样,李老师也是从朗读示范和句法、词法教学两方面进行朗读指导的。在教第一自然段时,李老师除了教学生用"什么＋怎么样"的句子图式来概括三个句子的结构之外,重点教了"形容词(的)＋名词"词组的朗读与运用。在教本段第三句时,她请学生注意"雪白雪白的"和"小小的"这两个词语的特点,从而引出带"的"字的形容词词组的教学。她将它们概括为"怎么样(的)＋什么"词组,并指出:读的时候要在"的"字后面短暂停顿一下,而且"的"字要读成轻声。老师示范,学生跟读:

　　蓝蓝的/大海　黄黄的/沙滩　雪白雪白的/浪花　小小的/海螺和贝壳

　　通过第一自然段的朗读训练,教师呈现经过加工的第二自然段,学生可以自主进行符合规范的朗读。课文教读完之后,结合教科书上的练习题,引导学生运用给定的形容词"金色的、雪白的、快活的"造句和说话,并复习了以前出现过的"的"字词组:"弯弯的/月儿"、"小小的/船"、"闪闪的/星星"、"蓝蓝的/天"。最后的测验题是看图说"怎么样(的)＋什么"词组。整堂课教学重点集中。从科学课堂的三项基本要求来看,李老师的教学抓住了课文的特点,教学目标、过程和测评三者完全一致。

　　这里有一个理论问题需要澄清。在小学低年级,语文教学中是否需要出现词法和句法的概念和规则?认知心理学家认为,儿童入学前,通过口语交际,已经发现了许多句子结构,实际上已经掌握了若干常用的句法和词法概念和规则。但儿童在未经系统教学之前,不能用言语清晰地表达他们头脑中存在的概念和规则,这种知识被称为缄默的知识(或内隐的知识)。入学后,在接触大量例子的基础上,出现主语、谓语、名词、形容词等概念名称,此时,儿童并非从零开始学习词法、句法新概念,而主要是学习这些概念的符号。没有这些符号,教师讲解十分困难。例如,有了"名词"、"形容词"符号,老师可以很方便地将"雪白雪白的/浪花"、"小小的/海螺和贝壳"等词组称为"形容词＋名词"词组,不必出现"怎么样(的)＋什么"这种说法。虽然在引入科学术语时,作为过渡,可以暂时出现这种通俗说法,但不能在小学阶段一直沿用这种说法,这也是导致语文"高耗低效"的重要原因之一。

(皮连生)

案例三：朗读技能中的重音指导（说课）

执教教师：上海市宝山区第一中心小学　严　薇　执教年级：六年级

一、教材知识结构分析

《学步》一课为上海教育出版社1994年小学语文六年级第一学期课本中的一篇课文。这册课本共分七个单元，分别是朗读、默读、朗读、视听、默读、朗读和课外阅读指导。七个单元中，朗读就占了三个单元，可见，朗读是本册教材的重点教学内容。

整册课本的朗读要求分为三个层次，分别在三个朗读单元教学中达到。三个层次的要求依次是正确清楚、自然流畅和传情达意。三个单元中所涉及的朗读技能主要有三个：停顿、重音与语调。停顿在第一个朗读单元"正确清楚"里就出现了，并在第二个朗读单元"自然流畅"里得到巩固。也就是说，学完了两个朗读单元，学生能运用停顿的方法正确清楚、自然流畅地朗读课文了。第三个朗读单元"传情达意"则要教会学生两个朗读技能：重音和语调。重音在这一单元的第一篇课文《学步》中进行教学。之所以把重音放在前面，是因为其是传情达意朗读课文的基础与重要技能。学好重音，再学习语调，才能做到传情达意，才能完成整册书朗读的最高要求，从而为下册课文的朗读学习打下基础。

二、学习起点能力分析

所谓起点能力，行为主义心理学家称之为起点行为，是指学生已有的与新学习有关的能力或倾向的准备水平。从本册教材朗读技能内容安排框式图解可知，重音在三个朗读技能中处于中间位置，那么，学生在学习"重音"这一概念时，已经具备以下朗读能力：（1）学会了朗读课文中的停顿；（2）能正确清楚、自然流利地朗读课文。这就是学生学习"重音"的起点能力。因为如果学生做不到正确清楚，咬字不准，多字、漏字，做不到"自然流利"所要求的"态度自然大方、停顿合理、速度恰当、语气顺畅"，又怎能传情达意呢？可见，"正确清楚、自然流畅"地朗读课文是学生已有的旧知识、旧能力，而这些能力与学生要学的新能力有关，它们之间的关系是承接的。

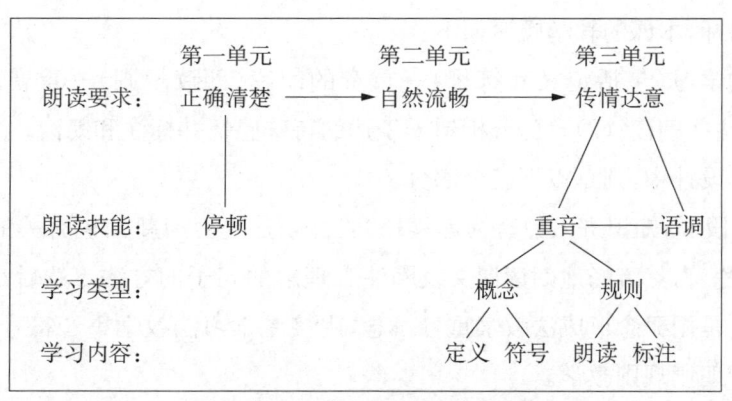

本册教材朗读技能内容安排图示

三、学习类型分析

本节课知识学习类型属于智慧技能中的概念与规则的学习。智慧技能是在掌握概念和以命题形式表达的规则的基础上,将已知的概念和规则运用于与原先的学习情境相类似的或完全不同的新情境中解决实际问题的能力。加涅把智慧技能分为四种,从易到难依次是辨别、概念、规则和高级规则。概念学习又分为具体概念和定义性概念。具体概念是可以直接通过观察获得的,而定义性概念的本质特征不能通过直接观察获得,必须通过定义来揭示。"重音"概念学习内容包括重音的定义和重音的符号,前者属于定义性概念,是通过"例—规"法得出的,属于上位学习;后者即为具体概念,是由教师直接写出并告知含义的,属于接受学习。本课的重点是概念学习中的规则学习。所谓规则,是公式、定律、法则、原理等的总称。本课规则学习的内容包括重音的朗读规则和标注规则。其中朗读规则是通过"例—规"法教学得出的,而标注规则则是通过变式练习得出的。

四、教学目标拟订

教学目标,更具体地说,应称为行为目标,是指用可观察和可测量的行为陈述的教育目标。本节课的三个教学目标包括:

(1) 提供带有重音符号和其他符号的句子,学生能指出重音符号。

(2) 能根据所要表达的思想感情给课文中的一些句子加上重音符号;对已学过的课文中的句子,加上适当的重音符号,并根据重音定义陈述理由。

(3) 能用"加大音量,延长音节"的方法,正确读出已加上重音符号的句子。

以上三个教学目标是根据本节课学习的不同类型与内容提出的,三个目标有一定的层次性,反映了从记忆、理解到运用的过程。特别是第二个教学目标,又分为两个层次,分别是简单运用和综合运用。在教学目标的陈述中,教师要力求做到可观察、可测量,并用一些表示能力的行为动词,如目标中加横线的"指出"、"加上"、"陈述"、"读出"等。

五、教学步骤

根据教学目标,本课的教学顺序如下:

重音概念的学习(包括定义和符号)→重音的朗读(朗读规则)→重音的标注并朗读:
(1)根据要求标注并朗读;(2)自己分析句子表达的特殊感情并标注和朗读。

体现在教案设计中,则是以下三个部分:

(1) 新授阶段(新知识进入原有命题网络):首先是复习与新知识有关的原有知识与技能,包括正确清楚、自然流畅地朗读课文及圈注难理解的句子的方法。然后是呈现新知识并指导理解。主要是用概念形成法教学重音概念,用接受学习法教学重音符号,并用规则接受学习法进行重音朗读规则教学。

（2）变式练习,使知识转化为技能:分为两个层次:第一层次是师生共同分析句子表达的思想感情,加上重音符号并练习朗读;第二层次是让学生独立加上重音符号,并讨论理由。

（3）目标检测,当堂反馈。

六、学习结果测量

根据本课学习类型和教学目标,把本课"重音"学习结果测量的内容分为以下两部分知识:

（1）陈述性知识:包括用自己的话说出"重音"的定义,正确写出"重音"符号,说出"重音"朗读规则。

（2）程序性知识:包括从难句中理解符号与重音符号,正确指出重音符号;根据给定的要求,标注重音符号并朗读;根据个体对句子表达的特殊感情的理解,自己标注重音符号;根据已标注重音的词语,说出所表达的思想感情。

【附录】

自测题

1. 用自己的话说说什么叫重音?

2. 填空:

（1）重音用_____表示。

（2）读重音的方法主要是_____和_____。

3. 指出下列句子中加重音符号的词语。

我们都没有看见你如何摇摇晃晃走过来。

句子中加重音符号的词语是_____。

4. 根据括号内的要求给句子中有关词语正确加上重音符号,并正确朗读:

他的双手紧紧抓住身下的白垫单,手臂上汗如雨下,青筋暴起。

（突出刘伯承疼痛难忍,从而突出了他坚强的意志和非凡的毅力）

5. 给下列句子加上重音符号,说明理由,并正确朗读。

但你的的确确是靠自己走过来的。

词语_____上可加上重音符号,是因为_____。

（详见:皮连生主编《知识分类与目标导向教学:理论与实践》,华东师范大学出版社1998年版:第231—235页。）

　　这一课例是 20 年前我在上海市宝山区将《学与教的心理学》(华东师范大学出版社 1990 年版)的教学原理应用于课堂教学(1995 年 2 月—1996 年 12 月)的成果之一。该课的设计与执教者严薇是一位青年教师。我国传统的语文课堂讲究模仿,朗读教学尤其如此。严薇设计的这一节课试图通过"重音"概念和读音规则的教学,使学生掌握朗读的"表情达意"技能。在当时的教学条件下,她依据加涅的智慧技能学习的原理,对这节课的概念与规则学习的分析是很到位的,故她的说课稿被选入我所编的《知识分类与目标导向教学:理论与实践》一书中。

　　"部编本"语文新教材总主编温儒敏在批评语文教学方法过于笼统时指出:"总是要求'有感情朗诵',从一年级到初三都是这样,到底怎样能够做到有感情? 朗读有什么方法? 并没有提示……"

　　从严薇的课例我们看到,在 20 年前,六年级的语文教学的重点还放在指导朗读上;从石皇冠和李静的课例我们又看到,只要方法对路,两手抓,既抓朗读示范与模仿,又抓词法与句法概念与规则的教学,朗读正确与流利的训练效果既能立竿见影,又可以触类旁通。由此可以推论,朗读教学简单重复的弊病不是通过改进方法可以治好的,因为教师除了让学生模仿之外,不知在朗读指导中还能教什么。

(皮连生)

第二章　句子结构图式、概念与规则的教学

案例一："二素句"的教学

执教教师：北京十三陵中心小学　张晓菲　执教年级：一年级

【教学目标】

1. 能说出二素句的两个成分，并能在所提供的若干句子中正确地找出二素句。

2. 能按照"谁＋干什么"或者"什么＋怎么了"的结构和顺序说完整的句子。

【任务分析】

1. 目标1属于二素句结构图式的记忆和理解。

2. 目标2属于二素句结构图式的运用。

其学习的内部条件：学生在日常生活中积累了大量的二素句的例子，但是这些二素句只限于口语表达，还没有形成清晰的结构和图式。

外部条件：需要教师向学生提供二素句的若干正反例证，并对他们的反应提供正确与否的反馈信息。

【教学时间】一课时

【教学过程】

一、呈现动画人物图，激发兴趣

同学们，今天老师给大家请来了一位动物朋友，它是谁呢？（出示唐老鸭的照片）唐老鸭先生是一位摄影爱好者，无论走到哪里，只要看到自己喜欢的画面，它都会把它们拍下来。前几天，它把自己的照片进行了整理，发现这些照片可以分为人、动物、植物和自然现象等几类。同学们想看看唐老鸭先生的照片吗？我们先来看看有关人物的照片吧。

【教学意图】此环节的任务是激发学生学习的动机，使之对教学内容产生兴趣，进入新的学习状态。通过学习喜爱的动画人物，让新课贴近学生的生活；同时将照片分类，又对学生进行了分类思想的教学。

二、激活学生原有知识经验

因为二素句的结构图式是从许多具有"谁"＋"干什么"的结构特征的句子中归纳出来的，所以支撑其学习的原有知识、经验就是儿童熟悉的口语中的句子。所以二素句的教学不必安排专门的复习阶段，也就是说，教学过程的这一步可以省略。

三、呈现精心组织的新知识

新知识的呈现分为以下四种情况。

(一) 学习"谁＋干什么。"的二素句(这里的"谁"指人)

提问：你能用响亮的声音告诉大家照片中都有谁,他们在做什么吗?(出示照片,要求学生观察三幅图,说三句话)

图1：小女孩看书

(如果学生说得不够准确,教师引导：我们班的同学果然很聪明,一下子说对了照片的内容。老师看了这张照片,想到了这样一句话。出示：小女孩　看书)

提问：接下来的照片,你能像老师这样说吗?

特别提示：受口语习惯的影响,在这种情况下,儿童会在"谁＋干什么"形式的句子中加上"在"。例如说"小女孩在看书"。遇到这种情况,教师应该告诉学生,这种有"在"的句子,放在以后学习,现在要把句子中的"在"删除。

图2：小男孩和爸爸　堆雪人

图3：同学们　放风筝

观察刚才我们说的三句话可以这样呈现：

1：小女孩　看书

2：小男孩和爸爸　堆雪人

3：同学们　放风筝

提问：你们发现画横线的词语有什么相同点吗?(都表示句子中的"人物")

小结：是的,这些人物都可以用一个字来代表,那就是"谁"。这个"谁"可以是"小女孩"——一个人;可以是"我和爸爸"——两个人;还可以是"同学们"——一群人。

拓展：在家里,除了你和爸爸以外,还有谁呢? 在学校,你身边都有谁呢?

除了这些表示"谁"的词语以外,这些句子当中还有另外一些词语,比如说"看书"、"堆雪人"、"放风筝",这些词语又是表示什么呢?

如果学生说不上来,教师可提示：小女孩干什么呀? ——看书。我和爸爸干什么呢? ——堆雪人。所以,这些词语都可以用"干什么"来表示。

拓展：同学们,在体育课上你会干什么? 在音乐课上你会干什么?

总结：在一句话当中,有"谁"、"干什么"这两个成分,我们就给这样的句子起一个名字,叫做"二素句"。让我们再来读读这些二素句,让老师听出来,是"谁"、"干什么"。再来读一读,让我们听出来,他们"干什么"。

练习：看图说二素句。

(二) 继续学习"谁＋干什么。"的二素句(这里的"谁"指动物)

过渡：唐老鸭先生不仅拍了很多人物照片，还给几个可爱的小动物拍了照片呢。快来看一看，说说你看到了什么？(出示照片，要求学生观察三幅图，说三句话)

1：<u>小猫</u>　吃鱼

2：<u>小鸟</u>　唱歌

3：<u>熊猫</u>　吃竹子

提问：你们发现画横线的词语都表示什么吗？(都表示句子中的"动物")

小结：是的，这些动物也可以用一个字来代表，还是"谁"。看来，"谁"不仅可以表示人，也可以表示动物。

拓展：除了这些动物，你还知道哪些小动物呢？(学生补充说知道的动物)

这些句子当中还有另外一些词语，比如说"吃鱼"、"唱歌"、"吃竹子"，这些词语又表示什么呢？(这些词语都可以用"干什么"来表示)

拓展：你还会想到哪些小动物干什么？(学生自由说)

总结：在这三句话当中，也都有"谁"、"干什么"这两个成分，所以这些句子也叫做"二素句"。让我们再来读读这些二素句。

练习：看图说二素句。

小结：动物是我们人类的朋友，同学们，你平时是怎样对待朋友的呀？是啊，我们要爱护动物。一起读一读：我们要爱护动物。用刚刚学过的知识来判断一下，这句话是二素句吗？为什么？

【教学意图】教语文单项能力的时候，我们一般会运用"举三反一"的方法。这里的"三"就是三个或三个以上作为范例的二素句。而且例句的呈现形式和内容要发生变化。前面学习了讲人的二素句，这里又学习了讲动物的二素句，根据刚才的学习经验，学生能够概括出二素句的结构图式。

(三) 学习"谁＋怎么了。"的二素句(这里的"谁"指植物)

过渡：在大自然当中，有很多植物装点了我们的生活。请你注意观察，看看你发现了什么？

1：小花儿　开了(如果学生说得不够准确，教师引导)

老师看了这张照片，想到了这样一句话。(出示：小花儿　开了)对接下来的照片，你能像老师这样说吗？

2：树叶　黄了

3：柳条　随风飘动

观察刚才我们说的这几句话可以这样呈现：

1：<u>小花儿</u>　开了

2：<u>树叶</u> 黄了

3：<u>柳条</u> 随风飘动

提问：你发现画横线的词语都表示什么吗？（都表示句子中的"植物"）

小结：这些词语还是都可以用"谁"来表示，看来，"谁"不但可以表示人、动物，也可以表示植物。

拓展：你还能想到哪些植物？（学生自由说）

那么，后面的一些词语，比如说"开了"、"黄了"、"随风飘动"，这些词语又是表示什么的呢？（如果学生说不上来，教师提示"小花儿怎么了？——开了。树叶怎么了？——黄了。所以，这些词语可以用"怎么了"来表示）

总结：句子当中有"谁"、"怎么了"这两个成分，我们也可以把它叫做"二素句"，让我们再来读读这些二素句，让老师听出来是"谁"、"怎么"了。再来读一读，让我们听出来，它们"怎么了"。

（四）继续学习"谁＋怎么了。"的二素句（这里的"谁"指自然现象）

过渡：最后还剩下一组照片没看，哪一组？（有关自然现象的）一起来看一看吧。用一句话来说一说，你看到了什么？

1：彩虹 出来了

2：星星 眨眼睛

观察刚才我们说的这两句话可以这样呈现：

1：<u>彩虹</u> 出来了

2：<u>星星</u> 眨眼睛

提问：这回，你能自己说一说画横线的词语都表示什么吗？（都可以用"谁"来表示）

小结："谁"不但可以表示人、动物、植物，也可以表示自然现象。

拓展：你还能想到哪些自然现象？（学生补充）

那么，后面的一些词语，比如说"出来了"、"眨眼睛"，这些词语是说"干什么"还是说"怎么了"呢？（这些词语可以用"怎么了"来表示）

提问：你是怎样区分"干什么"和"怎么了"的呢？

小结：有关人物和动物的句子用"干什么"表示，有关植物和自然现象的句子用"怎么了"来表示。

四、引导学生归纳"二素句"的共同特征

师：请你动动脑筋，想一想：通过刚才的学习，你们知道什么样的句子是"二素句"呢？

1."小女孩"、"我和爸爸"、"小猫"、"小花儿"、"树叶"、"太阳"，这些词语都可以用"谁"来表示；

2. "看书"、"堆雪人"、"吃鱼"等都可以用"干什么"来表示；

3. "开了"、"黄了"、"出来了"都可以用"怎么了"来表示；

4. 每句话末尾都有句号。

教师总结，归纳四素句的成分和结构：

(1) 句子里含有：①谁＋② { 干什么 / 怎么了

(2) 句子的最末用句号。

这就是我们本节课学习的新知识——二素句。

五、巩固与变式练习

1. 对照二素句的结构图式，判断下面的句子是不是二素句？

爸爸开会。

小树长高了。

枫叶红了。

我们吃午饭。

小鱼游来游去。

师：上面几句话都是二素句。看来这个式子很重要呀，我们再来读一读，记一记。

2. 选择正确答案填在横线上。

(1) _____ 吃香蕉。　A. 写字　B. 小猴　C. 汽车

(2) 我和弟弟_____。　A. 学习　B. 奶奶　C. 公园

(3) 小河_____。　A. 和大象　B. 结冰了　C. 开花了

3. 在横线上填上适当的词语，使下面的句子成为二素句。

_____踢足球。

青蛙_____。

小草_____。

_____洗衣服。

小鸟_____。

指导学生完成练习时，要让学生先说清楚句子缺少了什么，再把句子填写完整。

4. 再看看，下面的句子是不是二素句？

读课文。

小狗。

小花儿。

小朋友们跑步

学生对照式子,逐句辨别判断:

（1）第一句对照式子,缺少"谁",不是二素句。教师相机提问:你能补充一个"谁"吗?

（2）第二句对照式子,缺少"干什么",不是二素句。教师相机提问:你能补充一个"干什么"吗?

（3）第三句对照二素句式子,缺少"怎么了",不是二素句。

（4）第四句对照式子,缺少句号,不是二素句。教师相机提示:一个完整的句子后面要使用句号。

5. 老师这里还有一些照片,请同学们看一看,哪位同学不但能看清楚画面的内容,还能说清楚。让我们来赛一赛,谁是最棒的观察家! 指导观察图画,用"谁＋干什么。"或者"谁＋怎么了。"练习说话。学生四人为一组,在组内说。

六、创设情境,促进技能的迁移

1. 听说二年级(3)班的同学聪明机敏,老师这儿有一张照片,我们一起先来欣赏一下。看照片,指明用"谁＋干什么。"句式说一句话,说清照片上的内容。

小学语文教学设计与实施

2. 把下面的句子填写完整。

春天,小花儿开了,大雁（　　　）。夏天,荷花（　　　）,（　　　）飞来飞去。秋天,树叶（　　　）,（　　　）去秋游。冬天,雪花（　　　）,（　　　）冬眠了。

总结: 同学们,时间过得真快,马上就要下课了。今天,你们学得开心吗? 通过今天的学习,我们知道了句子里含有"谁"＋"干什么"或者"谁"＋"怎么了"两个部分,句子的最末用句号,这样的句子叫二素句。今天,我们不仅学会说二素句,还能利用二素句写一篇小文章呢,你看,二素句在我们的生活中多么重要啊!

评析

　　变式练习的目的是使知识得以巩固和转化,练习的设计也是很有讲究的。本节课设计了如下变式练习:(1)判断二素句(完整句)。先举正例,让学生对二素句的理解先有一个正确的认识。(2)再判断(不完整句)。举反例,检验学生对二素句的两个要素是否理解。(3)选择正确答案。要求学生不仅能判断,而且会选择,能从三个词语中选择一个适合所给句子的词语。(4)补充二素句的缺失成分。教师出示了分别缺失了人物和事物的二素句,要求学生先判断缺少什么,再将之补充完整。这是一种较基本的、带有模仿性的练习,这是学生对知识进行内化的过程。(5)看图说一句二素句。在整个练习的过程中,让学生把学到的知识加以巩固,形成图式。

(皮连生)

【说明】

　　"二素句"、"三素句"、"四素句"的名称来自著名小学语文特级教师丁有宽。"二素句"有两个模式。模式一:"谁＋干什么。";模式二:"什么＋怎么样。"。本案例中,教师在"主语"部分未区分"谁"和"什么",教学中未遇到困难。在《项链》一课,老师采用模式二:"什么＋怎么样。",学生接受起来也很顺畅。心理学中用"句子结构图式"解释儿童对句法结构的理解。这说明"图式"具有灵活性和模糊性的特点。在适当的时候,教师应注意,在"谁"这个成分中区分"什么",即出现"什么＋怎么样。"模式,这叫模式的"分化"。

(皮连生)

案例二："三素句"的教学

执教教师：北京市昌平区十三陵中心小学　张　威　执教年级：一年级

【教学目标】

1. 能说出三素句的三个要素，并能在所提供的若干句子中正确地找出三素句。

2. 能按照"谁＋地点＋干什么。"或"什么＋地点＋怎么了。"的顺序有条理地说一句完整的话。

3. 能写三素句，且标点符号使用正确。

【任务分析】

1. 学习类型分析：

(1) 目标1属于三素句结构图式的记忆和理解。

(2) 目标2和目标3属于三素句结构图式的运用。

2. 学习条件分析：

(1) 内部条件：学生在日常生活中积累了大量的三素句，但是这些三素句只限于口语表达，还没有规范化。(2)外部条件：教师向学生提供三素句的若干例证并对他们的反应提供正确与否的反馈信息。

3. 起点能力：学生已经掌握了"谁＋干什么。"或者"什么＋怎么了。"这样的二素句。

【教学时间】1课时

【教学过程】

一、引起学生注意

导入：同学们，能用一句话形容一下这间教室吗？在这么宽敞明亮的教室里，我们一起学习，高兴吗？这节课我们要一起来认识一位新朋友，看看谁上课听讲最认真，谁就会最先和它成为好朋友，同学们，有信心吗？

二、复习原有相关知识

过渡：同学们，之前我们学习了二素句，还记得二素句的两个基本要素是什么吗？（"谁＋干什么。"或者"什么＋怎么了。"）（出示在黑板上）

师：同学们，夏天已经来了，快看，我们的校园变得更加美丽了，谁能看着照片说一句话？

出示照片，要求学生观察四张照片，用已经学习过的"谁＋干什么。"或者"什么＋怎么了。"的结构模式说几句话。

1. 小苗长出来了。

2. 小树长高（发芽）了。

不仅这些植物装点了我们的校园,同学们平时的校园生活也是那么丰富多彩,每位同学都在快乐中成长着。(出示照片)你能用我们学过的"谁＋干什么。"的方法来说一说照片上的内容吗?

1. 同学们(我们)做操。

2. 刘佳琪写生字。

师:看同学们学得这么认真,小动物们也赶来了(出示第三、四张图片),谁来说说你看到了什么?

3. 小鸟唱歌。

4. 小鱼游来游去。

【设计意图】一年级的小学生倾向于简单模仿。如果出示的图片都是与人物有关的,那么在后面的练习中大部分学生的思维有可能会受到限制,他们会想到,"我在干什么"或者"他在干什么",却很难想到其他的主语。为了不限制学生的思维,教师在呈现图片时出现了小动物,目的是拓展学生的思路。

三、呈现精心组织的新材料

师:同学们,你们真了不起,说得都很准确。老师看你们说得这么好,也想到了一句话,想听听吗?(边说边出示:我们在操场上做操。)

师:谁能大声地念给大家听?

师:这句话和同学们刚才说的"我们做操。"有什么相同点?

生:都有"谁"＋"干什么"这两个成分。

师:两句话有什么不同吗?

我们在操场上做操。

我们做操。

学生通过比较,发现前一句比后面一句多出了一个要素——"在操场上"。

师:(及时强调)你很善于观察,发现了细微之处。是的,多出了"在操场上"这个词,也就是多出了一个要素——"地点"。(在句子中用红线标出地点)谁能来读一读这句话,读好表示地点的词语?(重读表示地点的词语)

师:我们在哪做操?

生:(齐读句子)我们在操场上做操。

另外两张照片都依据图片出示三素句,指导学生将三素句和二素句进行比较,感受两者的不同之处。

小苗长出来了。 ⇨ 小苗从土里长出来了。

小鸟唱歌。 ⇨ 小鸟在树上唱歌。

【设计意图】三素句包含两种类型,分别为"谁＋地点＋干什么。"和"什么时间＋谁＋在干什么。"由于一年级小学生的接受能力弱,如果把这两种类型都呈现出来,学生容易混淆,因此本节课只进行了"谁＋地点＋干什么。"的专项和变式练习。

四、引导学生归纳三素句的特征

师：动动脑筋，你们发现这些句子有什么共同点了吗？学生全班交流，找出三素句的三个要素：

1. "谁"可以是"我们"、"小苗"、"小鸟"等。

2. "地点"可以是"在操场上"、"从土里"、"在树枝上"等。

3. "干什么"可以是"做操"、"长出来"、"唱歌"等。

4. 每句话都有句号。

教师及时强调：是的，一句完整的句子，一定要有句号。

师：在同学们的共同努力下，我找出了这些句子之间的共同点。谁能完整地说一说它们的共同点都有哪些？

指名一位学生完整说出三个例句之间的共同点。

教师总结，归纳三素句：

（1）句子里含有"谁"、"地点"、"干什么"这三个要素；

（2）句子的最末用句号。

这就是我们本节课认识的新朋友——三素句。（板书：三素句）

谁 ＋ 地点 ＋ 干什么。

出示"刘佳琪写生字"和"小鱼游来游去"两个句子，指名改成三素句。

出示以下两句话：

（1）我们在草地上放风筝。

（2）在草地上，我们放风筝。

观察两句话的相同点和不同点，得出结论：当三个要素不变，只是位置发生变化时，仍然是三素句。

练习：你能给下面的句子换一种说法吗？

1. 小红在公园里玩。　⇨ 在公园里，小红玩。

2. 她在家里看书。　⇨ 在家里，她看书。

师：（出示以下两句话）

我们在操场上做操。

我们做操。

你认为哪句话说得更完整？

【总结】两句话都说了"谁"、"干什么"但是第一句还说出了地点，这就更完整了，人们读了会更清楚，如果我们平时说话时用上三素句，能把句子说得更清楚，让人一听就明白。同学们，你们学会说三素句了吗？

【设计意图】通过这一环节,使学生不仅能比较出三素句和二素句的异同,而且通过比较,学生能进一步发现和总结出三素句的特点,从而运用这种规律来判断和找出三素句。

五、巩固与变式练习

1. 对照三素句图式,判断下面的句子是否为三素句。

小明在屋子里睡觉。

小松鼠在树上吃松果。

小草从土里钻出来了。

师:上面三句话都是三素句。我们再来读一读,记一记。

2. 对照三素句图式,再判断以下三句话是不是三素句。

妈妈看电视。

小松鼠在地里找花生。

平平在房间里搭积木

学生对照式子,逐句辨别判断。

(1) 第一句对照式子,三部分不全,缺少地点——在什么"地点",所以不是三素句。教师相机提问:你能补充一个地点吗? 学生补充。教师:加个地点,就是三素句。

(2) 第二句对照了式子,三部分全,标点符号正确,是三素句。

(3) 第三句对照三素句式子,三部分全,但是句末没有句号,应加上句号。教师及时加上句号。

3. 选择正确答案填在横线上。

(1) _____在果园里摘果子。

A. 星期天　 B. 操场上　 C. 同学们

(2) 我和弟弟在_____学习。

A. 家里　　 B. 奶奶　　 C. 今天

(3) 荷叶在水面上_____。

A. 昨天　　 B. 漂着　　 C. 在草地上

4. 以下句子都要求写成三素句,对照三素句式子,看看它们缺少了哪个部分,请你补充完整:

小刚在家里_____。

小狗在_____吃骨头。

小花从_____ _____。

指导学生完成练习时要做到先说清楚缺少了什么,再把句子填写完整。

(1) 缺少成分"干什么"。

(2) 缺少成分"地点"。

（3）缺少成分"干什么"和"地点"。

5. 老师这里还有照片,看一看,哪位同学们不但能看清楚画面的内容,还能说清楚。让我们来赛一赛,谁是最棒的观察家!指导观察图画,用"谁＋地点＋干什么。"练习说话。学生先自己练习,再全班交流。

6. 选择下面表格里的成分写一个三素句。

在什么地方	谁	干什么
在公园	我	玩
在家里	小明	学习
在学校	我和爸爸	看电视

7. 先数一数短文中有几句话,再从文中找出三素句。

今天天气晴朗,我和小伙伴到公园里玩。小花儿从土里长出来了。我们在公园里捉迷藏。小鱼在水里吐泡泡。今天,我感到很高兴,因为我和小伙伴度过了开心的一天。

【设计意图】一年级学生的识字量小,所以教师选用的例子基本上都是学生在本学期或上一学期接触过的知识,这样不会让学生觉得困难,更便于学生的判断和学习。同时考虑到学生学习需要循序渐进,练习设计也按照一定的梯度由易到难来呈现。

六、创设情境,促进技能的迁移

观察身边的事物或者回忆发生过的事情,用今天学习的三素句说一说。

【总结】同学们,时间过得真快,马上就要下课了。今天这节课,你们有收获吗?通过今天的学习,我们知道了句子里含有"谁"、"地点"、"干什么"三个部分,句子的最末用句号,这样的句子叫三素句。平时说话时用上三素句,就能把句子说得更清楚、更完整,让人一听就明白。今天,我们只学习了三素句的一种形式,想学习它的另外一种形式吗？我们下节课再来继续学习。

【教学后测】

一、读读下列句子,回忆三素句的图示,想想句子缺少了哪个成分,选择正确的答案。

1. _____在球场上踢足球。

A. 操场上   B. 同学们   C. 做操

2. 爸爸在_____开会。

A. 北京   B. 奶奶   C. 上班

3. 我们全家_____吃饭。

A. 同学们   B. 上班   C. 在奶奶家

二、回忆三素句的图示,根据图片的内容,把句子填写完整。

1. 小朋友们_____ _____。

2. _____ _____踢足球。

三、回忆三素句的图示,把下列三素句填写完整。

1. 妹妹在房间里_____。

2. 弟弟_____放风筝。

3. 妈妈在_____ _____。

4. 我在家里_____。

5. 爷爷_____ _____。

四、仔细观察下面的图片,根据三素句的图示,写出一句三素句。

晚饭以后

教学后测成绩统计(满分 100 分):

分数	人数	失分原因分析
100 分	12 人	
90 分	8 人	
80 分	6 人	
60 分	1 人	题目都会做,但是注意力不集中,没有在规定时间内完成。
50 分	1 人	所有表示地点的横线上都填上了"地点"两个字。后经过讲解弄明白了。
40 分	1 人	上课注意力不集中,有的内容不明白,后经过讲解也只明白了一部分。

评 析

单项能力都可以按"六步三段"教学过程模型进行教学设计。张晓菲的《"二素句"教学》、张威的《"三素句"教学》和她的《"四素句"教学》都是按"六步三段"教学过程模型设计的。我亲自听过《"三素句"教学》,其实施非常顺利。

教案上的六步是:

1. 引起学生注意。

2. 复习原有知识:"二素句"。

3. 呈现精心组织的新材料:"三素句"的具体例子。

4. 归纳"三素句"的特征:谁+地点+干什么。

5. 变式练习:完成七道练习题。

6. 创设情境,促进迁移:完成四道测验题。

从测验结果来看,教学效果立竿见影。一年级下学期学生在一节课内 90% 的人掌握了"三素句"的结构,能运用"三素句"的规则填空和看图写"三素句"。

教学成功的原因是教学目标设置合理,任务分析适当。在教案实施过程中,教师呈现的"三素句"例子恰当。此外目标陈述与任务分析都做得规范、准确。

(皮连生)

案例三:"四素句"的教学

执教教师: 北京市昌平区十三陵中心小学 张 威 执教年级: 二年级

【教学目标】

1. 能说出四素句的四个要素,并能在所提供的若干句子中正确地找出四素句。

2. 能按照"什么时间+谁+在什么地方+干什么。"的顺序有条理地说一句完整的话。

3. 能写四素句,且标点符号使用正确。

【任务分析】

1. 目标 1 属于四素句结构图式的记忆和理解。

2. 目标 2 和目标 3 属于四素句结构图式的运用。

学习条件的内部条件：学生在日常生活中积累了大量的四素句,但是这些四素句只限于口语表达,还没有规范化。

外部条件：教师向学生提供四素句的若干例证并对他们的反应提供正确与否的反馈信息。

3. 起点能力：学生已经掌握"三素句"的两种形式：

(1) 时间＋谁＋干什么。

(2) 地点＋谁＋干什么。

【教学时间】1 课时

【教学过程】

一、引起学生注意

导入：介绍小笑脸的奖励方法。

【设计意图】用学生喜爱的小笑脸吸引学生的注意力,为后面的学习做好铺垫。

二、复习原有相关知识

1. 回忆二素句和三素句的要素。

回忆二素句和三素句的两种基本形式和要素;出示两个三素句。

(1) 课间,同学们在跳绳。

(2) 同学们在校园里跳绳。

判断以上两句话属于几素句,属于哪种形式。再出示两个句子中出现的 4 个词语,请同学把这几个词语连成一句通顺的句子。

同学们、跳绳、课间、在校园里

观察比较两个三素句和新句子,说说发现了什么或有了什么变化。

三素句：(1) 课间,同学们在跳绳。

(2) 同学们在校园里跳绳。

新句子：课间,同学们在校园里跳绳。

2. 给新句子起名字。

师：这个新句子就是今天我们要认识的新朋友,请你根据新朋友的特点给它起个名字吧。(特点：有四个要素。起名：四素句)

【设计意图】以语文教材为出发点,结合学习过的句子类型,帮助学生回忆二素句和三素句的特点和形式,为新知识的学习做好铺垫;同时,让学生自己为新句子起名字,激发学生学习的兴趣。

三、呈现精心组织的新材料

1. 初步概括四素句定义。

师：同学们,你们真了不起,我们今天要学习的新知识就是——四素句。(板书：四

素句)

你认为什么样的句子就可以叫四素句了呢?(此处教师不对学生的回答做过多的纠正)

2. 写一句自己认为是四素句的句子。

3. 出示判断题,小组合作判断并修改,帮助学生弄清四素句的定义。

(1) 今天,同学们在教室里补选劳动委员。

(2) 元元在十字路口等公共汽车。(缺少时间要素)

(3) 1984 年 2 月 16 日,在工业展览馆,我为邓小平爷爷做电子计算机表演。

(4) 过春节的时候,孩子们看到了美丽的雪景。(缺少地点要素)

(5) 春天,院子里的小柳树发芽了。

【设计意图】四素句的形式比较多变,在这一环节给学生渗透两点:(1)只有四个要素都具备了才能称之为四素句;(2)当四个要素的位置发生变化时,还称之为四素句。

四、引导学生归纳四素句的特征

1. 全班交流,明确四素句的四要素缺一不可。(板书:什么时间、谁、在什么地方、干什么;或者什么时间、什么、在什么地方、怎么了)

2. 教师总结,归纳四素句定义:

(1) 句子里含有"什么时间"、"谁"、"在什么地方"、"干什么"四个要素;

(2) 句子的最末用句号。

3. 根据四素句的四个要素填空,说明填的要素名称。

(1) 一天,几个孩子在_____放风筝。

(2) 清晨,小白兔到菜园里_____。

(3) _____,我在家里写作业。

(4) 美术课上,_____在教室里画画儿。

(5) 昨天,我在_____捡到一支钢笔。

4. 判断刚才自己写的句子是否为四素句。

【设计意图】通过这一环节,使学生通过比较能进一步发现和总结出四素句的特点,从而运用这种规律来判断和找出四素句。另外,表示时间的词语有很多,教师要在课上尽可能多给学生提供不同类型的例子,发散学生的思维。

五、巩固与变式练习

1. 判断下面的句子是否为四素句,并说明理由。

清晨,我来到海边散步。

秋天,公园里的枫叶红了。

下课后,小亮在教室里看书。

秋天,果园里,苹果熟了,梨也熟了。(含有两个"什么"和"怎么了"的四素句)

2. 选择正确答案填在横线上。

(1) 秋天,果园里的_____露出红红的脸颊。

A. 太阳　　　　B. 梨　　　　　C. 苹果

(2) _____,天空中的星星困得眨眼。

A. 夜深了　　　B. 每当太阳升起　C. 清晨

(3) 20 分钟后,小明_____踢球。

A. 坐在草地上　B. 来到操场　　　C. 在十字路口

(4) 冬天,_____在雪地上堆雪人、打雪仗。

A. 我　　　　　B. 爷爷　　　　　C. 小伙伴们

3. 看图说一组四素句。(春夏秋冬)

4. 选择下面表格里的成分写一个四素句。

什么时间	谁	在什么地方	干什么
体育课上	星星	在操场上	冬眠
冬天	同学们	在天空中	眨眼
夜晚	青蛙	在洞里	跑步

5. 出示一段话,学生自己填一填,全班交流。

早晨,_____。课间,_____。音乐课上,_____。放学后,_____。我的一天多么丰富多彩呀。

【设计意图】二年级学生的识字量小,所以教师选用的例子基本上都是学生在本学期或上一学期接触过的知识,这样不会让学生觉得困难,更便于学生的判断和学习。同时考虑到学生学习需要循序渐进,练习设计也按照一定的梯度由易到难来呈现。

六、创设情境,促进技能的迁移

总结:今天,我们在教室里认识了新朋友——四素句。同学们,刚才老师说的这句话是四素句吗?时间过得真快,马上就要下课了。今天这节课,你们有收获吗?通过今天的学习,我们知道了句子里含有"什么时间"、"谁"、"在什么地方"、"干什么"四个要素,句子的最末用句号,这样的句子叫四素句。

　　我们已经学习了三素句,三素句已经可以把要说的话表达明白了,为什么我们今天还要学习四素句呢? 平时说话时用上四素句,就能把句子说得更清楚、更完整,让人一听就明白。我们不仅可以用四素句来描述自己丰富多彩的一天,还可以用它描述春夏秋冬和许许多多的事物呢,希望同学们能用四素句说出更多精彩的话和大家分享。

【教学后测】

一、读读下列句子,回忆四素句的图式,想想句子缺少了哪个成分,选择正确的答案。

1. 下课了,_____在球场上踢足球。

A. 操场上　　B. 同学们　　C. 做操

2. 明天,爸爸在_____开会。

A. 北京　　　B. 奶奶　　　C. 上班

3. 晚上,我们全家_____吃饭。

A. 同学们　　B. 上班　　　C. 在奶奶家

二、回忆四素句的图式,根据图片的内容,把句子填写完整。

1. 星期六,小朋友们_____ _____。

2. _____,_____ _____踢足球。

三、回忆四素句的图式,把下列四素句填写完整。

1. 中午,妹妹在房间里_____。

2. _____,弟弟_____放风筝。

3. 晚上,妈妈在_____ _____。

4. 放学后,我在家里_____。

5. _____,爷爷_____看报纸。

四、仔细观察下面的图片,根据四素句的图式,写出两句四素句。

晚饭以后

在"二素句"的基础上形成"三素句"和"四素句"的过程,在图式理论学习理论中,被称为图示的"增生"过程。当仅明白"谁+干什么。"或者"什么+怎么了。"的句子图式的学生,遇到如"我们/在操场上/做操。"这样的句子时,原有的句子图式已经不适用。教师通过同时呈现多个类似例子,学生经历一个概括过程,出现图式的"增生"。

在句子图式教学初期,教师常常出示图片。学生看图说话时,由于口语习惯,他们总是无意识地在句子中加上一个"在"字。如说"小猫在钓鱼"、"小明在写字"。遇到这样的情形,教师要引导学生说"小猫钓鱼"、"小明写字"。否则,遇到"我们/在操场上/做操。"这样的"三素句"时,会出现"我们/在操场上/在做操。"这种与图式不一致的句子。因为此处的"在"意即"正在"(作为一个副词),表示动作进行,所以加上一个"在"字,图式里面多了一个修饰成分。教学中教师应避免这种情况的发生。

(皮连生)

案例四：缩句的教学

执教教师：广州市花都区新华街棠澍小学　杨秀红　执教年级：三年级

【教学目标】

1. 能区分句子的主要成分和次要成分。

2. 能把长句子压缩成短句子,只保留句子的主要成分。

【任务分析】

(1) 缩句属于基本技能。

(2) 条件是学生已掌握句子的基本结构图式,理解主要成分、次要成分概念,会扩句。

【教学时间】一课时

【教学准备】预习纸、堂练纸、PPT

【教学过程】

一、复习旧知

展示扩句的典型例子：

短句	句式(图式)	扩句(划横线的是次要成分)
1. 小明看书。	谁干什么。	小明认真地看书。
2. 我是学生。	谁是什么。	我是棠澍小学的一名学生。
3. 小狗冷。	什么怎么样。	小狗冷得发抖。

1. 复习句子的基本结构图式。

2. 复习"扩句"的概念：扩句，就是给短句添加修饰、限制和补充说明的成分，使句子更加具体、形象。

3. 原句只有主要成分。画横线的内容，即添加的内容属于次要成分。

二、明确缩句概念

1. 出示正例：

师：我们来看看刚刚展示过的句子。只不过，这些句子前后调换了顺序。读一读，想一想：你发现了什么规律？

（出示）

第一组	第二组
1. 小明认真地看书。	1. 小明看书。
2. 我是棠澍小学的一名学生。	2. 我是学生。
3. 小狗冷得发抖。	3. 小狗冷。

2. 小结

缩句，就是把长句子中的修饰、限制和补充说明的成分去掉，只保留主要成分。需要注意的是：缩写后的句子，既要简洁，又要完整。

【板书】

缩句：去掉次要成分，保留主要成分。

句式：谁干什么、谁是什么、什么怎么样。

三、提炼缩句方法

1. 判断：请根据刚刚学习的方法，判断下列缩句是否正确。正确的请你打上"√"，错误的打"×"。

原句	缩句
1. 鱼钩闪耀着灿烂的光芒。	1. 鱼钩闪耀着光芒。
2. 妈妈无微不至地照顾我。	2. 妈妈照顾我。
3. 同学们高兴得手舞足蹈	3. 同学们手舞足蹈
4. 巍峨的金字塔是世界古代建筑的一个奇迹。	4. 金字塔是一个奇迹。
5. 小红认真地看着一本有趣的新书。	5. 小红看着书。
6. 焰火在夜空里构成了一幅美妙无比的图案。	6. 焰火构成了图案。
7. 生活在海洋中的鲸不是鱼类。	7. 生活在海洋中的鲸不是鱼类。

2. 四人小组交流,并说说理由。

3. 指名发言,并进行提炼。

4. 提炼缩句方法。

(1) 要求:去掉次要成分,保留主要成分:谁干什么、谁是什么、什么怎么样。

(2) 缩句方法:

A. 去掉"……的"、"……地"、"得……"。

B. 去掉数量词。

C. 去掉"在……(中、里、下)"等表示方位的词语。

D. 保留"着、了、过"三个助词。

E. 保留否定词"不、无、没有"。

F. 不能改变句子的原意。

四、巩固学习成果

1. 口头练习:

(1) 灰蒙蒙的天上飘着鹅毛般的雪花。

(2) 我常常怀念故乡熟悉的朋友。

(3) 爸爸在床上听到窗外一阵阵的锣鼓声。

(4) 我激动得流下晶莹的泪珠。

(5) 真正的革命者不能低下高贵的头。

2. 书面练习:

(1) 骏马在辽阔的草原上奔驰。

(2) 清晨的阳光柔和地抚摸着一望无际的土地。

(3) 一队队戴着红领巾的少先队员高高兴兴地走进十分华丽的少年宫。

(4) 中奖后的老王高兴得跳起来。

(5) 获得冠军的他激动地跳起来。

(6) 广场上千万盏灯静静地照耀着天安门广场周围的宏伟建筑。

(7) 密密层层的枝叶把阳光挡住了。

(8) 我游览过红叶似火的香山。

(9) 经过九年的试验,他和工人们终于造出了第一艘轮船。

(10) 捣蛋的可可把崭新的联想计算机弄坏了。

3. 讲评。

五、总结

写文章的时候,要根据不同的文体选择不同的句子,有时候需要使用优美生动的长句,有时候则需要使用简洁精炼的短句。无论使用什么样的句子,一定要保证句子的完整性。有时候,我们可以用缩句的办法,来检查我们缩写的句子是否完整。

【板书】

去掉次要　保留主要

既要简洁　又要完整

评 析

当三年级儿童掌握了三种句子图式,即"谁＋干什么。"、"谁＋是什么。"、"什么＋怎么样。",而且在此基础上,图式进行了"增生",增加了次要成分。现在的任务是,去掉次要成分,保留主要成分,类似于数学中的逆运算。在大量熟悉的例句的支持下,学生能顺利地理解缩句的规则。整个教学过程的设计,除省略第一步"告知目标与引起注意"之外,其余步骤符合知识转化为技能的"六步三段"教学过程模型。

这是缩句教学形式之一。也就是说,在未出现"主、谓、宾"三个句子基本概念的条件下,只要有了充分的句子图式学习,学生可以顺利完成扩句和缩句任务。本课所教的新知识如下:

缩句方法:

A. 去掉"……的"、"……地"、"得……"。

B. 去掉数量词。

C. 去掉"在……(中、里、下)"等表示方位的词语。

D. 保留"着、了、过"三个助词。

E. 保留否定词"不、无、没有"。

F. 不能改变句子的原意。

长期的研究表明,上述扩句和缩句的教学可以和句法的基本概念教学相结合。如果学生知识结构中有了"主、谓、宾"和"定、状、补"概念,那么:

A. 去掉"……的"、"……地"、"得……",就是去掉"定、状、补"成分。

C. 去掉"在……(中、里、下)"等表示方位的词语,就是去掉"状语"成分。

从核心素养的讨论来看,图式的学习停留于"语感"水平,必须借助图式,使句子教学上升到概念和规则水平,才能实现触类旁通的目的。

(皮连生)

小学一至三年级句子教学的实验研究

作者：北京市昌平区十三陵中心小学　周金钟　张　威

一、研究的背景

教育部 2001 年制定的《义务教育语文课程标准》及其 2011 年的修订版取消了从小学到初中的语法教学内容，引起了语文教育界很大的争论。例如，《语文教学研究》2011 年第 7 期发表了江苏省作者黄德焘的文章——《让语法知识回归教材，给语法教学一席之地》。其论点有三：(1)删除语法知识，取消语法教学使教材内容脱节，给课堂教学带来不便；(2)删除语法知识，取消语法教学对汉语的正确使用起了消极作用；(3)删除语法知识，取消语法教学对语文教学来说是一种倒退。所以该文认为取消语法教学的理由不能成立。

北京市著名语文特级教师章熊先生在《课程·教材·教法》2011 年第 10 期发表《我的语文教学思想历程》一文，文中专门谈了他对语法教学的看法。他说："语法教学是在这次'课改'中消失的。"他介绍了吕叔湘先生关于语法教学的观点："不是不学，而是要多学，可绝不是现在这个学法。"

吴红耘、皮连生在评述章熊先生的《我的语文教学思想历程》的文章中，除了赞同吕先生的观点之外，将章熊先生的看法概括如下：

(1) 语法知识教学的目的：不是把语法知识作为教学目标，而是作为手段。"语法知识就好比一根拐棍……用它帮助走路"。为此，要改变评价标准。这就是说，教的是知识，考的不是语法知识本身，而是运用语法知识的言语技能。

(2) 教学任务：既包括句法，又超越句法。要注意控制难度，对于那些基本概念，只取最典型的语言现象，让学生知道就行了。

(3) 教学方法：赞同吕先生的观点，不只是"静态分析"，而要重在"动态研究"，这是指"我们今天开始重视的'程序性知识'而言的。"

(4) 中学语法教学的作用：如果处理得好，语法教学可以起到掌握必要语法概念和规则、纠正语病、促进抽象思维发展的作用。"

吴红耘、皮连生明确指出，放弃小学词法句法教学是新课程标准和相关教材的一大误区。①

新课程标准制定和修订负责人之一的巢宗祺教授对于课程标准中为什么取消语法教学作了详细的回答。概括地说，其理由有四：(1)以往的语法教学确实存在严重的缺点，耗时多而收效微；(2)在语文课程内容设置中，一旦语法成了规定项目之后，教师就可能为了完成规定的内容而去教语法，而这样则往往会忘却学生是作为一个普通的语言学习者和运用者，而

---

① 吴红耘，皮连生：《语文教学科学化，路在何方？》——评章熊先生的《我的语文教学思想历程》，《课程·教材·教法》2013 年第 2 期，第 50—58 页。

不是语文教师或语法研究专家;(3)司马迁、韩愈、柳宗元、苏轼、曹雪芹不懂"主、谓、宾、定、状、补",却成了语言大师和文章大家;我们普通人没学语法,不是学会了说话并且能让别人听懂吗?(4)中国的汉语语法研究尚不成熟。[①]

二、研究的理论依据

我们作为教学第一线的小学教师,在教学中总感到在小学完全不教句法,学生没有句法结构的概念和知识,有些教学内容的教学很难执行。例如,遇到学生运用三个结构助词"的、地、得"的错误,教师无法纠正;又如,教师要求学生把文章写具体,而所谓写具体,对于小学生来说,就是在句子的主要成分之前或之后加上修饰或限制成分。学生未掌握句子成分的概念,教师连话都无法说。再说,小学生必须学习重要的标点符号。学生不学句子概念,用来断句的句号怎么学,怎么教?不能认为文盲都会说话,而且说的话别人也能听懂,就否定语法教学的必要性。

由华东师范大学心理与认知科学学院皮连生教授领导的研究团队运用科学取向的教学论改革小学语文教学内容和方法的研究取得了很大进展,尤其是在句法教学的研究方面取得了重大突破。其认为指导句子教学的理论与传统的语文教学理论有着根本性的区别,主要理论可以概括如下。

(一)运用广义知识概念解释语文能力

一切能教会的能力来自广义上的知识。所以要教会学生某种能力,必须找到能力背后的知识及其类型。通过长期研究,皮连生将语文能力分解为四个成分:(1)基本技能(含动作技能与智慧技能);(2)高级技能(含智慧技能与认知策略);(3)生活经验与课文内容知识;(4)语文专门知识(如词法和句法概念与规则)。[②]

(二)运用心理学中的图式理论解释小学低年级学生句子结构的形成、拓展和分化的过程

为了探索小学生掌握句子结构的心理学规律,20世纪90年代后期,皮连生教授指导博士生王小明以《图式理论与句子教学》为题,对小学生句子结构形成的心理机制与教学实践进行了研究。王小明博士总结他的研究结果说:

"在图式理论指导下,在吸收教师句子训练经验的基础上建构的句子训练方法有极显著的教学效果。在某种程度上似乎也可以讲,支撑句子教学的科学理论是心理学的图式理论。这样看来,在建构支撑语文教学的科学理论方面,我们迈出了探索性的一步。"[③]

在教学实践中我们也感到,句子图式学习理论非常有用。

---

① 巢宗祺:《义务教育语文课程标准修订概况(上)》,《课程·教材·教法》,2012年第3期,第45—49页。

② 对于每一成分知识的性质的解释,请读者参阅吴红耘、皮连生:《试论语文教学设计中的目标分类及其教学含义》,《教育研究与实验》,2001年第3期,第14—18页。

③ 王小明:《图式理论与句子教学》,《华东师范大学学报(教育科学版)》,1999年第2期,第62—67页。

（三）运用模糊概念和规则学习理论解释句法概念和规则的学习

句法概念和规则的学习属于智慧技能学习。其学习的初期，宜于用图式学习理论来指导。但是图式只是一种对知识的模糊的心理表征。句法概念和规则学习的后期，必须采用命题和命题网络的形式精确表征。所以其后期的教学，宜于采用智慧技能学习层次理论来指导，也就是在图式学的基础上转入句子成分概念和句法规则的学习。

三、研究的内容、方法与效果

本次研究工作一共进行六个学期，主要执教者是北京市昌平区十三陵中心小学青年教师张威，试教的班级就是她所教的班级。研究的主要内容有以下几项：

（1）运用图式理论为小学低年级学生建构句子结构图式；

（2）运用模糊概念和规则学习理论，帮助小学低年级学生习得句子成分概念和句法规则；

（3）运用"六步三段"教学模型帮助小学低年级学生形成运用句法知识的技能。在研究过程中，我们坚持用科学取向的教学理论指导教学实践，采用行动研究的方法稳步推进，力求研究取得实效。

（一）运用图式理论为小学低年级学生建构句子结构图式

1. 句子结构的模糊表征（也就是"合"阶段）

图式是知识的简约的表征方式。对于学前和小学低年级儿童来说，在他们头脑中句子最初是以"谁＋干什么。"的图式表征的，我们把这样的句子叫"二素句"。以后"谁"和"干什么"逐渐分化。"谁"可以是"人"、"物"；"干什么"可以分化为"干"和"什么"。尽管儿童尚未掌握句子的成分概念，但是借助图式，他们能作出什么是完整的句子和不是完整的句子的判断。

在进行"二素句"（"谁＋干什么/谁＋怎么了"）的学习之前，学生已经积累了大量这样的句式，但这些句子只限于口语表达，还没有规范化。因此，我们在一年级下学期开展了句子的专项能力训练课，起始课就是"二素句"专项训练。我们在训练课上向学生提供句式的若干例证，并对他们的反应提供正确与否的反馈信息，来帮助学生达到会说完整句的目标。为了使学生对例句感到熟悉，我们提供的例证大都来源于教材。如：

柳树醒了。（人教版一年级下册第一课《柳树醒了》）

果树开花了。（人教版一年级下册《语文园地一》读读背背）

我们种果树。（人教版一年级下册《语文园地一》读读背背）（有改动）

老师引导学生发现画横线的词语有什么相同点（都表示句子中的"谁"）。在此基础上又引导学生总结没有画线的部分又表示什么呢？（表示句子中的"干什么"或"怎么了"）由此归纳出"二素句"、"谁＋干什么。"或"谁＋怎么了。"的句子结构。

（1）句子里含有"谁"、"干什么"或者"谁"、"怎么了"这两个部分。

（2）句子的末尾用句号。

在这里，我们用"谁"笼统地代表"谁＋干什么。"句式和"什么＋怎么样。"句式中的"谁"和"什么"，之所以把上述两种句式进行合并（即模糊表征），是因为对于刚入学的一年级孩子来说，句子图式在他们的头脑中还没有进行建构，如果此时急于把精确表征都教给孩子，不符合一年级学生的认知规律和年龄特点，而这里两个句式中的"谁"和"什么"笼统地用"谁"来代替，更有利于学生理解，也为后续学习打下基础。

在"二素句"图式基本建构以后，要通过练习和反馈才能真正掌握，形成运用的能力。在练习中，我们给学生出示这样一组组的练习，把握训练的梯度。如：

我们　搬　东西。

小蜜蜂_____。

_____。

学生通过初步的练习，对于"谁＋干什么。"或"谁＋怎么了。"的句式有了更深的认识，在以后的学习和写作中可以灵活地运用。

2. 比较精确表征（也就是"分"）阶段

当学生对于"谁＋干什么。"或"谁＋怎么了。"句式已经开始在头脑中建构完成后，这个句式对于学生来说还只是一个比较模糊的概念，我们认为有必要把上述两个句式中的"谁"和"什么"进行区分。在接下来的二素句训练中，主要目的是让学生理解"谁"可以指人或动物；"什么"指的是物（植物或自然现象），这样做可以帮助学生把概念具体化，在头脑中形成清晰的表征。如：

（1）小女孩看书。（人）

（2）小猫吃鱼。（动物）

（3）柳条随风飘动。（植物）

（4）星星眨眼睛。（自然现象）

教师出示四个例句后，引导学生观察和归纳：人和动物都可以用"谁"来表示，而植物和自然现象则用"什么"表示，师生共同总结出"二素句"的特点，并明确"谁＋干什么。"句式和"什么＋怎么样。"句式的具体区别。

二年级上学期，我们对学生进行了"三素句"专项能力训练。三素句有两个基本的结构图式，即"时间＋谁＋干什么。"和"谁＋地点＋干什么。"

以第一个图式为例，教学时，教师首先出示两句话：

（1）小红　睡觉。

（2）晚上，小红　睡觉。

经过观察比较，学生会发现后面的这个句子说得更完整。由此，引出三素句的学习。教师出示例句：

妈妈　晒　棉被。

中午,妈妈　晒　棉被。

　　教师引导学生观察这两句话,看有什么发现。学生根据之前学到的"二素句"知识,很快发现这两个句子中都有"谁＋干什么",不同之处在于后一个句子比前一个句子多出了一个要素——"中午",还多了一个标点符号——逗号。

　　教师及时肯定学生的观察所得,并将多出的这个"时间"要素用红线标示出来。然后让学生再读读这句话。为了强调表示时间的词语运用得准确,符合生活实际,教师还可以提问:为什么是"中午"晒被子呢? 学生马上会想到,因为中午的太阳光最充足,最适合晒被子。教师及时给学生反馈:"时间"这个要素不是随便写上的,而是应选择最符合生活实际的写出来。

　　下面的两组例句,设计意图是指导学生将"三素句"和"二素句"进行比较,感受两者的不同之处,同时,进一步强调时间的准确运用。

乌鸦　喝　水。 ⇨早上,乌鸦　喝　水。

小花儿　开了。 ⇨夏天,小花儿　开了。

　　在学生观察、交流后,教师和学生一起找出"三素句"的三个要素和两个标点:

　　(1) 句子里含有"什么时间"、"谁"、"干什么"这三个要素;

　　(2) 时间后面用逗号,句子的末尾用句号。

　　"四素句"的专项能力训练也在二年级上学期进行。教学时,教师遵循"例—规"法设计教学过程。首先出示例句,引导学生自主发现新知,形成技能。如:

课间,同学们　在跳绳。("三素句")

同学们　在校园里　跳绳。("三素句")

课间,同学们　在校园里　跳绳。

　　学生通过观察比较会发现,新句子和前两个"三素句"明显多了一个要素,进而归纳出"四素句"的基本图式:

时间＋谁＋地点＋干什么。

什么＋时间＋地点＋怎么了。

　　需要指出的是:"四素句"的形式变化比较多,在这一环节给学生渗透两点:(1)只有四个要素都具备了才能称之为"四素句";(2)当四个要素在句子中的位置发生变化时,还称之为"四素句"。

　　3. 教学效果

　　在"二素句"、"三素句"和"四素句"的教学结束之后,在平时的教学中,通过不断地强化练习,我们惊喜地发现,学生在语言运用能力方面发生了一系列的变化:语文课堂上,很多学生开始用句子结构图式来分析课文中出现的句子,表达语句时,话语更加清晰完整了;在写话练习时,多数学生能够把句子写通顺、写清楚。在后来的学习过程中,我们还发现有关句子的学习还可以帮助学生在修改病句方面得到提高。

（二）运用模糊概念和规则学习理论帮助小学低年级学生掌握句子成分概念和规则

1. 主语、谓语、宾语概念教学的方法

模糊概念也就是难以严格下定义的概念。其学习是一个不断深化和逐渐精确化的过程。句子概念和句法规则是典型的模糊概念和规则。不能用教数学、物理、化学中易下定义的概念和规则的教学方法来教句子概念和规则，否则教学一定失败。这也是中小学教师乃至语文教材编写者不敢进行词法、句法概念和规则教学的根本原因。

难道说词法、句法知识不好教，我们就不教了吗？在语文教学实践中，教师深刻地感受到缺失词法、句法知识给学生造成的语言能力的缺失，以及给教学带来的不便。为扭转这种不良局面，皮连生教授指导我们在这方面做了大胆的尝试。

研究表明，句子图式学习是突破语文学科中的词法和句法概念和规则教学的关键步骤。一旦低年级学生形成了句子结构图式，他们头脑中就已经形成句子成分的模糊表征。主语、谓语、宾语的学习，不是重新学习句子成分概念，而是学习概念的符号，即将句子图式中的"谁"替换成"主语"，"干"替换成"谓语"，"什么"替换成"宾语"。再加上学生熟悉的例句的支持，其实学习并不难。

为了使小学低年级学生掌握句子成分概念，我们突破抽象概念学习的传统规律，用描述性的而非定义性的方式学习，使抽象概念的学习转化成具体概念的学习。以下是我们进行主、谓、宾教学的方法：

教师在屏幕上出示三个句子，让学生思考：这三句话有什么共同的地方？

姐姐　洗　衣服。

熊猫　吃　竹子。

柳树　长出　嫩芽。

这三句话都表示"谁＋干什么"。根据"谁＋干什么"又可以把句子分为三个部分，老师用一个表格来进行了表示：

谁	干	什么
姐姐	洗	衣服。
狗熊	吃	蜂蜜。
柳树	长出	嫩芽。

第一竖列中，"姐姐"、"狗熊"、"柳树"都是表示句子中的"谁"，它可以指人，也可以指动物或植物，而且这些表示"谁"的词语一般都是名词，这个时候我们给这个"谁"取一个名字，称它为"主语"。

由此，我们得出了主语的概念，并将这个概念描述为：

主语是句子中的"谁"，可以指人、动物、植物或其他具体的事物，一般是个名词。

再看下一组例句，请你来判断一下主语是谁？为什么？（主语是表示"谁"的词语，根据主语的概念就可以进行判断了）

小洁　穿着　连衣裙。

小猴　爬上　葡萄架。

苹果　露出　红红的　脸颊。

第二竖列中，"洗"、"吃"、"长出"都是跟在主语的后面，表示主语的动作，一般都是一个动词，这个时候我们就给这个"干"的部分取一个名字，称它为"谓语"，将谓语的概念描述为：

谓语是句子中主语做的动作，跟在主语的后面，一般是个动词。

教师引导学生看表格：第三竖列中，"衣服"、"蜂蜜"、"嫩芽"这些词语又都是表示什么，有什么共同的特点呢？学生试着说说，如都是名词，都跟在动词的后面或者都跟在谓语的后面。如果能说出都是前面这个动作的对象就更好。

老师小结：这几个词语都是表示句子中主语所做的动作的对象，如"洗"什么，洗的是"衣服"；"吃"什么，吃的是蜂蜜；"长出"什么，长出了嫩芽。这个动作的对象跟在动词也就是谓语的后面，而且一般都是名词，我们称它为"宾语"，把宾语的概念描述为：

宾语是句子中动作的对象，跟在谓语的后面，一般是个名词。

接下来，教师要求学生找一找下面句子中的主语、谓语和宾语分别是什么，教师及时给予正确的反馈。

小洁　穿着　连衣裙。

小猴　爬上　葡萄架。

苹果　露出　红红的　脸颊。

学到这里，我们应该都知道了：一个完整的句子，一般就是由主语、谓语、宾语这三个基本成分构成的。

主语	+	谓语	+	宾语。
姐姐		洗		衣服。
狗熊		吃		蜂蜜。
柳树		长出		嫩芽。

2. 定、状、补概念教学

运用上述方法我们进行了定语、状语、补语概念的教学研究。一旦学生掌握了句子中的定语、状语、补语概念之后，学生就能区分句子的主要成分和次要成分，在造句和写话中，"写具体"的难题就迎刃而解了。

3. 结构助词"的、地、得"的运用规则教学

三个结构助词"的、地、得"的教学，向来是小学语文教学中无法解决的难题。一旦学生掌握句子结构和句子成分概念之后，这个难题便迎刃而解了。例如：在教句子的"定语成分"时，只要告诉学生"定语后面带'白勺的'"，学生很快能理解"的"的使用规则；同样，当学生理解句子的状语成分后，告诉学生，"状语后面带'土也的'"，学生也不难理解"地"。可以用类似方法教"得"的使用规则并使之支配学生的行为。

4. 教学效果说明

在教学中，我们把复杂的抽象概念用描述性语言教给孩子，把主语、谓语、宾语、定语、状语等抽象的概念用具体化的方式表达出来，引导学生从观察句子的相同点入手，借助学生已经掌握的"谁＋干＋什么"的句子图式进行转化，帮助学生逐步建立句子结构概念，把复杂问题分解和简单化，从而达成教学目标。通过对学生的考查，我们发现 90％以上的学生都能避免句子成分残缺问题的出现。在一般的简单句中，小学三年级学生一般能避免三个结构助词"的、地、得"的错用。即使用错，纠正起来也不难。通过概念教学，学生会发现句子的结构规则，在明确句子中各部分的概念以后对句子结构有了更加清晰的理解，在说话和写话时可以比较轻松地把一句话说完整。

（三）运用确保知识转化为技能的方法——"六步三段"教学模型

该模型能指导教师真正实现章熊先生说的理想的教学结果，即"教的是知识，掌握的不是语法知识本身，而是运用语法知识的言语技能"。经过三年数十节研究课的教学实践表明，"六步三段"教学过程模型是指导教师将语文知识转化为语文技能的很好的方法。

1. 正确理解"六步三段"教学模型每一步的依据和目的

皮连生教授对广义知识的学习过程是这样阐述的：广义知识的学习经过新知识的习得阶段，新知识的巩固和转化阶段，新知识的迁移和运用阶段。

任何学习都始于学习者的注意和预期。由于对学习目标的期望，学习者处于一定的唤醒状态（第一步）；学习成功与否决定于学生的原有知识准备，所以在教授新知识前，必须保证学生原有知识可以利用并激活学生原有相关知识（第二步）；在学生已经有学习准备的前提条件下，呈现新信息。在语文学科，主要是呈现语文读写的概念性知识和读写规则的例子。例子必须精心选择，应该是学生熟悉的（第三步）；引导学生从例子中归纳出新的概念和规则，实现"举三反一"（第四步）。

实现前四步，只表明新的概念性知识或规则已经习得，不能保证习得的新知识能在新情境中运用。所以接下来，必须实现第五步，即教师创设变化的情境，指导学生进行变式练习，实现"举一反三的过程"。练习中伴随信息反馈是练习有效的关键（第五步）。最后，因为习得的是技能，包括基本技能和高级技能，教师还必须创设与学习和练习时不同的环境，以便检验技能的运用和迁移效果（第六步）。

2. 举例说明"六步三段"模型的运用

下面以一节课中的"定语"教学过程为例说明"六步三段"模型的运用。

● 新知识的习得阶段：

（1）引起注意与告知目标（略）。

（2）复习原有知识：教师出示例句：要求学生能准确迅速地找出它的主、谓、宾。

淘气的 妹妹 拍   红色的 皮球。

可爱的　小鸟　扇动　黄色的　翅膀。

美丽的　荷花　绽开　透明的　花瓣。

（3）呈现精心选择的概念例子。学生各自完成练习后，全班交流。

淘气的　<u>妹妹</u>　拍　红色的　<u>皮球</u>。

可爱的　<u>小鸟</u>　扇动　黄色的　<u>翅膀</u>。

美丽的　<u>荷花</u>　绽开　透明的　<u>花瓣</u>。

（4）引导学生从例子中发现"定语"的概念：①请同学们仔细观察，三个句子中除了主、谓、宾外，还有其他成分吗？带颜色的词语在什么位置？它们的位置与谁有关系？②这些词语虽然不同，但位置却有规律，都是在主语或者宾语的前面，我们将这些用在主语和宾语前面，起修饰和限制作用的成分叫"定语"。用小括号"（　）"来表示。

● 新知识的巩固和转化阶段：

（1）比较下面的两个句子，看使用了定语以后，句子发生了什么变化？

妹妹　拍　皮球。

淘气的　妹妹　拍　红色的　皮球。

（2）记住定语在句子中的位置，编个顺口溜："主、宾前面是定语"。

● 新知识的迁移运用阶段：教师设计了变式练习，要求学生完成找出句子中的定语成分、给句子加上恰当的定语等项目练习，使学生形成运用定语的能力。

3. 教学效果说明

在设计每一节专项技能课时，我们都会依据教学内容进行教学后测的设计，后测的主要目的是检验教师的教和学生的学，发现问题及时采取补救措施。从后测的结果来看，学生在专项课上的学习效果良好，比如"的、地、得"的使用一课，在教学前测中学生整张试卷的正确率为 64.5%，后测比前测题目稍难，数量增加了 10 题，正确率达到 84.4%，仅一节课，正确率就提高了将近 20 个百分点，可见专项能力课给学生带来的影响和变化之大。

按照"六步三段"教学模型在完成句子次要成分（定、状、补）专项能力训练后，我们惊喜地发现，由于教师课前清楚地知道要将这些句子成分知识转化为学生运用语言的能力，不能仅仅停留在陈述性知识的层面，目标性很强，所以学生学起来并没有感到困难。他们写出来的句子与对照班级的学生相比，显得完整、具体得多了。

四、教学实验研究的成果与结论

（一）主要成果

三年来，我们坚持用科学取向的教学论指导低年级学生进行句子教学实验研究，稳步推进语文教学改革，取得了以下几方面的成果。

（1）初步掌握了在小学低年级进行句子成分和句法规则教学的有效方法，即运用图式理论及模糊概念和规则学习理论,先帮助学生建立句子结构图式,然后掌握句子成分概念和结构助词的运用规则;运用"六步三段"教学模型将句子结构知识转化为学生运用语言的能力。

(2)遵循学生的年龄特点和认知规律,初步探索出了在小学低年级进行句子与段落教学内容及其序列(见下表)。

教学顺序	教学内容	施教年级
1	二素句:谁 + 干什么。	一年级上
2	三素句:时间 + 谁 + 干什么。	一年级下
3	四素句:时间 + 谁 + 地点 + 干什么。	一年级下
4	句子的主要成分(主谓宾)教学	二年级下
5	句子的次要成分(定状补)教学	二年级下
6	的、地、得使用规则教学	二年级下
7	扩句(次要成分的精确化训练)	三年级上
8	缩句(主演成分的精确化训练)	三年级上
9	总分构段方式教学	三年级上
10	并列构段方式教学	三年级下
11	承接构段方式教学	三年级下
12	因果构段方式教学	三年级下

(3)完成了小学低年级句子教学的教学设计并进行了试教和修改,为广大语文教师开展句子教学实验提供了可操作的第一手材料。

(4)培训了一批系统掌握科学取向的教学论和实践经验的教师。以张威为代表的青年教师团队逐渐成长为学校教学的中坚力量。同时,也验证了科学取向的教学论在培训教师方面所取得的巨大成就。

(二)结论

针对语法知识教与不教的问题,吕叔湘、章熊和巢宗祺等语文教育名家已经给出了明确的答案:语法要教。他们担心的是采用老办法教,会导致语文教学再次走进另一个误区。我们在小学低年级进行的句子教学实践证明,要解决语法教学问题,必须先放弃传统的语文教学理论,采用科学取向的教学论;遵循知识转化成技能的规律,把语文知识真正转化为学生运用语言的技能。

第三章 段落与篇章结构教学的设计与实施

案例一："总—分"结构段落教学

执教教师：广州市花都区狮岭镇合成小学 卢丽玲 执教年级：三年级

【教学目标】

1. 能说出"总—分"结构段落的特征，能辨别"总—分"结构段。

2. 能根据"总—分"结构段落结构特征，找出总句和分句。

3. 能采用"总—分"结构图式写一个"总—分"结构的段落。

【任务分析】

学习类型及学习条件分析：

教学目标 1 和目标 2 属于"总—分"结构段落图式的记忆和理解。

教学目标 3 属于"总—分"结构段落图式的运用。

内部条件：学生已经形成自然段的结构图式，能够识别自然段，会概括文段意思。

外部条件：教师向学生提供"总—分"段落结构的正反例子，并规范学生的表述。

【教学准备】教学课件

【教学过程】

一、谈话导入

1. 同学们，我们在写文章的时候，为了让别人读得更轻松，读得更明白，一般都要给文章分段。说一说：你写文章的时候，一般情况下会分几段？

2. 每一篇文章，有一个主题；每一段话，也应该有一个中心。有时候，为了让读者一读就明白，我们在写作的时候，就可以采用一种常用的构段方式——"总—分"结构段落。

【板书】

"总—分"结构段落

二、发现"总—分"构段的特点

1. 出示正例：

（1）要是我们留心观察，就会发现，一天之内，不同的花开放的时间是不同的。凌晨四点，牵牛花吹起了紫色的小喇叭；五点左右，艳丽的蔷薇绽开了笑脸；七点，睡莲从梦中醒来；中午十二点左右，午时花开放了；下午三点，万寿菊欣然怒放；傍晚六点，烟草花在暮色中苏醒;月光花在七点左右舒展开自己的花瓣;夜来香在晚上八点开花;昙花却在九点左右含笑一现……

——选自人教版三年级上册《花钟》

（2）秋天的雨,有一盒五彩缤纷的颜料。你看,它把黄色给了银杏树,黄黄的叶子像一把把小扇子,扇哪扇哪,扇走了夏天的炎热。它把红色给了枫树,红红的枫叶像一枚枚邮票,飘哇飘哇,邮来了秋天的凉爽。金黄色是给田野的,看,田野像金色的海洋。橙红色是给果树的,橘子、柿子你挤我碰,争着要人们去摘呢! 菊花仙子得到的颜色就更多了,紫红的、淡黄的、雪白的……美丽的菊花在秋雨里频频点头。

——选自人教版三年级上册《秋天的雨》

（3）小喜鹊衔来树枝造房子,小松鼠找来松果当粮食,小青蛙在加紧挖洞,准备舒舒服服地睡大觉。松柏穿上厚厚的、油亮亮的衣裳,杨树、柳树的叶子飘到树妈妈的脚下。它们都在准备过冬了。

（4）这座桥不但坚固,而且美观。桥面两侧有石栏,栏板上雕刻着精美的图案:有的刻着两条相互缠绕的龙,嘴里吐出美丽的水花;有的刻着两条飞龙,前爪相互抵着,各自回首遥望;还有的刻着双龙戏珠。所有的龙似乎都在游动,真像活了一样。

——选自人教版三年级上册《赵州桥》

2. 寻找规律:

（1）这四段话分别讲了什么意思?

（2）能够概括每段话意思的句子分别是哪一句?

三、归纳"总—分"构段规则

1. 同学们,你们有没有发现这三个段落有什么相同的地方?

（1）段落中有一句话能概括整个自然段的意思。

（2）其他几句话都是围绕这一句话去写的。

（3）这句话可以在段落的前面,也可以在后面,甚至可以在两头。

2. 小结:在一个自然段落中,有一句话概括文段内容,其他的句子分别从不同方面来描写,这种结构的段落,就叫做"总—分"结构段落。段落中,能概括整段意思的句子叫总句,其他从不同方面展开的句子叫分句。

四、运用规则,辨识段落。

1. 出示正例一:

走在街上的,是来来往往、形态各异的人:有的骑着马,有的挑着担,有的赶着毛驴,有的推着独轮车,有的悠闲地在街上溜达。

——选自人教版三年级上册《一幅名扬中外的画》

【预设】这是一个"总—分"结构的段落,第一句提示要描写是形形色色的人,后面具体描写了各种形态的人。

2. 出示正例二:

每当夜幕降临的时候,香港就成了灯的海洋。港湾里闪耀的灯光,像五颜六色的焰火,洒落人间。马路上一串串明亮的车灯,如同闪光的长河,奔流不息。高楼大厦的霓虹灯光彩夺目,热情欢迎来自五洲四海的游客。

——选自人教版三年级上册《香港,璀璨的明珠》

【预设】这是一个"总—分"结构的段落,围绕香港成了灯的海洋,分别写了港湾灯光、马路车灯、大厦的霓虹灯。

3. 出示反例一:

我们村子前面的小山包,远远看去真像一个绿色的大绒团。山包上,树很密,草很深,花很多。一条石板铺成的小路,弯弯曲曲地穿过小山包的密林。石板小路的尽头,有一眼清泉,叫"珍珠泉"。

——选自人教版三年级下册《珍珠泉》

【预设】这不是一个"总—分"结构的段落,分别写了不同的几种景物。

4. 出示反例二:

春天,树木抽出新的枝条,长出嫩绿的叶子。山上的积雪融化了,雪水汇成小溪,淙淙地流着。小鹿在溪边散步,它们有的俯下身子喝水,有的侧着脑袋欣赏自己映在水里的影子。

——选自人教版三年级上册《美丽的小兴安岭》

【预设】这不是一个"总—分"结构的段落,这段话中,没有一个能够概括全段意思的句子。

五、创设情景,运用新知

1. 给下面一段话加上一个总起句。

_____。看,操场中间,有的跳皮筋,有的跳绳,有的踢毽子。最有趣的是一年级的小同学,他们由老师带着在做老鹰捉小鸡的游戏呢。

2. 出示一张菜市场的照片,结合生活经验,让学生写一个"总—分"结构的段落。

【板书】

"总—分"结构段

总—分

分—总

总—分—总

(选自:吴忠豪、唐懋龙编著:《小学语文教学内容指要——汉语·阅读》,高等教育出版社2015年版,第144—148页。)

<h1>案例二：并列结构段落教学</h1>

执教教师：广州市花都区教育局教学研究室　江美芳　执教年级：三年级

【教学目标】

1. 能说出并列结构段落的构段规则。

2. 能运用规则识别并列结构的段落。

3. 能运用规则写一个并列结构的段落。

【任务分析】

1. 学习结果类型：

目标 1：并列结构构段规则的记忆。

目标 2：并列结构构段规则的理解。

目标 3：并列结构构段规则的运用。

2. 学习条件：

外部条件：教师设计几个并列结构段落的典型例子，对学生的回答进行反馈和评价。

内部条件：能通过辨别、假设、抽象和概括等心理过程，概括并列结构段的特征。

分析学生的起点能力：学生已经掌握"总—分"结构构段。

【教学准备】教学课件

【教学过程】

一、复习旧知，导入新课

1. 同学们，我们已经学习了"总—分"结构的段落。谁能结合下面一段话，说说"总—分"结构段落的特点。

春天到了，公园里的花争奇斗艳，美丽极了。蝴蝶兰开了，像一只只蝴蝶在空中飞舞；水仙花开了，像一个个花仙子在翩翩起舞；喇叭花开了，像吹起了一个个小喇叭。

2. 当然，有时候在描写一系列事物的时候，我们并不需要进行总起或者总结，只需要——进行罗列就可以了。这就是我们今天要学习的一种全新的构段方式——并列构段。

【自评】由"总—分"式的段落结构导入，在复习旧知的基础上，让学生能够清楚地认识到两种构段方式的不同。

二、学习范例，发现特点

1. 出示正例一：

海底的岩石上长着各种各样的珊瑚，有的像绽开的花朵，有的像分枝的鹿角。海参到处都是,在海底懒洋洋地蠕动。大龙虾全身披甲,划过来,划过去,样子挺威武。

——选自人教版三年级上册《富饶的西沙群岛》

(1) 这段话分别描写了哪几种事物? 句子与句子之间是什么关系?

【预设】这段话分别描写了珊瑚、海参和大龙虾这三种事物,句与句之间是并列关系。

(2) 这段话描写的景物有什么共同点?

【预设】这一段话,描写的都是海底的物产,但描写的是不同事物。

(3) 小结:这段话描写相互关联的几种事物,去表现同一个主题。句子之间是并列关系。

【板书】

不同事物

2. 出示正例二:

才下过几阵蒙蒙的细雨。微风吹拂着千万条才展开带黄色的嫩叶的柳丝。青的草,绿的叶,各色鲜艳的花,都像赶集似的聚拢过来,形成了光彩夺目的春天。小燕子从南方赶来,为春光增添了许多生机。

——选自人教版三年级下册《燕子》

(1) 这段话共有几句? 每一句各讲了什么事物?

(2) 这些句子中,有没有中心句?

(3) 小结:这段话描写了细雨、柳丝、草、花、小燕子等一系列春天的景物和小动物,它们之间并没有主次之分。

3. 出示正例三:

春天,树木抽出新的枝条,长出嫩绿的叶子。山上的积雪融化了,雪水汇成小溪,淙淙地流着。溪里涨满了春水。小鹿在溪边散步,它们有的俯下身子喝水,有的侧着脑袋欣赏自己映在水里的影子。

——选自人教版三年级上册《美丽的小兴安岭》

(1) 这段话共有几句? 分别描写了哪几种景物?

【预设】这段话共有四句,分别描写了树木、积雪、小溪和小鹿这四种不同的事物。

(2) 小结:这段话主要写了小兴安岭春天时的景色。通过描写相互关联的几种事物去表现同一个主题,句与句之间也没有主次之分。

【自评】学生学习并列结构段落的构段规则,首先是教师先呈现出三个学生熟悉的段落作为正例,让学生反复地朗读,接着引导学生读懂每个自然段的意思,认识并列结构段落的概念。学生通过对正例的辨别,归纳出规则,这是"例—规"法的运用。

三、发现特点,提炼规则

1. 自由读这三个自然段,想想这三个自然段有什么相同的地方?

(学生思考、议论、回答,教师提炼)

（1）句与句之间的关系是并列的，没有主次之分。

（2）主题比较统一：可以是同一事物的几个方面，也可以是相互关联的不同事物。

2. 请大家再次默读这三个自然段。思考：每个自然段有没有哪个句子能概括该自然段的意思？

【预设】没有，每个句子既独立存在，又紧密地结合在一起。

3. 小结：围绕一个意思来写，将不同事物、事物的不同方面组合在一起，句与句之间的关系是并列的，没有主次之分，这样的段落叫并列结构的段落。

【板书】

一个中心，没有主次

【自评】教师在不违背语文科学规律的前提下引导学生发现"归纳并列结构段落构段规则"，规则的陈述尽可能简单明了。在实施时，教师能启发学生发现"归纳并列结构段落构段规则"，使他们享受发现的乐趣，这是"举三反一"的过程。

四、运用规则，辨识段落

判断下面的段落是不是并列结构，为什么？

（1）头上的羽毛像橄榄色的头巾，绣满了翠绿色的花纹。背上的羽毛像浅绿色的外表。腹部的羽毛像赤褐色的衬衫。

——选自人教版三年级下册《翠鸟》

（2）有的全身布满彩色的条纹。有的头上长着一簇红缨。有的周身像插着好些扇子，游动的时候飘飘摇摇。有的眼睛圆溜溜的，身上长满了刺，鼓起气来像皮球一样圆。

——选自人教版三年级上册《富饶的西沙群岛》（有改动）

（3）这位教育家从手提包里拿出一个瓶子，又取出三个系着绳子的小铅锤。他把瓶子放在地上，把三个小铅锤分给三个学生，让他们拿着绳子头，先后把铅锤放到瓶子里。

——选自人教版三年级上册《一次成功的实验》

【预设】前两个段落是并列结构的，第三个不是，第三个是按照事情发展顺序排列的，是一种新的构段方式。

【自评】本环节运用并列结构段落规则辨别正反例子，进一步加深了学生对并列结构段落的认识，使学生熟练掌握并列结构段落的规则，实现了知识的重组、转化。

五、创设情景，迁移运用

过渡：同学们今天表现很不错，为了奖励大家，我带来了一段录像，想不想看？

1. 播放视频：《花都湖》

（1）同学们看视频，说一说：你看到了什么？

（看到了花都湖的水、桥、树、山……）

（2）这些景物是怎样的？

（3）运用并列结构的构段方法，写一段话，表现花都湖景色的美丽。

（4）评价学生写作片段。

2. 继续运用并列结构的构段方式写一段话。

以"花都广场很热闹"为中心意思，写一段并列结构的话。

（1）学生练写。

（2）评价点拨。

3. 再次齐读并列结构的段落的特点。

【自评】教师通过提供情景，让学生运用并列结构的段落进行练说、仿写。通过这样的练习，学生才能掌握并列结构段落构段的技能，实现由掌握并列结构段落的知识到掌握并列结构段落构段的技能。这一过程采用的是"规—例"法。

【板书】

并列结构段

内容：不同方面　不同事物

形式：并列关系　不分主次

（选自：吴忠豪、唐懋龙编著：《小学语文教学内容指要——汉语·阅读》，高等教育出版社 2015 年版，第 144—148 页。）

【检测】

1. 读下面的自然段，请在并列结构段落的后面打"√"。

（1）金黄色是给田野的，看，田野像金色的海洋。橙红色是给果树的，橘子、柿子你挤我碰，争着要人们去摘呢！火红色是给枫叶的，看，枫叶像燃烧的烈火。　　　　（　　）

（2）老爷爷看花，一面看一面自言自语，嘴里低吟着咏花的古诗。老奶奶看花，拄着拐杖，牵着孙孙，有的还很珍惜地摘下一朵，簪在自己的发髻上。青年们穿得整整齐齐，干干净净，好像参加什么盛会，不少人已经穿上雪白的衬衣，有的甚至是绸料的。小学生们系着红领巾，叫啊，跳啊，被这一望无际的海棠花惊呆了。　　　　（　　）

（3）起先，天空由蓝变灰，像一个生气的小孩。接着，雷公打起了鼓，雨珠儿像小孩一样乱蹦乱跳。最后，雨终于停了，万物一片生机。　　　　（　　）

2. 请以"美丽的校园"为主题写一个并列结构的段落。

案例三：承接结构段落教学

执教教师：广州市花都区花城街杨屋第一小学　杨银开　执教年级：三年级

【教学目标】

1. 能说出承接结构段落的特征。

2. 能根据承接结构段落的特征，识别承接结构的段落。

3. 能运用规则写一个承接结构的段落。

【任务分析】

1. 学习类型及学习条件分析:

学习目标	学习类型	学习过程及条件
1. 能说出承接结构段落的特征。	属于高级技能中表达技巧的记忆。	外部条件:教师提供样例,帮助学生归纳承接结构段落的一般规律和步骤。 内部条件:学生已经掌握了句子的概念和自然段的图式结构。
2. 能根据承接结构段落的特征,识别承接结构的段落。	属于高级技能中表达技巧的理解。	外部条件:教师设计几个承接结构段落的典型例子,对学生的回答进行反馈和评价。 内部条件:掌握承接结构段落的特征,简单说出表达效果。
3. 能运用规则写一个承接结构的段落。	属于高级技能中表达技巧的运用。	外部条件:教师创设承接段落的情境。 内部条件:通过辨别、假设、抽象和概括等心理过程,掌握承接结构段落图式,具有一定的综合分析能力和语言表达能力。

2. 分析学生的起点能力:学生已经掌握句子的概念和自然段的图式结构。

【教学准备】教学课件

【教学过程】

一、复习旧知,引入新课

1. 复习"总—分"结构段。

白荷花在这些大圆盘之间冒出来。有的才展开两三片花瓣儿。有的花瓣儿全展开了,露出嫩黄色的小莲蓬。有的还是花骨朵儿,看起来饱胀得马上要破裂似的。

——选自人教版三年级下册《荷花》

2. 复习并列结构段。

有的才展开两三片花瓣儿。有的花瓣儿全展开了,露出嫩黄色的小莲蓬。有的还是花骨朵儿,看起来饱胀得马上要破裂似的。

——选自人教版三年级下册《荷花》

3. 今天,我们一起来学习一种新的构段方式。它和上面两种截然不同。

评析

小学生在学习的过程中,容易将相似的知识混为一谈,教师在讲授新知识前,将类似的旧知复习整理,是很有必要的。这样做的目的是让学生明白:这些构段方式之间,既有联系,又有区别。

二、出示例子,学习规则

1. 出示正例一:

有一天,我起得很早去钓鱼,发现草地并不是金色的,而是绿色的。中午回家的时候,我看见草地是金色的。傍晚的时候,草地又变绿了。

——选自人教版三年级上册《金色的草地》

(1) 读读这段话,想想:这个自然段主要讲了什么?

【预设】草地的颜色是会变化的。

(2) 那么草地的颜色有哪些变化?

【预设】绿色→金色→绿色。

(3) 这几个句子的顺序能不能颠倒?

【预设】草地的颜色是随着时间的变化而变化的,句子间的顺序不能颠倒。

(4) 为了把这个过程写清楚,在写的时候就用上了一些表示顺序的词语,你能找到吗?

【预设】早上、中午、傍晚。

(5) 小结:像上面这样的一些表示顺序的词语,我们就称它们为"连接词"。作者写草地的颜色变化,使用表示时间顺序的词语,句子表达得清晰,富有条理。

2. 出示正例二:

妈妈,我拿着钱到处逛,本来想送给您和哥哥姐姐一些漂亮的礼物。后来,我看到了一棵援助中心的"给予树"。树上有许多卡片,其中一张是一个小女孩写的。她一直盼望圣诞老人送给她一个穿着裙子的洋娃娃。于是,我取下卡片,买了洋娃娃,把它和卡片一起送到了援助中心的礼品区。

——选自人教版三年级上册《给予树》

(1) 读读这段话,想想:这段话主要写了什么?

【预设】金吉娅买洋娃娃的过程。

(2) 金吉娅买洋娃娃的过程很曲折,你能找出"连接词"么?

【预设】本来、后来、其中、一直、于是。

(3) 归纳总结:为了要把这个过程写得有条理,作者用了一些表示顺序的词语,让表达更清楚,更明白。

3. 出示正例三:

五彩石找齐了。女娲先在地上挖个圆坑,把五彩石放在里面,用神火进行冶炼。炼了五天五夜,五彩石化成了很稠的液体。女娲把它装在一个大盆里,端到天边,对准那个大黑窟窿,往上一泼,只见金光四射,大窟窿立刻补好了。

——选自人教版三年级下册《女娲补天》

(1) 这段话写了什么?

【预设】女娲补天的过程。

(2) 每句话具体写了什么?

【预设】找石、挖坑、炼石、补天。

(3) 这四句话的顺序可以颠倒吗?

【预设】不可以,是按照事情发展顺序编排的。

(4) 小结:这段话按照一定的顺序将补天的过程写得很有条理。句子与句子之间的顺序不能颠倒,句子间是有它内在的先后关系的,在这种情况下,连接词可以省略。

【自评】在教学设计中,三个例子既要典型,又要有所变化。在教学实施时,教师紧扣承接结构的两个特征讲清楚每一段落的内容和结构。为了减轻学生的认知负荷,选取的例子是学生熟悉的,这样学生可以把精力集中在段落的结构上。

三、归纳承接结构段落构段规则

1. 比较这三个段落,你们发现有什么相同的地方?

2. 小结:段落中的几个句子,是按照先后顺序排列组合在一起的,顺序不能调换。

【板书】

先后顺序,不能调换

> **评 析**
>
> 教师在这个环节中,引导学生结合上面的例子,总结、归纳出承接结构文段的概念、构段规则。这是"举三反一"的过程,叫"例—规"法。

四、运用规则,辨识承接结构段落

1. 出示正例一:

她跑到山上,去寻找补天用的五彩石。她原以为这种石头很多,用不着费多大力气。到山上一看,全是一些零零星星的碎块。她忙了几天几夜,找到了红、黄、蓝、白四种颜色的石头,还缺少一种纯青石。于是,她又找啊找啊,终于在一眼清清的泉水中找到了。

——选自人教版三年级下册《女娲补天》

【预设】这是一个承接结构的段落。这几句话按照一定的顺序,将女娲寻找五彩石的经过说清楚了,句子先后顺序不能调换。

2. 出示正例二:

春天到了。小鹿在门前的花坛里,栽了一丛玫瑰。他常常去松土、浇水。玫瑰慢慢抽出枝条,长出了嫩绿的叶子。

——选自人教版二年级下册《小鹿的玫瑰花》

【预设】它是承接结构段落。这段话按事情发展的顺序,把种玫瑰花至玫瑰花长出叶子的过程写清楚了,先后顺序不能调换。

3. 出示正例三:

葡萄种在山坡的梯田上。茂密的枝叶向四面展开,就像搭起了一个个绿色的凉棚。到了秋季,葡萄一大串一大串挂在绿叶底下,有红的、白的紫的、暗红的、淡绿的,五光十色,美丽极了。要是这时候你到葡萄沟去,热情好客的维吾尔族老乡,准会摘下最甜的葡萄,让你吃个够。

——选自人教版二年级下册《葡萄沟》

【预设】这段话是按照季节的变化顺序和生活常理来描写的:夏天,枝叶繁茂;秋天,硕果累累;收获,款待客人。句子的顺序不可以调换。因此,它是一个承接结构段落。

4. 出示反例四:

城墙顶上铺着方砖,十分平整,像很宽的马路,五六匹马可以并行。城墙外沿有两米多高的成排的垛子,垛子上有方形的瞭望口和射口,供瞭望和射击用。城墙顶上,每隔三百多米就有一座方形的城台,是屯兵的堡垒。打仗的时候,城台之间可以互相呼应。

——选自人教版四年级上册《长城》

【预设】不是承接结构的段落,而是并列结构的段落。作者分别介绍了长城顶上、垛子、城台。调换位置,并不影响文段的通顺,以及读者的理解。

评 析

本环节运用承接结构段落规则辨别正反例子,能够进一步加深学生对承接结构段落的认识,实现知识的重组与转化。

五、创设情境,运用规则

1. 我们洗衣服的时候,需要哪些步骤,请按照先后顺序,写一个承接结构的段落。

【预设】浸泡——揉搓——清洗——晾晒。

2. 总结:写文章和做事情是一致的,我们一定要想清楚先写什么,接着写什么,最后写什么。句子与句子之间,如同铁链一样,环环相扣,表达才会严谨、准确。

【板书】

承接结构段

顺序明确　不能调换

(选自:吴忠豪、唐懋龙编著:《小学语文教学内容指要——汉语·阅读》,高等教育出版社2015年版:第144—148页。)

案例四:扩写教学(一)

执教教师: 北京市昌平区十三陵中心小学　张　威　执教年级:四年级

【教学目标】

1. 能在原句上找出扩写的位置:主语,谓语,宾语的前、后。

（右侧竖排）第三章 段落与篇章结构教学的设计与实施

2. 能按照"写具体"的要求,扩写一段话,并做到用词恰当。

3. 能说出扩写的过程(添加句子次要成分的过程)以及扩写的方法(添加定状补成分,包含结构助词"的、地、得"的正确使用;运用合理想象和修辞方法)。

【任务分析】

1. 目标 1 和目标 3 属于对包含主要和次要成分的句子结构图式的记忆和理解。

2. 目标 2 属于对包含主要和次要成分的句子结构图式的运用。

学习的内部条件:学生已经掌握了句子的主谓宾、定状补结构图式,但关于把句子写具体、写生动的程序和方法,还需要老师的指导。

外部条件:教师向学生提供扩写的程序、方法和例证,并对他们的反应提供正确与否的反馈信息。

【教学过程】

一、引起学生注意

师:你喜欢孙悟空吗? 喜欢它什么? 是啊,孙悟空会七十二变,能降妖除魔,真是令人羡慕,这节课我们也来当一回孙悟空,不同的是,我们要学会掌握一种使句子发生变化的本领,看谁先学会。有信心吗?

二、复习原有相关知识

1. 给句子划分主、谓、宾成分。

回忆句子主、谓、宾概念,划分下面句子的主谓宾成分。全班交流。

孙悟空 举起 金箍棒。 小猴子 挥动 手臂。

这几句话中的主语、谓语和宾语都叫句子的主要成分。主要成分是一句话中必不可少的组成部分,是句子的主干。

2. 复习句子的定、状、补成分。

除了主要成分以外,我们还学习过句子的次要成分,句子的次要成分包括哪些?(定、状、补)

你能说一说下面句子都有哪些次要成分吗?

神通广大的孙悟空轻轻地举起巨大的金箍棒。(定语和状语)

小猴子高兴得一蹦三尺高。(补语)

观察这两句话中的"的、地、得"位置,应该怎样使用?

根据这两句话回忆:定语、状语及补语分别在什么位置?(主、宾前面是定语;谓语前面状语;谓语后面是补语)

三、呈现精心组织的新材料

同学们,现在是什么季节? 你能用一个词来形容秋天吗? 有一位同学这样描写秋天:

秋天来了。树叶飘落下来。菊花点头。小松鼠找松果。青蛙挖洞。

你认为这段话写得怎么样？这节课我们就来学习把一段话写具体、写生动。

1. 扩写"小松鼠找松果。"（主、谓、宾句式）

这句话中只有主要成分，要想把它写具体，可以怎么做？（添加次要成分）请你观察一下，哪些位置可以添加次要成分，使句子更具体？

（1）在主语、宾语前添加定语。

（什么样 de）小松鼠　找松果。

在小松鼠的前面可以填形容松鼠的词语，有的词语表示松鼠的外形，有的表示颜色，还有的表示数量。老师这里有一些词语，它们可以用来形容小松鼠。

词语积累：乖巧、活泼、机灵、敏捷、可爱、毛茸茸、讨人喜爱、栗色、棕红色、黄褐色、一群、几只、成群结队……我们可以把这些形容小松鼠的词语积累在头脑中。

小松鼠找（什么样 de）松果。

在"松果"的前面可以填上什么词语？（美味的、可口的、坚硬的、小塔一般的……）

刚才扩写在主语和宾语前的次要成分都是定语。

（2）在谓语前添加状语。

例如：小松鼠（在哪里）（怎么样 de）找松果。

提供可选词汇：在树林里、在大树上、认真地、仔细地、用心地、满怀喜悦地……

（3）运用修辞方法及合理想象。

出示例子：

乖巧可爱的小松鼠在树林里仔细地找美味的松果，看它那忙碌的身影，好像一位勤劳的小精灵。

这里扩写出来的部分运用了比喻的修辞方法，来说明松鼠的样子——好像一位勤劳的小精灵。除了想象松鼠的样子，我们也可以想象松鼠会说些什么，比如说：

乖巧可爱的小松鼠在树林里仔细地找美味的松果，这时，它找到了一颗大大的松果，高兴得手舞足蹈，好像在说："＿＿＿＿＿。"

乖巧可爱的小松鼠在树林里仔细地找美味的松果，忽然，它看到了＿＿＿＿＿，它＿＿＿＿＿地说："＿＿＿＿＿。"

2. 比较扩写前、后的句子，发现区别。

小松鼠找松果。

乖巧可爱的小松鼠在树林里仔细地找美味的松果，看它那忙碌的身影，好像一位勤劳的小精灵。这时，它找到了一颗大大的松果，高兴得手舞足蹈，好像在说："太好啦！我找到松果啦！"

通过扩写，原句已经发生了变化。你看，句子变得怎样了？

四、引导学生归纳扩写的位置和方法

1. 第二句话与第一句话相比，更加具体、生动了。这是因为我们首先在原来句子的基础上添加了什么？（次要成分）添加次要成分的时候，词语使用要恰当，不必要在每一处地方都添加，而是在可以具体的地方添加。

2. 要把句子写生动，可以展开丰富的合理想象，并巧用比喻、拟人、排比等修辞方法。

这样把句子写具体、写生动的方法就是我们这节课要学习的内容——扩写。

五、巩固与变式练习

1. 巩固练习。学生自由交流后完成段落扩写。

秋天来了。___（在哪里）___，___（什么样 de）___ 树叶 ___（从哪里）___（怎样 de）___ 飘落下来，___（好像……）___。___（什么样 de）___ 菊花 ___（怎样）___ 点头，___（仿佛在说……）___。看，小动物们可忙啦！乖巧可爱的小松鼠在树林里仔细地找美味的松果，看它那忙碌的身影，好像一位勤劳的小精灵。这时，它找到了一颗大大的松果，高兴得手舞足蹈，好像在说："太好啦！我找到松果啦！"___（什么样 de）___ 青蛙正在加紧挖洞，___（因为……）___。多美的秋天啊！

2. 归纳扩写的好处。

秋天来了。

树叶飘落下来。菊花点头。

小松鼠找松果。青蛙挖洞。

（扩写前）

展示学生作品

（扩写后）

看了这段扩写后的话，你认为扩写有什么好处呢？（可以使句子更加具体生动）通过朗读体现这种变化。

3. 变式练习。

通过刚才的学习，我们知道，要想使句子更加具体生动，可以在句子里添加次要成分，还可以进行合理想象、巧用修辞。现在，有一位同学需要我们的帮助，愿意去帮帮他吗？

上个学期，学校组织我们到十三陵的神路去游览，当时，这位同学在日记中这样写道：

今天，天空很蓝。

我们来到神路，首先看到了大红门。

过了大红门，有一条神路。

来到神路里面，我看到了许多石人石马。

你认为他的日记写得怎样？在神路，我们都看到了怎样的景色呢？来一同回顾一下。（播放有关神路景色的照片）能不能运用我们刚学过的扩写的知识帮帮他，使这段文字更加具体、生动？

（展示学生扩写后的段落）

六、总结提升

今天的学习,对你今后写作文有什么帮助吗?

【板书】

扩写

写具体　　　写生动

次要成分　巧用修辞、合理想象

案例五：扩写教学(二)

执教教师：北京市昌平区巩华中心小学　刘　阳　执教年级：四年级

【学情分析】

从表面上看,"扩句"是给简单句加上一些修饰或限定的成分。其在表达上的深层作用,是让句子内容更加准确、具体。因此,这一内容的训练,不仅有利于学生认识新题型,正确答题,更能帮助学生在写作上有所精进,让学生丰富自己的语言,使作文更加贴切、具体、生动。所以学生必须在简单句的基础上掌握扩句的能力。

【教学目标】

1. 能说出扩句的含义和扩句的方法。

2. 能依据扩句的规律和原则运用恰当的词语将简单句写得具体。

3. 能由句到段,应用扩句和"总—分"构段相结合的的方法将一段语句简单的话写得内容具体,并表达出自己的感情。

【任务分析】

学习结果类型分析：

目标 1 属于语文专门知识的识记和理解。

目标 2 属于基本技能中对词语的理解和运用,以及基本技能中对句子结构的理解和运用。

目标 3 属于综合学习：总运用扩句规则、"总—分"构段规则和生活经验进行创造。

学习条件分析：

1. 内部条件：学生已有完整句的一般观念；能区分名词、动词、代词、时间词、地点词等词语的词性概念；有"总—分"结构段的段落概念；

2. 外部条件：提供有附加成分和无附加成分的句子的实例,对学生的反应提供及时反馈。

【教学时间】一课时

【教学过程】

一、引起学生注意与告知目标

教师出示两棵大树的图片,一棵枝叶繁茂,一棵只有树干。

这两棵大树,你们喜欢哪一棵?为什么?学生交流想法。

告知目标:文章中的一个个句子就像一棵棵大树。今天我们要学习的扩写就是要给只有主干的大树添枝加叶,让句子更生动、具体和形象。

二、复习原有相关知识

出示句子:

雪花飘落下来。

读一读,这个句子,表达意思是否完整?

小结:这是一个"什么+怎么样"的句式,意思完整。

三、呈现精心选择的例子,学生观察、比较

冬天的早上,雪花飘落下来。

冬天的早上,雪花从天空中飘落下来。

冬天的早上,一片片雪花从天空中飘落下来。

冬天的早上,一片片洁白的雪花从天空中飘落下来。

冬天的早上,一片片洁白的雪花从天空中纷纷扬扬地飘落下来。

1. 比较几个句子,观察:后一个句子与前一个句子的区别。

【预设】(1)"冬天的早上"——时间词

(2)"从天空中"——地点词

(3)"一片片"——数量词

(4)"洁白的"——什么样的("鹅毛般的"——用比喻)

(5)"纷纷扬扬地"——怎样地

还可以说"什么样的雪花"、"怎样地飘落"?

2. 对比第一句和最后一句,你更喜欢哪句话?为什么?两句话在意思表达上有什么不同?

四、引导学生抽象和概括

1. 为什么要进行扩句?

(1)加入时间词、地点词、数量词后,句子更加准确和具体了;加入"什么样的"和"怎样地"后,句子更加生动了。

(2)在表达思想感情上,后面的句子能让人感到雪花很多,很美丽,从中可以读出对雪花的喜爱。

(3)同一个句子,添加不同的修饰限定成分就可以扩出几个不同的句子。

2. 扩句的方法:

(1)扩句是在主干的基础上添枝加叶,也就是说,根据表达的需要添加上时间词、地点词、

数量词以及"怎样地"、"什么样的"等修饰限定的词语,使句子的意思更具体、形象、充实和丰满。

(2) 名词前加"什么样的";动词前加"怎样地"。

带着喜爱之情,再读最后一个句子。

【设计意图】这里是采用"例—规"法的教学设计,即引导学生从若干例子的辨别、分析中,运用抽象、概括的方法得出新的结论。课教到这里,学生获得了扩句的"知识"。

五、进行变式练习,使知识转化为技能

1. 教师分别出示三个例句,学生尝试扩句。

要求:先想一想可以在哪里添加什么内容,再回答。

学生尝试扩句,教师巡视。

学生交流扩句结果,通过错例发现问题,及时点拨。

(1) 我望着天空。

星期天,我躺在草地上久久地望着蓝蓝的天空。

(2) 我看到大海。

暑假,我在家乡惊喜地看到无边无际的大海。

(3) 昌平是家乡。

美丽的昌平是我可爱的家乡。

错例(1):晚上,我躺在草地上望着蔚蓝的天空。(句子中"晚上"和"蔚蓝"意思矛盾)

错例(2):在北京,美丽的昌平是我的一个家乡。(这个句子不适宜添加时间词、地点词和数量词)

反馈:在扩句时要结合句子的主干,在保留原意的基础上,添加恰当合理的修饰限定成分。

【设计意图】在这一环节,我们通过正例与反例两个角度,让学生进行对比,从中发现并总结出扩句原则,从而更加准确地完成题目。

2. 分组扩句。每组分配一个句子进行扩写。要求:在不改变原意的基础上,尽量多扩写几处。

(1) 花儿开了。

(2) 老师批改作业。

(3) 玲玲做操。

(4) 同学们听课。

(5) 汽车飞驰。

(6) 鸟儿唱歌。

六、拓展练习

1. 教师出示一段话。学生运用扩句的方法,每组扩写一句,合作扩写这一段话。

公园里,柳枝长出新芽。小草钻出地面。花开了,有桃花,有梨花,还有迎春花。小鸟唱歌。小朋友做游戏。

2. 自主将这段话进行完整扩写,使每句话表达意思更加具体、生动、形象。

3. 读了这段话,这个公园给你留下怎样的印象?用一句话来说一说。

春天的公园真美呀!

公园的春天真热闹!

把这样的句子放在开头或结尾就成为了"总—分"或"分—总"段式。

【设计意图】在练习中,我们将学习分为句子和段落两个层次。这是依据中年级段的教学为主的学习规律设计的。

评 析

上面提供了两份关于"扩写"的教案。学生都是四年级。这里的"扩写",第一步将只有主要成分的句子加上次要成分;第二步,将围绕一个主题的几个这样的句子经过扩句以后连成一段连贯的话,使文段更具体、生动和形象。第一份教案由十三陵中心小学的张威老师设计与执教;第二份教案由巩华中心小学刘阳老师设计和执教。张威的学校语文教改实验先行一年,完成了句子结构教学;刘阳的学校语文教改实验后行,未完成句子结构教学。请读者仔细阅读教案后,比较下面的表格。

两份关于"扩写"的教案教学过程与内容分析表

教学过程	张威的教案:教什么、如何教?	刘阳的教案:教什么、如何教?
1. 告知目标与引起注意。	我们要学会掌握一种使句子发生变化的本领,看谁先学会。有信心吗?	我们写文章中的一个个句子就像一棵棵大树。今天我们要学习的扩写就是要给只有主干的大树添枝加叶,让句子更生动、具体和形象。
2. 激活或复习原有相关知识。	1. 给句子划分主、谓、宾成分。 2. 复习句子的定、状、补成分。	出示句子:雪花飘落下来。 读一读,这个句子,表达意思是否完整? 小结:这是一个"什么 + 怎么样"的句式,意思完整。
3. 呈现精心组织的新材料(规则与例句)。	先呈现反例:秋天来了。树叶飘落下来。菊花点头。小松鼠找松果。青蛙挖洞。 1. 扩写"小松鼠找松果。"(主、谓、宾句式) (1) 在主语、宾语前添加定语。 (2) 在谓语前添加状语。 (3) 运用修辞方法及合理想象。 2. 比较扩写前、后的句子,发现区别。	1. 比较几个句子,观察:后一个句子与前一个句子的区别。 2. 对比第一句和最后一句,你更喜欢哪句话?为什么?两句话在表达意思有什么不同?
4. 归纳、总结得出新知识。	引导学生归纳扩写的位置和方法: 1. 在主语、宾语前添加定语。 2. 在谓语前添加状语。 3. 运用修辞方法及合理想象。	1. 为什么要进行扩句? 2. 扩句的方法: 名词前加"什么样的"; 动词前加"怎样地"。

教学过程	张威的教案：教什么、如何教？	刘阳的教案：教什么、如何教？
5. 巩固与变式练习。	1. 巩固练习。 2. 变式练习。	进行变式练习,使知识转化为技能。
6. 评估教学效果。	(播放有关"神路"景色的照片),能不能运用我们刚学过的扩写的知识,使这段文字更加具体、生动?	学生运用扩句的方法,每组扩写一句,合作扩写这一段话。

　　请你评一评,两份教案各有什么优点。分析两份教案教学内容的差异是什么,为什么会出现这些差异? 你从中能得到什么启示?

(皮连生)

第四章　修辞教学的设计与实施

案例一：比喻句的教学

执教教师：广州市花都区新华街棠澍小学　唐秦子　执教年级：三年级

【教学目标】

1. 能描述比喻句的特点，能够正确识别比喻句。

2. 能使用比喻的修辞手法，写出规范的比喻句。

【任务分析】

1. "课时目标"放进"两维目标分类框架表"中分析（略）。

2. 学习类型及学习条件分析。

目标 1：识别比喻句是对比喻句概念的理解。

目标 2：比喻句规则的运用。条件是学生掌握比喻句的概念和规则。

【教学准备】相关练习纸（前测、后测、课堂练习）、PPT

【教学过程】

一、谈话导入，揭示目标

1. 谈话导入：

同学们，秋天到了，你们观察到了哪些景象呢？

2. 对比效果：

秋天真美啊。同一个季节，不同的人，体会不一样。作者笔下的秋天，千姿百态。接下来，让我们去品味两位作者笔下的秋天。同学们更喜欢哪句？说说你的理由。

（1）秋天来了，银杏树叶黄了，枫叶红了。

（2）秋天来了，树叶飘落。黄黄的银杏叶像一把把小扇子，扇啊扇啊，扇走了夏天的炎热。火红的枫叶像一枚枚邮票，飘哇飘哇，邮来了秋天的凉爽。

【预设】我喜欢第二句，把树叶比作小扇子和邮票，这样的描写很生动。

3. 确立目标：

这位同学说得真好！打比方，突出事物特点。这种修辞手法的句子，我们就叫做——比喻句。今天，这节课我们进一步学习"比喻句"。

二、发现比喻句的特点

1. 出示正例：

先请同学们来看一组我们课文中学过的比喻句。这几句话有一个共同特点。读一读，想一想，你发现了什么规律？

(1) 就说"仙桃石"吧，它好像从天上飞下来的一个大桃子，落在山顶的石盘上。

(2) 小河清澈见底，仿佛一条透明的蓝绸子，静静地躺在大地的怀抱里。

(3) 有的孩子往篮里塞着槐米，头一点一点的，如觅食的小鸭子。

(4) 即将下雨的时候，乌云四合，远处山峰成了一幅水墨山水画。

2. 寻找共性：

读了这些句子，同学们发现了什么？中间用了一个什么词？

【预设】这些句子，是把一种事物，比喻成另外一种事物，中间用了一个比喻词。

3. 提炼特点：

本体、比喻词和喻体之间的关系

句子	本体	比喻词	喻体	相似点
1	仙桃石	好像	大桃子	形状
2	湖面	仿佛	蓝绸子	颜色
3	孩子塞着槐米	如	小鸭子觅食	动作
4	山峰	成了	水墨山水	颜色

4. 小结特点：

由此，我们可以得出比喻句的特点：两个事物之间，也就是本体和喻体之间有着相似性。可以是形状相似、颜色相似、动作相似……

5. 记忆巩固：

(1) 比喻句：利用事物间的相似点，将一事物比作另一事物。

(2) 比喻句一般包括三部分：本体、喻体、比喻词。

三、运用规则识别比喻句

1. 判断：

下面的句子，你认为是比喻句的，请你打"√"；你认为不是的，打"×"。并说说理由。

第一组：

(1) 远远望去，桃花好像天上的云霞，染红了桃园。（√）

(2) 房子上落了厚厚的一层雪，就像戴上了雪白的帽子。（√）

(3) 碧绿的湖水好像一位同学。（×）（没有相似性）

第二组：

（4）浪花往上抛，形成了千万朵盛开的白莲。（√）

（5）四合院是一个盒子。（√）

（6）驼峰就是骆驼储藏营养的部位。（×）（没有比喻词，也没有喻体）

第三组：

（7）长江上的轮船像一叶叶扁舟。（×）（表示比较：句中的"轮船"和"扁舟"是同一类事物）

（8）小明长得像他爸爸。（×）（小明和爸爸是同一类事物）

2. 讨论：

请参照黑板上的规则来判断。先自主思考，有疑问的句子请在小组内讨论。

3. 汇报：

第一组：

（1）是比喻句。把桃花比作云霞。本体是桃花，喻体是云霞，比喻词是"好像"。

（2）是比喻句。把雪比成了帽子。雪是本体，帽子是喻体，比喻词是"像"。

（3）不是比喻句。虽然该句子把湖水比作同学，但，本体和喻体之间并没有相似性。

第二组：

（4）是比喻句，把浪花比作白莲。本体是浪花，喻体是白莲。比喻词是"形成"。

（5）是比喻句。把四合院比成了盒子。四合院是本体，盒子是喻体，比喻词是"是"。

（6）不是比喻句。没有把一个事物比作另一个事物，也就是没有喻体。只是说了一个事实。

第三组：

（7）与（8）不是比喻句，虽然有着本体和喻体，但是，"船"就是"舟"，本体和喻体不能属于同一类。

【板书】

本体和喻体不是同一类事物。

4. 概括：

我们可以得出比喻句的另一个特点：本体和喻体必须要有相似的地方，并且这两种事物不属于同一类。

5. 总结：

现在，我们已经总结出了比喻句的特点，我们判断一句话是不是比喻句，如果符合了这两个条件，它就是比喻句。

四、指导写比喻句

1. 看来，同学们已经能运用比喻句的规则来正确地识别比喻句了。现在，我们来学写比喻句。

2. 出示图片,学生发言:

满天的星星,像＿＿＿＿＿＿＿＿＿＿＿＿＿＿＿＿＿;

弯弯的月亮,像＿＿＿＿＿＿＿＿＿＿＿＿＿＿＿＿;

大象的耳朵好像＿＿＿＿＿＿＿＿＿＿＿＿＿＿＿;

大象的身体好像＿＿＿＿＿＿＿＿＿＿＿＿＿＿。

3. 片段练习:出示一组秋天的图片,让学生欣赏。以《美丽的秋天》为题,写一段话,看看你写出了几个比喻句。

五、总结

今天,我们学会了如何识别比喻句,还学写了比喻句。但这才是学习比喻句的第一步哦! 以后我们还会学习比喻句的分类。合理地运用比喻句,能把文章"装扮"得更加精彩,更加生动。

【板书】

比喻句:把(一个事物)比作 (另一个事物)

内容:本体 比喻词 喻体

要求:相似性 不同类

【检测】观察校园里的花坛,写一段话,充分运用比喻等修辞手法。

案例二:识别、写好拟人句

执教教师: 浙江省宁波市白鹤小学 蔡婷尔 象山县特级教师 唐懋龙 执教年级: 四年级

【教学目标】

1. 能识别拟人句与比喻句。

2. 学生能写拟人句,使句子更生动形象。

【任务分析】

目标1:智慧技能,属于拟人句概念的运用。条件是学生已有较清晰的比喻句概念和丰富的拟人句积累。

目标2:智慧技能,根据拟人句的规则把句子改成拟人句。条件是学生掌握拟人句的规则。

【教学时间】一课时

【教学准备】相关练习纸(前测、后测、课内题),PPT

【教学过程】

一、谈话导入,揭示目标

1. 谈话导入,激活旧知(谈话内容中包含了拟人句和比喻句)

同学们,得知要来上课,老师的心情特别好。早晨走在路上,鸟儿们在我耳边歌唱着动听的乐曲,花花草草纷纷向我点头微笑。同学们,让我们一起来读一读老师刚才说的这个句子。

鸟儿们在我耳边歌唱着动听的乐曲,花花草草纷纷向我点头微笑。

提问:老师在这里用了什么修辞手法,你是从哪些词语中看出来的?(拟人句,从"歌唱"、"招手"等词语看出)

小结:这样运用拟人修辞手法的句子,我们就叫做——拟人句。

2. 揭示目标:今天,我们就来学习"拟人句"。

二、通过典型语例,指导发现拟人句的规律

1. 出示典型正例,引导学生发现拟人句的作用和特点。

(1) 鸣蝉在树叶里吟唱。

(2) 太阳害羞地躲在厚厚的云层后面。

(3) 五点左右,蔷薇绽开了笑脸。

(4) 当四周很安静的时候,蟋蟀就在这平台上弹琴。

(5) 禾苗见它弯腰,花儿见它点头,云儿见它让路,小树见它招手。

2. 读一读,说说发现了什么?(同桌讨论,班级交流)

3. 在讨论的基础上,出示两组句子,体会拟人句的表达效果。

第一组	第二组
鸣蝉在树叶里吟唱。	鸣蝉在树叶里鸣叫。
太阳害羞地躲在厚厚的云层后面。	太阳在厚厚的云层后面。
五点左右,蔷薇绽开了笑脸。	五点左右,蔷薇开花了。
当四周很安静的时候,蟋蟀就在这平台上弹琴。	当四周很安静的时候,蟋蟀就在这平台上鸣叫。

(1) 读一读,再讨论:这两组句子你更喜欢哪一组,说说理由。

(2) 学生交流,说说拟人句的作用。

(3) 教师随机点拨:没有用拟人的句子相对比较单调。用拟人的手法是把鸣蝉当做人来写,生动地写出了其动听的歌唱;把太阳、蔷薇当做人来写,形象地表现了太阳害羞、蔷薇开放时的样子。拟人句能增强语言的美感、表现力,使句子更生动、形象。

4. 发现拟人句的主要特点(见下表):

要写的事物	描写的词语	分类
鸣蝉	吟唱	动作
太阳	害羞 躲	情感 神态
蔷薇	绽开 笑脸	神态 心情
蟋蟀	弹琴	动作

(1) 展开想象,将事物赋予人的思想感情或动作行为,将事物当做人来叙述或描写,使"物"具有人一样的动作、神态、思想和感情。(注意:没有"语言")

(2) 想象要合理,如"禾苗见它弯腰,花儿见它点头,云儿见它让路,小树见它招手。"让"禾苗弯腰"、"花儿点头"、"云儿让路"、"小树招手",是由这几种事物本身的特点决定的。如果说"禾苗让路"、"云儿招手"就不合适了。

5. 出示反例,进一步揭示拟人句的特点:

(1) 老虎张开血盆大口,一步一步向我们逼近。

这句话虽然运用了动词,但不是人特有的动作,因此不是拟人句。"张开血盆大口"的动词"张"可用于人也可用于物。

(2) 小鸡在路边啄食着阳光和空气。

"啄食"是小鸡吃食物的动作,不是人独有的动作。

(3) 月亮自言自语地说:"明天孩子们去郊游,得去跟太阳公公商量商量,让明天有个好天气。"

拟人句强调的是人的"思想感情或动作行为",对话描写属于童话写法。拟人句主要是以人的神态描写、动作描写和心理描写为主。因此,这句话不是拟人句。

三、与比喻相比较,归纳特点

1. 导入:许多同学常常将拟人句和比喻句弄混,接下来我们就来学习怎样分辨拟人句和比喻句(出示比喻和拟人句)。例如:

(1) 早晨,阳光跳进了我的家。

(2) 小鱼悄悄地把头露出水面。

(3) 早晨,阳光像顽皮的孩子跳进了我的家。

(4) 花儿无力地垂着头。

(5) 大海好像钢琴家奏起欢乐的乐曲。

(6) 大海奏起欢乐的乐曲。

(7) 花儿像一个病人似的无力地垂着头。

(8) 小鱼像一个犯了错误的孩子悄悄地把头露出水面。

2. 引导学生发现,这两组句子有什么相同之处和不同地方。

相同点:句子内容一样。不同点:第二组都用了"好像"、"像"等词语,把事物比作人来写,因此是比喻句;第一组没有这样的词语,是直接将事物当做人来写,所以是拟人句。

3. 归纳总结,引出规则:

出示表格,读中比较,得出规则。

比喻句(把甲比作乙)	拟人句(将甲当作人来写)
早晨,阳光像顽皮的孩子跳进了我的家。	早晨,阳光跳进了我的家。
大海好像钢琴家奏起欢乐的乐曲。	大海奏起欢乐的乐曲。
花儿像一个病人似的无力地垂着头。	花儿无力地垂着头。
小鱼像一个犯了错误的孩子悄悄地把头露出水面。	小鱼悄悄地把头露出水面。

小结:有"好像"这类比喻词的是把事物比喻成人来写,因此是比喻句,不是拟人句。而用了拟人手法的句子,没有"好像"这类词语的句子,是把事物直接当做人来写,是拟人句。归纳学生的讨论,揭示拟人句的规则:

(1) 当做人来写。

(2) 具有人独有的动作、神态、心情或情感等词语。

(3) 没有比喻词。

再重提拟人句的作用:拟人句能增强语言的美感、表现力,使句子更生动、形象。

四、指导练习,运用规则识别拟人句

1. 谁能说说你知道的拟人句。

(1) 让学生说说学过的拟人句。可能学生会将一些比喻句当做拟人句。

(2) 引导学生用拟人句的概念来识别是否是拟人句。

(3) 提示:关键是看有没有拟人的词语,表示人物动作、神态、思想、心情和情感的词。

注意:这句话里没有"语言"这个词。

2. 识别拟人句。下面的句子,哪些是拟人句,说出理由。

(1) 小鸟在树枝间飞来飞去。

"飞"是描写鸟的动词,不是拟人句。

(2) 真理它不会弯腰。

把抽象的道理——"真理"当做人来写,"弯腰"是人特有的行为,是拟人句。

(3) 一排排柳树倒映在水中,欣赏着自己的容貌。

"欣赏"是人才有的行为。这里把柳树当做人来写,是拟人句。

(4) 那高耸的烟囱,正吐着浓浓的烟圈儿。

是拟人句。

(5) 小金鱼像一个个小精灵,在水里游来游去。

有比喻词,不是。

(6) 荷塘里的荷花都羞涩地用荷叶遮着脸。

没有比喻词,"羞涩"是描写人物神态的词,这里把荷花当做人来写,是拟人句。

(7) 蒲公英像杰克一样有一蓬金黄色的头发。

有比喻词,不是。

（8）古老的威尼斯沉沉地入睡了。

把威尼斯当作人来写,是。

3. 下面是我们学过的课文里的拟人句

（1）一只画眉鸟飞了出来,被我们的掌声一吓,又飞进了叶丛,站在一根小枝上兴奋地叫着,那歌声真好听。（人教版四年级上册《鸟的天堂》）

（2）后来黄河变了,它开始变得凶猛爆裂起来,折腾得两岸百姓叫苦不迭。（人教版四年级下册《黄河是怎样变化的》）

（3）让小树在冬天也能快活地成长,不会再寒冷的北风里缩着身子,轻轻叹息。（人教版二年级上册《假如》）

（4）几场春雨过后,到那里走走,常常会看见许多鲜嫩的竹笋,成群地从土里探出头来。（人教版四年级下册《几场春雨过后》）

指导学生逐句说一说:（1）是不是拟人句,说出理由;（2）用拟人句有什么表达效果。

五、指导写拟人句,按下列程序示范指导

（1）出示表格,点明拟人句的关键要素。

要写的事物	当做人来写的词语		拟人句
例：春天	动作：		
	神态：		
	感情：		
	心理：		

（2）说一说,"要写的事物"栏里可写哪些事物,确定一个事物,集体讨论。

启发学生说出动物、植物、各种事物,尽可能打开思路。

（3）想一想,说一说,在"当做人来写的词语"栏里可用哪些词语?

启发学生展开想象,把该事物当做人来写可以选用哪些词语,尽可能丰富地说出动作、神态、感情、心理等词语,并提示:想象是否合理。

（4）选择自己最喜欢的内容,写一个拟人句。

（5）学生人人动手,做一做;同桌交流,对一对,议一议。

（6）全班交流,反馈矫正。

尽可能多地让学生展示自己写的拟人句,引导讨论:（1）是不是拟人句;（2）想象是否合理。

六、引导学生反思学习过程

1. 这堂课学了哪些内容?（识别和写拟人句）

2. 是怎样学的,怎样识别和写好拟人句。

3. 总结,识别和写拟人句的三条规则。

【板书】

> 1. 当做人来写。
> 2. 具有人独有的动作、神态、感情。
> 3. 没有比喻词。

案例三:排比句的教学

执教教师: 广州花都区新华街棠澍小学　吴　欣　执教年级: 四年级

参见本书第 151 页:第七章案例四《桂林山水》。

案例四:陈述句与反问句的相互转换教学

执教教师: 广州市花都区新华街棠澍小学　黄　丹　执教年级: 六年级

【教学目标】

1. 能概括反问句的特点,能够正确识别反问句。

2. 能总结反问句与陈述句之间的转换方法,正确运用方法进行陈述句与反问句之间的转换。

【学习类型及学习条件分析】

目标 1:属于基本技能,条件是学生已经知道什么是反问句和陈述句。

目标 2:属于基本技能,条件是学生掌握反问句与陈述句之间的转换规则。

【教学过程】

教学过程与内容	师生互动的方式、方法和效果	评价
一、体会反问句的表达特点	1. 语言是一门艺术。通常情况下,同一个意思,我们可以用不同形式的句子来表达,得到的效果也不一样。比如,人们常说:眼见为实,耳听为虚。就这个意思,我们可以用不同的句子来描述: (1)我们应该相信自己的眼睛。 (2)我们难道不应该相信自己的眼睛吗? 2. 这两个句子,如同一对兄弟。它们有不同的名字:陈述句和反问句。那么,什么样的句子是陈述句? 什么样的句子是反问句呢? 陈述句:用来说明一个事实,句末用句号表示的句子。 反问句:用疑问的句式表达肯定的观点,句末用问号表示。 通俗点讲:陈述句就是告诉人事实的句子;反问句就是"明知故问"的句子。 3. 这两个句子,有什么共同点和不同点? (1)两个句子表达的意思是一样的,但句式不同; (2)反问句比陈述句的语气更强烈,能增强表达效果; (3)反问句是一种"明知故问"的句子,答案就在句子中。	教师通过这样的方式,巧妙地告诉学生——同一个意思,可以有不同的表达方式,这就含蓄地告诉了学生——为什么要进行转换。

教学过程与内容	师生互动的方式、方法和效果	评价
二、陈述句和反问句之间转换	（一）反问句转换为陈述句 1. 出示例句，进行转化。 （1）这位小姑娘天真美好的心灵，不正像一朵含苞欲放的花蕾吗？ 转换：这位小姑娘天真美好的心灵，像一朵含苞欲放的花蕾。 （2）这些设想即使能够实现，又有多少人能够去居住呢？ 转换：这些设想即使能够实现，没有多少人能够去居住。 （3）看到那数不尽的青松白桦，谁能不向四面八方望一望呢？ 转换：看到那数不尽的青松白桦，谁都会向四面八方望一望。 2. 对比着读一读，看看你发现了什么？ （修改后的句子，意思不变。结尾的标点符号不一样） 3. 小结把反问句改为陈述句的方法： 一去：去掉反问词和语气词（如：难道、吗、怎么、呢……）； 二改：把"？"改为"。"； 三变：把肯定的意思变否定，也就是说把"是、能、会"等这些肯定词改为否定词"不是、不能、不会"等；把否定的意思变为肯定，也就是说把"不是、不能、不会"等这些否定词改为肯定词"是、能、会"等。 （二）陈述句转换为反问句 1. 学生练习： 犯了错误就不敢向老师、同学承认，这不是一个少先队员应有的态度。 转换：犯了错误就不敢向老师、同学承认，这难道是一个少先队员应有的态度吗？ 2. 小组讨论，总结转换方法： 一加：在陈述句中加上反问词和语气词；（难道……吗，怎能……呢） 二改：把"。"改为"？"； 三变：把肯定的意思变否定，也就是说把"是、能、会"等这些肯定词改为否定词"不是、不能、不会"等；把否定的意思变为肯定，也就是说把"不是、不能、不会"等这些否定词改为肯定词"是、能、会"等。 3. 小结： 陈述句转换为反问句，和反问句转换为陈述句，是一个相反的过程。 （三）练习： 1. 陈述句转化为反问句。 （1）李大钊同志对革命事业充满信心，怎么会惧怕反动军阀？ （2）马跑得越快，离楚国不就越远了吗？ （3）我们遇到困难，怎么能退缩呢？ 2. 反问句转化为陈述句。 （1）如果下面没有泉水，这么旱的天气，泥土不会这样湿。 （2）战士们没有离开他们的阵地，我就不能离开自己的手术台。 （3）我们不能因为学习任务重而不参加体育活动。	教师通过具体的例子，让学生从比较中，发现"转换"的具体方法，然后进行巩固训练，让学生做到学以致用。

第四章 修辞教学的设计与实施

教学过程与内容	师生互动的方式、方法和效果	评价
三、总结	反问句与陈述句的转换，只是改变了一种表达方式，不能改变句子本身的意思。同学们写完以后要读一读，检查一下是否与原句的意思一致。以后写文章的时候，为了加强语气，增强表达效果，可以尝试使用反问句。	再次强调转换的原则——不改变句子的本意。加深学生的印象。

【板书】

陈述句与反问句的转换

一去二改三变

一加二改三变

第五章　写作技巧教学的设计与实施

案例一：习作：《我学会了——》

执教教师：广州市花都区风神实验小学　胡淬砺　执教年级：三年级

【教学总目标】

1. 通过范文的提升，抓住"说"、"做"，引导学生如何把学习本领的过程写具体。
2. 以本单元课文为例，抓住"想"，引导学生直观地表达出自己的真情实感。

> **评析**
>
> 目标陈述教学后学生"会做什么"，不要陈述教师"做什么"。上目标可改为：（学完本单元后）能以《我学会了——》为题，抓住"说"、"做"、"想"，把学习本领过程写具体。

【任务分析】

这个单元的习作提示，可以分为两个层次：一是习作内容，提醒学生应该"写什么"。二是习作要求，告诉学生应该"怎么写"，达到怎样的目标。本次习作，对学生提出两个要求："写具体"以及"表达出真情实感"。所制定的两个教学目标，都属于高级技能，是对表达技巧的运用。这两个目标，是相互融合的，选择真实的经历，在写清楚的同时，一定程度上也就表达出了真情实感。但是对于小学生而言，他们更习惯用直观、感性的方式，表达真情实感。另一方面，小学生的年龄心理特点决定了，他们所做的事情越单一、越集中，学习效果越好。因此，我们对两个目标进行层级递进式的设计，循序渐进，逐步提高，充分体现教师的指导价值。

> **评析**
>
> 写作需要语文综合能力。一是内容知识，即学生有内容可写（胡淬砺老师说的"写什么"）；二是"怎么写"得具体和表达真情实感，属于写作方法或技巧知识；三是词汇丰富、语句通顺，属于基本技能。胡老师的分析涉及第一、二两个要点，缺了第三点。2001年新课程改革后，九年义务教育不教词法句法规则，所以教师有所忽略，在所难免。

【教学准备】PPT

【教学过程】

一、明确要求,整体构思

1. 明确要求:

同学们,通过课前谈话,我知道你们的本领可真多！今天,我们写作的内容就和学习本领有关！请打开课本第 68 页(人教版三年级下册第四单元),默读习作内容,想想本次习作,让我们写什么内容？有什么具体的要求？

2. 习作内容:

这是一篇写事的文章,我们应该先写什么,再写什么,最后写什么。

【板书】

起因、经过、体会。

【自评】话题习作,我们要做的第一件事情,就是要教学生学会审题和构思。让学生知道"写什么"和"怎样写",是教师必须做好的事情。紧扣主题,不跑题,不含糊,是写作活动基本要求。)

二、写前指导,完成片段

聚焦"具体":

(1) 类似的文章,大家曾经写过。记得刚上三年级的时候,我们就写过一篇文章——《我的课余生活》。很多同学都写了自己学习某一项本领。我们班有个同学,写的是他学习游泳的经过。

来到游泳池,教练先教我们练习憋气。我们学会了憋气后,就练蹬腿。我们在岸上练了好长时间,才下水练习。经过一段时间的学习,我终于学会游泳了。

(2) 你们觉得这个同学写得怎么样？(他写得很清楚)对,他把学习游泳的经过写得很清楚:先憋气,接着蹬腿,最后下水练习。但是,有没有问题呢？我们再来看看修改过的一段话:

来到游泳池里,教练先教我们练习憋气。他说:"大家深吸一口气,屏住呼吸,扎到水里,看谁坚持的时间最长。""这还不简单"我想。我猛吸一口气,就往水里钻,一不小心被呛住了。反复做了许多次,我才慢慢适应了。

我们学会了憋气后,就练蹬腿。教练边示范边说:"我们趴在垫子上,把双腿往回收,然后用力蹬出去。双手配合着,做划水的动作。"我们一个个趴在垫子上,手脚并用,活像一只只顽皮的小青蛙。

我们在岸上练了好长时间,才下水。经过一段时间的学习,我终于学会游泳了。

(3) 哪个片段更具体一些？为什么？(第二片段更具体,因为他写了教练是怎么教的,以及自己是怎么学的)是的,把别人怎么说的,你怎么做的写清楚,文章就具体了。

妙招一：把"说"和"做"写清楚，文章就具体了。

（4）让我们也来尝试说一说：你在学本领的时候，谁在教你？他是怎么说的，你是怎么做的？说给你的同桌听。

（5）请同学们运用这个方法，写一个片段。时间很短，我们就只写学本领的过程。写之前，老师有几个要求：

① 只写学习的过程，要把"怎么说"和"怎么做"写清楚；

② 不会的字写拼音；

③ 来不及写的，想好就可以了。

（6）学生练写，教师巡视指导。

（7）学生互评。

【自评】学生的能力起点是"能把一件事情写清楚"。从这个起点出发，达到的终点是"把由不会到会的过程写具体"。我采取的策略是范文引路。通过出示同龄学生的习作片段，让学生找出存在问题，完整呈现教师引导学生修改的过程，让学生明白，把"说"和"做"写清楚，就能把学习的过程写具体。

三、写后讲评、提升片段

1. 聚焦"情感"：

（1）我们很多同学，都已经把学习本领的过程写具体了，在一定程度上讲，已经初步表达出真情实感了。但是，要想直观地表达出真情实感，还有没有更好的办法呢？

（2）这个好办法就藏在我们的课文中。我们来看看你们即将要学习的一篇文章——《争吵》。有两个小伙伴，一个是"我"，也就是作者；另一个我的同桌——克莱谛。有一天，克莱谛不小心碰了一下"我"的胳膊肘，墨水滴到笔记本上，本子脏了。他微笑着向"我"道歉。但是，"我"很不高兴，心里想——

哼，得了奖，有什么了不起！

本来是可以原谅的，谁叫他比我优秀呢？所以，我要报复他。过了一会儿，我也故意碰了一下他的胳膊肘，把他的本子也弄脏了。我们正准备大吵一顿，老师来了。这时，我的心里想到了很多——

我觉得很不安，气也全消了。我很后悔，不该那样做。克莱谛是个好人，他绝对不会是故意的。我想起那次去他家玩，他帮助父母亲干活、服侍生病的母亲的情形。……啊，要是我没有骂他，没有做对不起他的事该有多好！

放学的时候，我以为克莱谛要和我打架，心想——

我只是防御，绝不还手。

（3）这三个片段，都是在写什么呀？（心里的想法）像作者这样，能把心理变化写出来，就更加直接地表达了我们的真情实感。（板书：想）

妙招二：把心里怎么"想"写清楚，就直观地表达出了真情实感。

2. 修改片段：

(1) 我们来试试，看看刚才那个学游泳的片段，你能尝试在里面添加作者的想法吗？

(2) 默读你的习作，把你当时的想法加进去。

【自评】我们都知道，写真实的事，把过程写具体，在一定程度上已经表达出了真情实感。但是，对于小学生而言，他们更习惯于"直抒胸臆"——直观地描写出内心的想法。如何让学生掌握这样的技巧呢？我运用本单元的一篇文章——《争吵》作为例子，巧妙地做到了读写结合，学以致用。通过在习作中添加内心想法，让学生的习作得到了第二次提升。

评析

此处如果有学生修改的实际例子就更好了！

四、梳理方法，总结提升

1. 交流分享：

学生读自己的作文，教师随即点评，肯定写得好的地方，指出语病，规范表达，并点评是否具有真情实感。

2. 梳理小结：

在这一节课中，我们知道了，在写事的过程中，(指板书)我们把"怎么说"、"怎么做"写清楚，文章就具体了；再写一写自己是怎么想的，就比较直接地表达出我们的"真情实感"了。回家后，请把这个片段再改一改，加上起因、体会或收获(指板书)，写成一篇文章。写完后，可以跟同伴分享，也可以读给教你本领的人听，表达你的谢意。

【自评】编筐编篓，全在收口。上课也不例外。阅读教学如此，习作教学也应该如此。一堂课，究竟教给了学生哪些写作知识和技巧，教师在结课时进行梳理是很有必要的。这样做，可以形成清晰的知识框架，加深学生印象，最终内化为学生的能力。

评析

从常规的语文教学来看，这是一节很好的作文指导课。教师从"写什么"(写作内容)和"怎么写"得具体(写作方法)两方面指导写作。把写具体归纳为抓住"说"、"做"、"想"来写，而且通过学生的实例和课文的例子予以说明。这些做法都值得肯定。

胡泽砺不是广州市花都区"科学课堂"实验学校的教师，未接受过科学取向的教学论的系统培训。他写的教学目标内容没问题，但表达方式是传统的。我之所以进行修改，目的是以此例说明我国传统教学理论是有缺陷的。胡老师的任务分析也是不错的。我之所以明确指出作文能力是综合能力，需要从三方面分析，实际上是对胡老师的分析正确的方面予以肯定，对她的不足之处的根源予以披露，使教师认识到我国语文教学理论与实践存在的问题。

我一向主张读写结合。如果胡老师能像屈太侠老师那样将整个单元进行整体设计，将写作作为单元的终点目标，在教单篇课文时想到单篇课文怎么为实现重点目标服务，也许作文教学效果会更好。具体请参见本书最后三个单元整组课文的设计。

（皮连生）

案例二：侧面描写：《我敬佩的一个人》

——人教版四年级下册第七单元习作教学设计

执教教师：广州市花都区风神实验小学　屈太侠　执教年级：四年级

【习作要求】

在本单元的教材中，我们认识了敢于追求真理、有独立人格的伽利略，如痴如醉、执着追求艺术的罗丹，勤奋专注、画技高超的聋哑青年，执着、勤劳在荒凉贫瘠的山坡上开辟菜园的父亲。他们让我们敬佩，他们坚持不懈的品质深深地感染了我们，他们的音容笑貌也在我们的脑海中浮现。今天，我们一起来说一说、写一写我们身边值得你敬佩的人。

【教学目标】

1. 能按照一定的条理，把敬佩的人写下来。

2. 能运用侧面描写的方法，让人物形象更加鲜明。

【教学过程】

一、打开思路

1. 引导：

在本单元的教材中，我们认识了敢于追求真理、有独立人格的伽利略，如痴如醉、执着追求艺术的罗丹，勤奋专注、画技高超的聋哑青年，执着、勤劳在荒凉贫瘠的山坡上开辟菜园的父亲……他们都有明确的目标，并且坚持不懈地实现自己的目标。

2. 寻找：

我们今天的习作题目是——《我最敬佩的一个人》。"敬佩"就是尊敬、佩服的意思。生活中，我们有许多认识的人：同学、父母、伙伴、亲人、朋友……在你认识的人当中，你最佩服谁？

我最敬佩的人是_____，因为_____。

二、完成初稿

1. 整体构思：

找到了习作的对象,和写作素材,我们就要构思了。《我最敬佩的一个人》是一篇写人的文章。根据你的写作经验,你认为这篇文章中,哪些内容是必须要写的?

【板书】

简要介绍

典型事例

2. 限时写作:

现在,请同学们拿起笔来,把你最敬佩的人写下来。要把这个人的基本情况写清楚,要把他(她)所做的一件事情写具体。在写作之前,老师提出三个要求。

(1) 不会写的字:用拼音代替。

(2) 写错的词句:用修改符号。

(3) 来不及写的:想好就可以了。

3. 交流:由小伙伴选中的同学上台,朗读自己的习作,教师随机评点。

三、提升习作

1. 范文引路:

有位同学,也写了他敬佩的人,我们一起来读读他的文章。

厨神

我的妈妈是一位家庭主妇。以前,她在广告公司做文员,后来,为了照顾我,她就把工作给辞了。

过春节,家里来了许多客人,能围上一大桌子。

我说:"妈妈,咱们下馆子吧!这么多人在家吃饭,洗洗刷刷,多麻烦!"妈妈笑了:"没事,不就一顿饭嘛,妈妈不累!"

爸爸说:"老婆,众口难调。我看,咱们还是吃饭店吧!"妈妈说:"你呀,就把心放到肚子里去吧!"妈妈说完,就系上围裙,转身进了厨房。

一个小时过去,吃晚饭了,一盘盘菜端上桌来。有糖醋排骨、宫保鸡丁、水煮牛肉、麻婆豆腐……更让人想不到的是,妈妈还做了一个红烧狮子头。十六个菜,摆了满满一大桌子。看看这些菜的品相,一点也不比饭店里的逊色。哎哟,我的口水都禁不住流出来了。

亲戚朋友们,吃不停筷,赞不绝口。就连平时老挑食的表弟,也吃得肚子滚圆滚圆的。大家一致认为,妈妈已经达到了专业厨师的水准。

结果不说你也知道。半个小时不到,一桌子菜,被一扫而光。再看看盘子,比舔过的还干净。

2. 集中讨论:

讨论:本来是要写妈妈,为什么要写我、爸爸还有亲戚朋友的反应呢?(为了衬托妈妈的厨艺高超)这样的写法,就叫侧面描写。

侧面描写:又叫间接描写,是指在文学创作中,作者通过对周围人物或环境的描绘,来表现所要描写的对象,以使其鲜明突出。

3. 举一反三。其实,通过描写别人的表现,来表现主人公特点的语段,在本单元的课文中还有很多。

(1) 消息很快传开了。到了那一天,很多人来到斜塔周围,都要看看在这个问题上谁是胜利者,是古代的哲学家亚里士多德呢,还是这位年轻的数学教授伽利略? 有的说:"这个青年真是胆大妄为,竟想找亚里士多德的错处!"有的说:"等会儿他就固执不了啦,事实是无情的,会让他丢尽了脸!"

(2) 一个星期天,我到玉泉比平时晚了一些。金鱼缸边早已挤满了人,多数是天真活泼的孩子。这些孩子穿着鲜艳的衣裳,好像和金鱼比美似的。

"哟,金鱼游到了他的纸上来啦!"一个女孩惊奇地叫起来。

(3) 终于有一天,父亲望着饭桌上总也盛不满的菜碗,说要重新开一块菜地。全家人投去诧异的目光——要知道,在我们这里要找一块可以当菜园的地,是相当困难的。

讨论:文章里插入这么多侧面描写,作用是什么?

4. 牛刀小试:你的文章中,哪些地方可以加上别人的表现呢? 请赶快读一读,改一改。

5. 交流习作:许多同学进行了修改,谁愿意把你的写作成果与大家分享?

四、总结

通常情况下,我们写作文的时候,会采用正面描写的手法,即直接通过对人物的肖像、语言、动作、神态、心理等方面的描写,去表现人物的性格、品行和能力。但是,有时恰当地借助一些侧面描写,常常可以起到正面描写无法替代或者很难达到的艺术效果。

> ### 评 析
>
> 从表面上看,屈老师执教的是一节作文指导课。实际上,他教的是专项技能。其教学设计的巧妙之处是,他让学生先行试着按要求写作(共15分钟)。在展示自己的作品时,多数学生感到没有内容好写,文章写不具体,达不到字数要求。原因何在呢? 正当学生感到困惑时,教师及时呈现同龄人的文章,引导学生思考:"本来是要写妈妈,为什么要写我、爸爸还有亲戚朋友的反应呢?"通过品读样例,学生发现,原来把文章写得具体是有窍门的。老师适时教授方法——通过描写别人的表现,来表现主人公的特点。可以把这一阶段的教学视为"举一反一"(即从一个例子引出规则);接下来的教学是"举一反三"。同时呈现三个体现同一规则但具体情境不同的例子,加深学生对规则的认识。最后来一个"牛刀小试",运用规则,修改自己的习作。结果,效果立竿见影。许多学生把文章改好了,写具体了,字数多了。
>
> (皮连生)

案例三：说明方法

执教教师：广州市花都区新华街第二小学　曾燕云　执教年级：四年级

【教学目标】

1. 能找出文中运用列数字、打比方的说明方法的句子，并说出这两种说明方法的表达效果。

2. 能运用列数字和打比方的说明方法完成练习。

【任务分析】以上两个目标属于单项知识和技能目标。目标 1 是学习的理解水平；目标 2 是学习的运用水平。

【课时安排】一课时

【教学过程】

一、引出说明方法

1. 我们在描写事物的时候，有时候会根据需要，使用一些数字。例如：

远看长城，它像一条长龙，在崇山峻岭之间蜿蜒盘旋。从东头的山海关到西头的嘉峪关，有一万三千多里。

2. 作者是怎样把长城"长"的特点写具体的？你从哪个词语知道长城很长？（一万三千多里。）

3. 小结：作者用"一万三千多里"这个具体的数字，让我们清楚感受到了长城"长"的特点。这样的说明方法就是——列数字。

列数字：用具体的数字准确说明事物特点的说明方法。

二、体会表达效果

（一）出示范例

1. 其实，太阳离我们有 1.5 亿公里远。（人教版三年级下册《太阳》）

2. 太阳的温度很高，表面温度就有 6 000 摄氏度。（人教版三年级下册《太阳》）

3. 赵州桥非常雄伟。桥长五十多米，有九米多宽，中间行马，两旁走人。（人教版三年级上册《赵州桥》）

（二）填充表格

说明方法	列出什么数字	描写事物	具体描写了什么特点
列数字	1.5 亿公里	太阳	离我们很远

（三）汇报交流

如：作者用了（列数字）的说明方法，列出（1.5亿公里）这个数字，具体写出（太阳离我们很远）的特点。

（四）表达效果

采用列数字的说明方法，有什么好处呢？

【预设】可以让我们很直观、很准确地知道事物的特点）

（五）举一反三

1. 读读《颐和园》和《秦兵马俑》这两篇文章，找出运用了列数字的说明方法的句子，用"＿＿"画出来。

2. 学生小组学习，讨论；教师巡视，指导。

3. 交流汇报：

（1）这条长廊有七百米长，分成273间。（人教版四年级上册《颐和园》）

（2）已发掘的三个俑坑，总面积近20 000平方米，差不多有五十个篮球场那么大，坑内有兵马俑近八千个。（人教版四年级上册《秦兵马俑》）

（3）在三个坑中，一号坑最大，东西长230米，南北宽62米，总面积14 260平方米；坑里的兵马俑也最多，有六千多个。（人教版四年级上册《秦兵马俑》）

汇报：作者用了（　　）的说明方法，列出了（　　）这个数字，具体写出了俑坑（　　）的特点，还列出了（　　）这个数字，具体写出了兵马俑（　　）的特点。

（六）迁移运用

请你用列数字的方法来介绍事物的特点。例如：

1. 我身高160厘米，体重96斤。

2. 目前已知最大的鲸约有十六万斤重。

……

三、学习打比方的说明方法

1. 出示范例1：

远看长城，它像一条长龙，在崇山峻岭之间蜿蜒盘旋。从东头的山海关到西头的嘉峪关，有一万三千多里。（人教版四年级上册《长城》）

（1）这一自然段，作者除了运用列数字的说明方法，还运用了什么说明方法具体写出长城"长"的特点？

（2）讲解概念：

打比方：利用两种不同事物之间的相似之处作比较，以突出事物的形状特点，增强说明的形象性和生动性的说明方法叫做打比方。

（3）好处：

打比方的作用：使文章更具体、准确、生动、形象。比如上面的句子，把长城比作长龙，形象地写出了长城蜿蜒绵长、气势磅礴的特点。

2. 出示范例2：

读读下面的句子，想想作者运用了什么说明方法？运用了这种说明方法有什么作用？

太阳会发光，会发热，是个大火球。（人教版三年级下册《太阳》）

3. 扩展练习：

请用打比方的说明方法，把下列句子补充完整。

（1）噪音像个（　　　　　），不像烟尘和废水那样可以集中起来处理。

（2）钱塘江大潮犹如（　　　　），浩浩荡荡，飞奔而来。

（3）鲸的鼻孔长在脑袋顶上，呼气的时候浮出海面，从鼻孔喷出来的气形成一股水柱，就像（　　　　　）。

四、总结

以后我们在介绍一种事物的时候，可以灵活运用这些说明方法。为了更直观地让读者了解信息，可以用列数字的说明方法；为了更形象地描述事物特点，可以用打比方的方法。

【板书】

说明方法

列数字　具体准确

打比方　生动形象

评析

当下语文学界提倡群文阅读。学生阅读了群文，如果无教师指点，最大的可能性是丰富了文章内容知识，却很难悟出读写规律性知识。曾燕云老师教四年级的两种说明方法：列数字与打比方时运用了五篇课文：《长城》《太阳》《秦兵马俑》《颐和园》《赵州桥》。这些课文都是学生读过的，也算是一种群文阅读。从培养读写技能来说，仅有群文阅读是不够的。教师应指导学生从群文中提取规则，并使规则转化为学生的读写技能。曾燕云老师是这样做的。传统语文教学理论提倡大量阅读，现在又提倡读整本书和群文阅读，就是不讲怎么从群文中提取读写规律性知识，以及指导学生如何将知识转化为技能。语文教学理论不攻克这个盲点，语文教学效率就不可能提高。

（皮连生）

执教教师：浙江省象山县丹城第五小学校长　孙忠心　执教年级：五年级

【教学目标】

1. 结合课文主旨说出环境描写的表达效果。

2. 能够根据文章主旨，选择恰当的环境描写。

3. 能够根据表达主旨，进行恰当的环境描写。

【任务分析】

目标1属于"环境描写"作用的记忆

目标2"环境描写"概念和规则的理解。学习条件："环境描写"是"描写"的一个下位概念。在学习"环境描写"之前，学生先要掌握"描写"和"环境"的概念。这是"环境描写"方法（规则）学习的内部条件。外部条件是教师提供"环境描写"作用的正反例。

目标3是"环境描写"的概念和规则的运用

【教学过程】

同学们，我们在小学阶段学习的课文大多数是叙事记人的文章。叙事记人的主要手段是对我们要写的任何事进行描写。描写就是作者对人物、事件和环境所做的具体描绘和刻画。描写种类很多，如人物动作描写、言语描写、心理描写等。今天我们要学习一种重要的描写方法——环境描写。什么是环境描写？环境描写的作用是什么？怎样进行环境描写？要回答这些问题，必须回顾我们已经学习过的课文。今天学习分三步走：第一步，从我们已经学过的课文中发现写作规律；第二步，初步运用规律，进行正、反例辨析，加深体会；第三步，环境描写补白，学以致用。

第一步：呈现语例，探究规律

一、群文呈现（这些课文应该是学生学过，而且是课前预习过的）

1.《钓鱼的启示》（人教版五年级上册）

2.《丰碑》（人教版五年级下册）

3.《桥》（人教版五年级下册）

二、自主阅读，发现写作规律

读了三篇课文，你能发现它们有什么相同之处吗？

补充提问（在学生自主发现的基础上，深入推进）：

1. 文体？（都是记叙文，叙事记人）

2. 写法?（都有环境描写,能够找出写景的语句吗?）

3. 作用?（体会每篇文章环境描写的作用）

三、范文评析（品读）

《钓鱼的启示》

1. 品读《钓鱼的启示》中写景物的语句:

晚霞辉映的湖面上溅起了一圈圈彩色的涟漪。不一会儿,月亮升起来了,湖面变得银光闪闪。

我和父亲得意地欣赏着这条漂亮的大鲈鱼,看着鱼鳃在银色的月光下轻轻翕动着。

我抬头看了一下四周,到处都是静悄悄的,皎洁的月光下看不见其他人和船的影子。

2. 三处写到月光,为什么把月光写得那么美?

衬托出父亲的道德抉择像月光那样纯净美好;父亲给我的道德启示像月光般皎洁深刻,写出了人性的真善美和表达的意境。

以同样的方法品读《丰碑》和《桥》的写作方法:

《丰碑》

1.《丰碑》中写景的语句:（学生找）

红军队伍在冰天雪地里艰难地前进。严寒把云中山冻成了一个大冰坨。狂风呼啸,大雪纷飞,似乎要吞掉这支装备很差的队伍。

风更狂了,雪更大了。大雪很快地覆盖了军需处长的身体,他成了一座晶莹的丰碑。

体会:恶劣的风雪描写用意是什么?

环境恶劣,更衬托出军需处长的伟大人格:为别人想得多,为自己想得少;把生的希望留给别人,把死亡的危险留给自己。风雪更猛,品德更高尚。

2. 景物描写的作用

环境的恶劣,更衬托出军需处长的伟大人格:为别人想得多,为自己想得少;把生的希望留给别人,把死的危险留给自己;一心为公,毫不谋私。风雪更猛,品质更纯。

《桥》

1.《桥》中写景的语句:（学生找）

黎明的时候,雨突然大了。像泼。像倒。

山洪咆哮着,像一群受惊的野马,从山谷里狂奔而来,势不可当。

近一米高的洪水已经在路面上跳舞了。

死亡在洪水的狞笑中逼近。

水,爬上了老汉的腰。

一片白茫茫的世界。

2. 景物描写的作用:

衬托人物:情势危急,死亡逼近,更衬托出老汉的镇定与无畏。

推动情节：景物描写，推动故事情节的发展。

小结：什么是环境描写：＿＿＿＿＿＿＿＿＿＿＿＿＿＿＿＿＿＿＿＿＿＿＿。

环境描写的作用：＿＿＿＿＿＿＿＿＿＿＿＿＿＿＿＿＿＿＿＿＿＿＿。

怎样进行环境描写：＿＿＿＿＿＿＿＿＿＿＿＿＿＿＿＿＿＿＿＿＿。

第二步：初步运用规律，正、反例辨析，加深体会

语例一：《难忘那个下雨天》开头

星期五放学时，路上行人少得可怜。秋雨像兴奋的黄豆劈里啪啦直往下倒，路边的小树随风在雨中舞动。我哆嗦着，透过蒙蒙的薄雾和细细的雨帘看着人家闪烁的灯光，不觉更加归心似箭。虽然已躲在邮局门口的屋檐下，但这雨在秋风的挟持下仍不住地往我们身上打，真让人无奈……

语例二：《难忘那个下雨天》

大约过了十分钟，有人敲门，我打开了门，却惊奇地令我几乎停止呼吸。难道我给他的钱少了，还是扔过去时他没有看到呢？我的脸立刻变得通红，吞吞吐吐地问道："怎……怎么啦？"

只见他憨厚一笑："你给错钱了，应该是1元，你却给了5元。""啊……"我一下子被震了。没等我反应过来，他已消失在这苍茫的夜色中。秋雨还是这般劈里啪啦地下个不停，家门口的那棵枣树在风雨中乱摆，不时发出哗啦啦的响声……

语例三：《下雨天，真冷》

深冬，星期五的清晨。雨天。

雨丝漂落，润湿了街道。寒风中的细雨被坚硬的水泥地板挡住了，失去了滋润大地的前途，只能流向下水道。

我裹紧大衣，冒雨来到单位附近的小食店里坐下，要了份早餐。食店里的炉火蹿得正旺，映照到炉子前的一位满是皱纹的老人脸上。"陈阿婆，这么冷的天气还要出来拉泔水吗？"老板满脸笑容地对那老人家说。

……

这老人真是晚景凄凉，也许她没有子女的赡养，但还应该有政府低保的救助啊。我为老人的家境感到莫名的难过，对她的子孙和社会的冷漠感到愤懑！让一位年迈的老人家忍受风雨的吹打，还有人间温暖吗？我同情地看着老人。

……

第三步：环境描写补白，学以致用

1. 根据情境需要，选择合理的语句。

（1）小作者六年级即将毕业，考试不佳，心中郁闷。在一篇习作中，小作者写到了月光。如果是你，你会选择哪一种写法？（　　）

A. 月光洋洋洒洒地在窗前铺展，如丝，如绸，如梦，如幻……不知是谁将这一轮满月推上天空，我望着如镜的圆月，思绪万千。

B. 今夜的月光格外皎洁，银光洒落，万物仿佛蒙上了一层银纱，我坐在窗前，心绪也像月光般舒展开来。

C. 独坐窗前，望着悬在夜空中孤零零的圆月，心中更是无限惆怅。不知怎么，今夜的月光仿佛比任何一个夜晚都要惨白，窗外的那些熟悉的景物更添了几分凄凉。

（2）读短文，根据文章的主题，选择一个合适的结尾。（　　）

冬天的一个晚上，窗外刮着凛冽的寒风，飘着鹅毛大雪。

吃过饭，妈妈收拾完碗筷，便坐在炕上，穿针引线缝制一件棉衣。我坐在灯下做家庭作业。屋子里静极了，只有墙上的挂钟滴滴答答地响着。

也不知过了多久，我做完了作业，便钻进暖乎乎的被窝，很有兴趣地看着妈妈做活。只见她埋着头，一针一针地缝着，那针脚又密又匀。不一会儿，线用完了，她低下头，用牙齿将线咬断，重新穿好线，把针尖在头发上蹭蹭，又低下头继续缝起来。这件棉衣比较大，我猜想，那一定是给姐姐缝的。其实呀，妈妈也该给自己缝一件了，她那件棉衣也穿了两三年了……不过这棉衣的面料看上去老气了点……我想着想着，不知不觉睡着了。

睡着睡着，我被一阵咳嗽声惊醒。我揉揉惺忪的眼睛，定眼一看，都十二点多了，可妈妈仍然在灯下缝着。夜深了，窗外的风越刮越猛，雪花变成了雪粒，打在窗上啪啪直响。屋子里已经很冷，妈妈缝一会，就用嘴呵呵手。我心疼地说："妈！您该睡觉了！"妈妈抬起头，吃惊地问："吵醒你了？你快睡吧，我一会就好。"哦，我想起来了，明天姐姐要到县里开会，难怪妈妈要连夜赶制呢。

第二天一早，妈妈把我叫醒。我起床一看，炕上放着一件新棉袄，桌子上摆着热腾腾的饭菜。"快洗洗脸吧，上学前，把这件棉衣给东头的五保户王奶奶送去。"妈妈平静地说。我听了先是一愣，一下子都明白了……

A. 我走出屋外，风更猛了，雪更大了。

B. 我走出屋外，风很猛，雪很大，但我不怕，我一定用最快的速度，把棉衣送到王奶奶家。

C. 我走出屋外，啊，院子里白皑皑的一片，粉妆玉砌，晶莹雪亮。此刻，我家的那不惹人注意的院子比以往任何时候都要美丽！我迈开大步，伴着风雪，走向王奶奶家……

2. 根据情景需要，加上恰当的景物描写。

《李时珍夜宿古寺》

李时珍领着弟子庞宪，饥餐渴饮，晓行夜宿，在安徽、河南、湖北等地察访药材，已经走了好几个月了。

这天，他们来到湖北西部山区，因为一心赶路，错过了客店。眼看太阳渐渐下山，飞鸟归林，师徒俩不免焦急起来。这地方前不见村，后不着店，晚上到哪里住宿呢？忽然，庞宪发现前面的树丛中隐隐约约露出房屋的轮廓,便拉住了李时珍的衣角:"先生,你瞧!"近前一看,原来是一座破败的古寺。(　　　　　　)李时珍对庞宪说:"我们就在这里住一夜吧!"(括号内,填上有关古寺的破败景象,反映生活环境的艰辛。)

夜幕渐渐降临了,师徒俩找来些枯枝杂草,生起火来。庞宪用陶碗舀来泉水,煮沸后,两人便坐在火边,一边喝水一边啃干粮。李时珍笑着问徒弟:"庞宪,觉得苦吗?""先生是快50岁的人了,都挺得住,我20多岁的人还能叫苦吗?"

"嗯,长年累月地奔波,在破庙里过夜,比住在家里苦多了。但我们修订好《本草》,万民得福,吃点苦也是值得的。"

(　　　　　　)李时珍说:"庞宪,趁着大好月色,我们把今天寻访所得记下来吧。"(括号内填写描写月光的语句,衬托出李时珍的可贵品质。)

庞宪从行囊里拿出笔墨砚台,又搬来几块砖垒成桌子。李时珍把本子摊开,拿起毛笔,边忆边写:"忍冬花初开时银白色,两三天后变成金黄色,所以又叫金银花,可以解暑消热。"

"胭脂草捣烂了,可以治虫咬伤。"

"刀豆子烧成渣子吃下去,能治呃逆。"

"鸡肠草……庞宪,你把药包拿来。"李时珍拿过药包,从里面翻出两种草。它们的叶子十分相似,但是药性不同。怎样区别它们呢? 李时珍端详了一阵,各扯下一点放在嘴里嚼嚼,若有所悟。他接着往下写:"鸡肠草,生嚼涎滑;鹅肠草,生嚼无涎……"

(　　　　　　)

请在括号内,填写有关景物描写的语句,以烘托当时的气氛,体现人物的品质,最好也能够起到推动故事情节的作用。

3. 选择一篇自己的习作,加上恰当的景物描写,使表达更加生动。

小结:人或事发生的环境,除了自然环境之外,还有社会环境。今天的课只涉及自然环境。等到同学们升入初中以后,还要继续学习环境描写。到那时环境描写的学习将会拓展到社会环境。

评析

这份教案在2014年北京市昌平区召开的"科学取向的教学论在学科教学中的应用展示与研讨会"中,由孙忠心校长在十三陵中心小学五年级(2)班执教展示。当时得到了听课老师的一致好评。本课教学过程分三步:第一步,呈现语例,探究规律;第二步,初步运用规律,正、反例辨析,加深体会;第三步,环境描写补白,学以致用。教学步骤符合知识向技能转化的规律。

(皮连生)

案例五：体会含义深刻的语句

执教教师：广州市花都区新华街第二小学　谭丽英　执教年级：六年级

【教学目标】

1. 能找出课文中含义深刻的语句。

2. 能用学到的方法，分析语句的字面意义和蕴含的特殊意义。

【任务分析】

以上目标属于综合能力。内部条件是学生能读懂文章的内容，有一定的生活经验；外部条件是教师根据需要补充时代背景。

【教学课时】一课时

【教学过程】

一、揭示课题

师：一篇好的作品，有引人入胜的开头，牵动人心的情节，耐人寻味的结尾，让人百读不厌、常读常新。当然，也有一些不太容易理解的语句。

【板书】

体会含义深刻的语句

师：什么是含义深刻的语句？我们先来看看下面两个句子：

1. 中秋节前后，正是故乡桂花盛开的季节。（人教版五年级上册《桂花雨》）

2. 我念中学的时候，全家到了杭州。杭州有一处小山，全是桂花树，花开时那才是香飘十里。秋天，我常到那儿去赏桂花。回家时，总要捧一大袋桂花给母亲。可是母亲说："这里的桂花再香，也比不上家乡院子里的桂花。"（人教版五年级上册《桂花雨》）

师：第一个句子的字面意思和我们读者理解的意思基本是一致的，此外没有其他特别的含义，我们一读就明白。第二个句子的字面意思和作者所要表达的思想有不一致的地方。这里的"不一致的地方"也就是句子中的内在"含义"（隐藏在文字背后的意思就是深层意思）。这样的句子在小学的语文课文中很多，被称为"含义深刻的语句"。从三年级开始，我们经常在课文中遇到含义深刻的语句。如何理解和分析它们的字面意义和蕴含的特殊意义？今天，我们要进行一次系统的学习。

二、发现句子特点

出示例句：

1. 爸爸的微笑消失了，脸色变得严肃起来。他想了一会儿，对儿子和小女儿说："白杨树从来就这么直。哪儿需要它，它就在哪儿很快地生根发芽，长出粗壮的枝干。不管

遇到风沙还是雨雪,不管遇到干旱还是洪水,它总是那么直,那么坚强,不软弱,也不动摇。"(人教版五年级下册《白杨》)

2. "好好瞧瞧吧,亲爱的孩子,"爸爸和蔼地说,"通往广场的路不止一条。生活也是一样,假如你发现走这条路不能到达目的地的话,就可以走另一条路试试!"(人教版五年级上册《通往广场的路不止一条》)

3. 父亲接下去说:"所以你们要像花生,它虽然不好看,可是很有用。"我说:"那么,人要做有用的人,不要做只讲体面,而对别人没有好处的人。"(人教版五年级上册《落花生》)

师:这三段话的字面意义不难理解,但是在课文中,它们都包含特殊含义。它们的特殊含义是什么?

第1句的特殊含义是什么?(借物喻人,父亲教育子女要像白杨那样……)

第2句的特殊含义是什么?(蕴含人生道理——不失时机,抓住机遇,总有成功的机会)

第3句的特殊含义是什么?(用花生比喻如何做人:父亲希望子女做有益于社会的人,不图虚荣)

师:以上三段话中都有"含义深刻的语句",请想一想:它们的共同特点是什么?

(教师根据学生的回答,提炼如下三点)

1. 言语含蓄,言简义丰;

2. 表达凝练,耐人寻味;

3. 蕴含道理,发人深省。

三、变式练习,强化学生理解

1. 师:既然含义深刻的语句有如此让人意想不到的表达效果,就让我们继续走进《我的伯父鲁迅先生》这篇课文,细细地体会含义深刻的语句,深入地了解作者笔下的伯父。

2. 师:用自己喜欢的方式读《我的伯父鲁迅先生》"笑谈碰壁"这个片段;找出文中含义深刻的语句,在旁边写写自己的体会。

"可是到了后来,碰了几次壁,把鼻子碰扁了。"

"碰壁?"我说,"您怎么会碰壁呢?是不是走路不小心?"

"你想,四周围黑洞洞的,还不容易碰壁吗?"

"哦!"我恍然大悟,"墙壁当然比鼻子硬得多了,怪不得您把鼻子碰扁了。"

在座的人都哈哈大笑起来。(人教版六年级上册《我的伯父鲁迅先生》)

师:"四周围黑洞洞的"暗含什么意思?"碰壁"的"壁"指"墙壁"吗?为什么"在座的人都哈哈大笑起来"?(学生结合文章作者和写作时代背景的知识进行回答)

3. 共同研读。提炼并板书体会含义深刻的语句的方法:

(1)抓住关键词:如"碰壁"、"四周围黑洞洞的"

（2）结合时代（写作）背景：1935年，日本侵占我东北三省，蒋介石不抵抗，坚持打内战，镇压进步抗日运动。

4. 师：我们在阅读时要认真体会、细细揣摩句子的言外之意，这样才能领会句子的真正意思。

5. 师：用自己喜欢的方式读《我的伯父鲁迅先生》《少年闰土》，找出文中含义深刻的语句，在旁边写上自己的体会。

（学生汇报后，出示）

"这时候，我清清楚楚地看见，而且现在也清清楚楚地记得，他的脸上不再有那种慈祥的愉快的表情了，他变得那么严肃。他没有回答我，只把他枯瘦的手按在我的头上，半天没动，最后深深地叹了一口气。"（人教版六年级上册《我的伯父鲁迅先生》）

【预设】这是通过人物神态、动作描写表现人物内心世界的写作手法，不属于含义深刻的语句。

（出示）

"他们不知道一些事，闰土在海边时，他们都和我一样只看见院子里高墙上的四角的天空。"（人教版六年级上册《少年闰土》）

师："他们和我"指谁？（城市里少爷）"只看见院子里高墙上的四角的天空"讲的是什么？（与知识丰富的闰土相比，觉得自己和身边的朋友坐井观天，知识贫乏）

师：含义深刻的语句，能引起读者对自己生活和学习的思考，使文章的表达更加深入，发人深省，引起共鸣。

四、迁移运用，检验学习效果

1. 师：所谓学以致用，现在，我们就来检验一下自己是否掌握了。

2. 学生按要求独立完成课外阅读《桃花心木》。用"_____"画出含义深刻的语句，分析语句的字面意义和蕴含的特殊意义。

3. 师：体会含义深刻的语句，既是一种阅读方法，又是一种阅读能力，以后在阅读每一篇文章时，我们都要注意体会句子含着的深层意思。这样才能更好地体会文章的思想。

【板书】

体会含义深刻的语句

抓关键词

练习时代背景

（选自：吴忠豪、唐懋龙编著：《小学语文教学内容指要——汉语·阅读》，高等教育出版社2015年版，第166—171页。）

这节课由广州市花都区新华街第二小学谭丽英老师设计与执教。"体会含义深刻的语句"这项教学内容,从三年级开始,人教版教材就开始强调,至六年级仍有这项内容,甚至语文高考中也有类似的题目。至于到底什么是"体会含义深刻的语句"和如何"体会含义深刻的语句"? 教材上没说。这需要教师超越单篇课文,进行专项能力训练。本节课的教学过程设计与"六步三段教学过程"模型基本一致。

第一与第二步(合并),运用学生熟悉的例子,揭示课题,界定"含义深刻的语句"告知目标;

第三步,同时呈现三个正例,学生自读自悟;

第四步,师生共同归纳出"含义深刻的语句"的三个特征;

第五步,通过辨别和分析正、反例,加深对"含义深刻的语句"的特征的认识;

第六步,将习得的特征运用于新课文《桃花心木》,检测学习效果。

这一课题的教学不可能一次完成。在初中和高中阶段还将重复这个课题。但是不应机械重复,应螺旋式上升。

从2016年秋季开始,全国大多数小学启用了"部编本"语文新教材。从其总主编温儒敏发表的《"部编本"语文教材的编写理念、特色与使用建议》可见,新教材重视语文核心素养,重建语文知识体系,对教学弊病起纠偏作用。新教材为"科学与高效"的语文课堂搭建了舞台。要把戏演好,靠语文教师的专业素质提高。广州市花都区的"科学课堂建设"为语文教师专业素质的提高开辟了一条新路。

(皮连生)

第二部分
单篇课文的教学设计与实施

　　这一部分共选 20 个单篇课文教学案例（两个识字教学案例除外），按低中高三个年段分成三块。选这些案例并给予评析，目的是展示不同年段的教学目标与教学内容的重点转移的规律：低年级侧重基本技能；中年级从基本技能向高级技能过渡；高年级侧重高级技能。同时，展示三年级以上单篇课文第一和第二课时的不同教学模式：第一课时除字词教学之外，侧重整体理解；第二课时侧重专项高级技能。这些教学案例表明，凡第二课时转入专项技能教学的，教学效果良好；反之，效果难以保证，甚至著名特级教师执教也是如此。

第六章　低年级(一至二年级)案例

案例一：《秋天》第一课时

执教教师：广州市花都区新雅街云峰小学　李　静　执教年级：一年级

【备课思考】

一年级的学生刚进学校,他们学习语文的内部条件是什么? 为什么他们往往能听懂整篇故事,而对单个拼音和生字识记困难? 面对课堂上响亮但是拖沓的读书声,怎么做才能有效调整? 一年级到底是先侧重识字,还是先侧重句法停顿? 教一年级孩子句法停顿容易还是认字更容易些? 当孩子学了拼音,认了汉字之后,这些知识能否及时顺利地转化为学生个体的语文阅读技能? 根据教学设计原理和技术来分析,本课的设计试图落脚在句法结构上,以教句法落实朗读训练目标。

【教学总目标】

1. 会认文中 10 个生字；认识 3 个偏旁；会写"了、子、人、大"四个字和一个基本笔画"横撇"。

2. 能读准文中"一"字的不同读音。

3. 能用"什么＋怎么样"这个句式识别和说出完整的句子。

4. 能按主谓"停连"规则正确、流利地朗读课文。

5. 能背诵课文。

6. 能初步说出秋天的特征,知道秋天是个美丽的季节。

【教学重点】

能正确、流利地朗读课文,背诵课文。

【教学难点】

读好"一"的不同读音；认识首次出现的偏旁。

【第一课时教学目标】

1. 会认文中 8 个生字。

2. 能读准文中"一"字的不同读音。

3. 能用"什么＋怎么样"这个句式识别和说出完整的句子。

4. 能按主谓"停连"规则正确、流利地朗读课文。

5. 能初步说出秋天的特征。

【教学准备】

课件、字词卡片

【教学过程】

一、复习熟字,导入新学的内容。

1. 出示"禾"和"火"的生字卡片,让学生认读。

2. 把"禾"和"火"这两个熟字合在一起,组成今天课题里的其中一个字,出示:"秋"的生字卡片,让全班学生齐读。

3. 让学生给"秋"字扩词。

4. 出示课题,学生齐读。

【设计意图】利用熟字导入,认识新字"秋",降低了学习的难度,对学生记忆"秋"字,有一定的帮助。

二、学词学句,知道"一"字的变调。

过渡:秋天真的来了,请同学们翻开课本看一看。

1. 播放课文录音。

过渡:秋姑娘将要带我们走进秋天的世界,但是需要闯关才能打开"秋之大门"。

2. 课件出示第一关:要读对卡片上的词语。

(1) 正确认读词语或词组:

秋天　天气　树叶　落下来

一片片叶子　一群大雁　往南飞　一会儿

①先指名读,老师正音(提示儿化音的读法)。②请小老师带领大家读。

(2) 看图(课件出示)猜字、词或短语,并请同学把树叶形的词语(词组)卡片贴在黑板的"秋天大树"上。

3. 课件出示第二关:要读准"一"的变调。

(1) 请学生找一找这篇课文出现了多少个"一"字?

(2) 它们的读音都一样吗?

(3) 为什么课文里的"一"有不同的读法?(引导学生对比读发现规律)

> 一(yí)片(piàn)片、一(yí)会儿
> ——★"一"后面的词是第四声,"一"念第二声。
> 一(yì)群(qún)——
> ★"一"后不是第四声,"一"念第四声。

4. 小结:原来,"一"有变声的本领。在不同的情况下,会自动变调,读起来更好听。(老师带读,不讲规则)

过渡:同学们,"一"在我们语文书里的许多地方都出现过,但它的读音就像在变魔术,你

们发现了吗?

电脑展示学生以前学过的文段。

A. 一片两片三四片,("一"念第二声)

五片六片七八片。

B. 小黄鸡,小黑鸡,

欢欢喜喜在一起。("一"念第四声)

(1)指名读。

(2)齐读。

(3)小结:同学们,你们要记住了,"一"在第四声前面读第二声,"一"在第一、二、三声前面读第四声。

【设计意图】从认读词语或词组入手,接着认读句子。这样做,降低了识字的难度,让学生顺利能朗读文本。通过对比的方法,让学生认识"一"的变调规则,体会音韵美。

评 析

此处单个字的音调的朗读技能学习,如"一"字和其后跟随的字的四声读音,纯属动作技能学习,教学方法要注重教师的正确示范和学生的模仿,并且要多次重复,养成习惯。只有在模仿发生困难,需要纠正发音时,才强调规则的意识。这就是母语学习的特点。下面句子"停连"规则的教学,涉及"句子"、句子的"主语"、"谓语"等概念,其学习类型属于智慧技能。学习的重点与难点发生了转移,所以单纯依靠模仿的教学方法是错误的。

(皮连生)

三、以读为本,读中理解内容

过渡:要打开"秋之大门",还得过最后一个难关,有信心吗?

1. 课件出示第三关:正确、流利地朗读课文,明白课文讲了什么?

(1)学生自读课文1—2遍,思考:课文写了秋天里的什么? 怎么样了?

(2)学生汇报(老师适时出示课件)。

※天气/(凉了)

※树叶/(黄了)

※一片片叶子/(从树上落下来)

※天空/(那么蓝),(那么高)

※一群大雁/(往南飞,一会儿排成个"人"字,一会儿排成个"一"字。)

2. 师生合作读句子。老师引读前面表示"什么"的部分,学生跟读后面表示"怎么样"的部分。

3. 小结：画线部分我们要连起来读，是表示"什么"，括号部分是表示这个事物"怎么样"的。这种讲"什么"+"怎么样"组合在一起的，就是一个完整的句子。中间用斜线隔开，表示我们读句子的时候，要在这个地方微微停顿一下，不要连起来读，也不要读得太快。

4. 指名练读句子（学生边读，老师边用手势提示停顿）。

5. 学生自主练习读全文（"/"代表停顿一下，"横线"代表要连起来读得稍微快一些）。

天气/凉了，树叶/黄了，<u>一片片叶子</u>/从树上/<u>落下来</u>。天空/<u>那么蓝</u>，那么高。<u>一群大雁</u>/往南飞，<u>一会儿</u>/排成个"人"字，<u>一会儿</u>/排成个"一"字。

啊！秋天/来了！

6. 检查学生读的情况。

（1）指名读。

（2）分小组读。

（3）男女生比赛读。

（4）齐读。

过渡：同学们，除了课文写的景物，你们观察到秋天还有什么变化？

7. 课件出示图：柿子、菊花、稻田和果实。

（1）要求学生根据画面，把下面的句子补充完整。

　　　　什么+怎么样

秋天来了，_____/_____（　　　）。

① 自由说。

② 指名说，评价。

（2）变式练习。

春天来了，_____（什么）_____（怎么样）。

① 自由说。

② 同位说。

③ 指名说，评价。

过渡：秋姑娘恭喜大家闯关成功，她答应打开"秋之大门"，带我们一起走进美丽的秋天。

8. 课件出示：秋景图，全班朗读课文（配乐）。

【设计意图】正确朗读课文是本课的教学重点。因此本课主要关注词语连读，不唱读。利用找停顿、范读、引读等方法让学生体会完整句子的组成，形成"什么"+"怎么样。"的句法意识，并落实到朗读训练当中。读中理解课文的内容，避免了教师在课文内容方面的讲解。同时，从一年级开始，就注意设计好"读说结合"的环节，培养学生的口头表达能力。

【第二课时教学目标】

1. 能识记 10 个生字，认识 3 个偏旁，能正确书写 4 个生字。

2. 能背诵课文。

3. 知道秋天是个美丽的季节。

（教学过程略）

点评

一、复习所学生字，导入新的课文

教师通过复习熟字，引导学生认识新的生字"秋"。这样做，既可以巧抓了时机让学生识字，又减缓了识字的难度，激发了学生的学习兴趣。为学生顺利地学习新课做好了铺垫。

二、运用多种形式，巧教生字新词

识字是第一学段教学的重点，《义务教育语文课程标准（2011年版）》中提到要让学生喜欢学习汉字，有主动识字、写字的愿望。为完成课标的要求，教师在教学的时候则想方设法教学生字新词，提高识字的效率。如：教师带读、请学生当小老师、看图猜词语等。由于教师采用的方法是灵活多样的，是直观形象的，是符合学生的认知特点的，学生学起来兴趣盎然，在不知不觉中就把生字、新词学会了。

三、引导发现规律，落实教学重点

教材把"注意'一'字的不同读音"列为课后要求，其实就是提示教师要把"一"的变调教学定为本课教学的重点。为落实教学重点，教师从"设疑"入手，激发学生探求的欲望。教师出示课文中所有带"一"字的句子，通过读的形式，让学生发现"一"字变调的规律。学生发现规律后，教师再一次总结规律，并让学生反复读句子去感知。同时，教师还出示之前学过的课文中带"一"字的句子，再次让学生感知"一"字变调的规律。这个环节，不但体现了以学生为主体，还运用了"举三反一"的方法，教给学生变调的规律。

四、抓好朗读指导，重视语感培养

《义务教育语文课程标准（2011年版）》在第一学段的要求中提到：要让学生学习用普通话正确、流利、有感情地朗读课文。借助读物中的图画阅读。喜欢阅读，感受阅读的乐趣。为达成以上的目标，教师在教学中运用了充足的时间，设计了有梯度的系列训练抓好朗读的指导，在读中培养学生的语感。指导过程分为三个步骤：（1）朗读入手，整体感知。让学生通过朗读课文，知道课文写了"秋天里的什么怎么样"。（2）运用图式，认识句子。教师在教学句子这个概念时，采用了"朗读"的方式进行。先让学生朗读课文中一个一个的句子，接着教师引导学生去发现每个句子的构成规律——"什么怎么样"。学生发现规律后，教师再指导学生按一定的句法停顿去朗读。这样做，不仅让学生知道了一个完整的句子的结构图示，而且很好地解决了唱读的现象，培养了学生良好的语感。（3）拓展运用，强化规律。口头表达能力是语文教学的重点之一，教师从一年级开始，就要做好读说结合。为了进一步强化"什么怎么样"这个结构图式，教师由课文中的插图入手，设计了有梯度的说话训练：由课内的"秋天来了，_____"，到课外的"春天来了，_____"的句式，让学生练习说话。这样的设计，巧妙地把"读与说"融合在一起，增加了语言积累，培养了学生的语感。

（江美芳）

案例二:"部编本"一年级下册《语文园地五》

执教教师: 广州市花都区新华街第五小学　侯春艳　执教年级: 一年级

【教学目标】

1. 会认"饭、能、茶、轻、鞭、饱、泡、炮"8 个生字。

2. 能正确、流利朗读"包"字根的字族文,读出节奏和韵律。

3. 发现形声字声旁推音规律,举一反三,通过声旁大致猜测其他字族的字音,并尝试编写字族文歌谣。

4. 能在具体的情景中准确运用"包"字家族的汉字。

5. 发现形声字同一形旁往往表示同一类内容的构字规律,举一反三,找出其他有同一形旁的字。

【任务分析】

学习类型及学习条件分析

目标 1:认识汉字既属于符号记忆,同时适当渗透字理形象识记。学习条件是反复练习与形象感知相结合记忆。

目标 2:朗读既是语文基本技能,同时读出节奏和韵律涉及学生的语感水平。学习条件是多种形式反复练习。

目标 3 和目标 4:属于构词规则学习。学习条件是观察关于形声字的例子,发现规律并应用规律。使句子结构支配学生的言语行为。

目标 5:发现形旁表义功能属于加涅的智慧技能学习。学习条件是理解汉字部件构成的原理,在反复例证中强化规律。

【教学重点】

了解形声字构字规律并运用规律识字。

【教学难点】

运用形声字"形旁表义,声旁推音"的规律拓展识字及创编歌谣。

【教学时间】一课时

【教学流程】

一、声旁为根,绽开百花

(一) 谈话引入,激发兴趣

师:同学们,知道我姓什么吗? 老师姓侯,老师的爸爸姓侯,老师的爸爸的爸爸也姓侯,你知道为什么吗? 是啊,我们有相同的血脉,是同一家族的人。在汉字王国中,也有一个又一个的家族。今天,就让我们进入——"识字加油站",了解汉字王国的家族成员。

（二）多样诵读，感受韵律

1. 声旁"包"引入：

师：猜猜这是什么字？（出示古文字包）这个古文字画的就是婴儿在妈妈腹中被包裹在胎衣中的象形。（出示——），今天的楷体字写作——包。我们从这个字形中，依稀还能看到图画的样子。

2. 读准字音：

师：汉字"包"妈妈生了一个多胞胎，它们长得太像了。怎样才能正确地区分它们呢？"包"妈妈呀，想了一个好办法，把它们都编成了一首歌谣。自己读一读吧。

　　　　　fàn　néng　　bǎo
　　　　有饭 能 吃饱，

　　　　　　　chá　pào
　　　　有水把茶 泡。

　　　　　　　pǎo
　　　　有足快快跑，

　　　　　　qīng　　bào
　　　　有手轻 轻抱。

　　　　　　　páo
　　　　有衣穿长袍，

　　　　　　biān　pào
　　　　有火放鞭 炮。

生自由练读，师相机纠正几个难读的字音。如：后鼻音：能（néng）轻（qīng）；三拼音节：鞭（biān）；翘舌音：茶（chá）。

3. 感受韵律：

师：知道为什么这首歌谣诵读起来特别好听吗？

（引导发现节奏和韵律）

师：是呀，有节奏有韵律，歌谣读起来就好听了。古人有踏歌而行诵读古诗的习惯，今天呀，咱们也用打拍子的方式来诵读歌谣。

通过"师生合作、配乐、拍击节奏、动作体会"等多种形式诵读，感受歌谣的节奏和韵律。

（三）火眼金睛辨析字形

1. 火眼金睛辨字形：多种形式认读"包"字家族的汉字——

饱 泡 跑 抱 袍 炮

引导学生发现相同点：都有"包"；读音都有"ao"、"包"字提示这一组汉字的读音。

引导发现不同点：左边都有不同的偏旁。

2. 形旁析解明字义：根据学生发言顺序，相机析解"食字旁，三点水，足字旁，提手旁，衣字旁，火字旁"等部件。重点学习"食字旁、衣字旁"等学生较为陌生的形旁。

食字旁：

（1）溯源知晓本义：食字旁"饱"字的"食字旁"与饭有关。"食"字古文字就是古代一种盛食物的器皿的样子。（出示——🍶 🍶 食）

（2）组词帮助理解：吃饱、饱饱的、很饱、饱满……

师：吃饱了，肚子就胀鼓鼓的。有些豆子长得很好，胀鼓鼓的，我们就说这些豆子长得——（饱满）人们学习或工作时精神状态非常好，也叫——（饱满）瞧，这位小朋友上课精神特别饱满，发言时声音非常响亮。来，你精神饱满地领大家读这个词——（饱满）。我们一起精神饱满地读——（饱满）。

衣字旁：

（1）溯源知晓本义：你看，"衣"字最先画的就是上衣的样子（衣·衣）。从古文字中，我们还可以看到衣领、衣袖及衣服下摆的象形。有"衤"的字与衣服、被子、布巾等物有关。

（2）拓展强化规律："初"为什么有"衤"？大家看（出示：初·初），做衣服的第一步工序就是用"刀"裁剪"衣"服的布料，所以，"初"为左"衤"右"刀"，表示做衣服的开始。于是"初"就有了"初步、开始"的意思了。

……（三点水，提手旁，足字旁，火字旁略）

3．巧用歌谣揭规律：

师：你看，这些字一部分表示意思，一部分表示读音，这样的字叫做形声字，咱们也可以用歌谣来总结形声字的特点：

生读：形声字，好识记，
　　　声旁帮助读字音，
　　　形旁帮助表字义。

师：包妈妈的这首歌谣呀，就很好地揭示了包字家族这几个形声字的特点，让我们一起再来读读吧。（生再次诵读"包"字歌谣）

（四）情境创设，拓展运用

师：过年啦！真热闹。包字家族中的几个兄弟也从家里跑出去玩耍了，你能让他们找到自己的位置吗？

出示以下儿歌，学生完成填空练习：

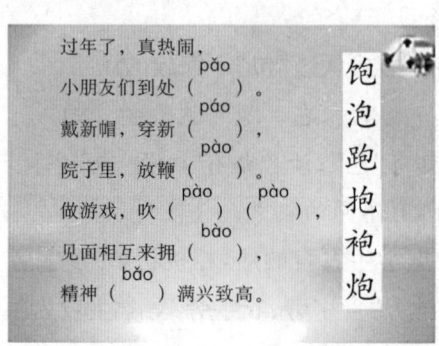

师：汉字王国里，像包字家族这样的形声字可多了。

出示由"青、主、交、兆"等声旁带出的汉字让学生根据声旁推测这些字的字音，并通过举三反一的方法引导识字。

如，师示范编写"主"字歌谣，"交"字歌谣：

有水要注意，　　　有木建学校，

有木是柱子。　　　有足能摔跤。

有人能住下，　　　有食包水饺，

有虫长蛀牙。　　　有口轻轻咬。

引导学生编写"兆"字歌谣：

快走能逃跑，

有足把脚跳。

有手把衣挑，

有木长蜜桃。

二、形旁串字，以一带十

（一）读准字音

师：刚才，我们以形声字的声旁为根，学习了好多的形声字。下面的这些字都是用形声字的形旁串起来的，同学们认识吗？

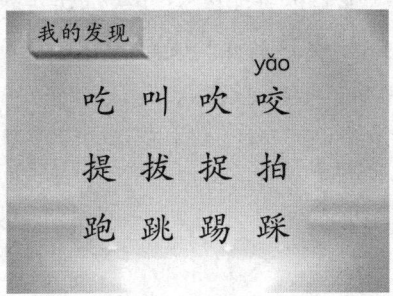

生认读。

（二）发现规律

通过创设"吹气球、咬鸡腿、拔萝卜、捉蝴蝶、踢足球"等一系列情境，在动作中体会"口、扌、足"三个形旁代表的意思。

（引导发现口字旁与"口"有关；提手旁与"手"有关；足字旁与"足"有关）

（三）以一带十

请同学们在课本后的识字表中找找，还有哪些汉字有相同的部件，并想一想，这些部件分别表示什么意思。

学生分四人小组找本册课本识字表中有相同部件的汉字并汇报。

在汇报中初步推测"三点水"、"月字旁"、"木字旁"等形旁表示的意思。

这是一节扎实、有趣的识字教学课。本节课,教师在如下三个方面进行了努力。

1. 注重年段特点,激发识字兴趣

夸美纽斯说过:"兴趣是最好的老师,是创造一个欢乐和光明教学环境的主要途径之一。"儿童只有产生迫切的求知欲望,学习能力才能得到充分的发挥。激发学生的识字欲望,充分调动学生的积极性,是提高识字教学效率的最好方法。

本节课通过"看图猜字、节奏诵读、情境创设、动作体验、歌谣创编"等形式,使学生在轻松愉快的气氛中,学习汉字,不断巩固成果。教学内容充实,学生兴趣浓厚。

2. 尊重汉字规律,培养识字能力

汉字的字形和字义密切相关,可谓"寓意于形,构形有据,据形明理,形理相通"。因此,知理有助于识形,特别是形声字,掌握"形旁表义,声旁表音"的特征,就能在阅读中进行大胆地揣摩和尝试。

本课教学,从包妈妈的识字歌谣开始,引导学生发现"声旁帮助读字音,形旁帮助表字义"的规律。接着,让学生回顾之前学过的形声字,运用学到的规律,拓展认识其他的形声字,并引导学生自己创编识字歌谣,巩固这一规律,从而实现了"举一反三,反三归一"的效果。学生在不断实践运用的过程中形成了识字能力。

3. 注重自主建构,引导发现探究

学习是学生自主发现,自主建构的过程。识字教学也不例外。

在"我的发现"这一教学环节,老师少有讲授,学生在动作体验中自主发现,自主探究"口、扌、足"所表示的意思,并归类拓展识字,呈现的是"认读——发现——运用"的学习过程。学生在自主探究,自主发现的同时,大大增强了学习成就感。

"声旁为根,绽开百花;形旁串字,以一带十。"本节课的教学很好地体现了"科学课堂理念"指导下的"识字教学实践",是一节科学高效的识字课。

（屈太侠）

案例三：关注汉字特点,依理激趣识字

执教教师：广州市花都区新华街第五小学　侯春艳（特级教师）　执教年级：二年级

【教材分析】

成语言简意赅,是我国汉语宝库中的精华。人教版二年级上册的《识字 4》作为一篇归类识字教材,由三组联系紧密,语义相关的成语组成。第一组"尺有所短、寸有所长、取长补短、相得益彰"是讲要互相取长补短;第二组"管中窥豹、坐井观天、一叶障目、不见泰山"是讲要全面地看事物;第三组"拔苗助长、徒劳无功、瓜熟蒂落、水到渠成"是讲要遵循事物发展的规

律,不急于求成。每一组都是将相关含义的成语串连起来,用以展示某类事物或某些道理,具有较强的整体性。

其次,每一行的成语最后一个字都是平声结束,读起来富于节奏和韵味儿。虽为识字单元教材,但同样也是韵读的极好素材。

当然,作为识字教材,识字写字是首要任务。本节课的教学,教者遵循儿童的识记规律,抓住汉字的形义特点,引导学生根据汉字的构字理据"析形索义,因义记形",化抽象记忆为形象的识记,从而提高识字效率,培养识字能力。

【教学目标】

1. 认识"寸、益、彰、豹、障、泰、徒、功、渠"9 个生字,会写"拔、功、助、取"等几个生字。通过"溯源比较法"识记"寸、益"等字的字形,借助形旁表意特点识记"彰、障、豹"等形声字,并初步感知形声字的构字规律。

2. 能正确、流利地朗读成语,并通过趣读的方式感受本课成语排列的节奏和韵味。

3. 初步感知成语大意,并有收集成语的兴趣。

【教学实录】

一、游戏先行,激发兴趣

教师出示"画蛇添足、守株待兔、掩耳盗铃、亡羊补牢"等成语图片,让学生采用"闯关"形式猜读成语,并随机纠正易错字音。学生采用变换节奏的方式读成语:

尺\有\所短,寸\有\所长;取\长\补短,相得\益彰……

尺\有\所\短,寸有\所\长;取\长\补\短,相得\益\彰……

二、现身量度,掌握"尺、寸"

(播放《骆驼和羊》的动画音频)

师:故事中的骆驼和羊各有长处和短处,用一个成语来说就叫做——

生:尺有所短、寸有所长。

师:这个"寸"字在古文字中画的就是一只侧向的手(出示:𭰶)。你看𭰶,这是侧向的手指,这是长长的手臂,一点就是医生诊脉的位置,距离手腕约一寸。古人就用这个古文字𭰶来表示"一寸"的意思。伸出你们的小手摸摸脉搏在哪?

教师指导学生用手摸自己手腕脉搏的位置,比划一寸的长度。

出示尺子,引导学生认识到长的物体人们往往用尺来度量,短的物体往往用寸来度量,"尺"和"寸"各有用处。

师:小朋友们各有什么长处?

生:我擅长画画。

生:我的舞跳得好。

……

师：你看，咱们班的小朋友能文能武，各有所长。大家要善于学习别人的长处，来弥补自己的不足，用个成语来说，这就叫做——

生1：（细声地）取长补短。

师：谁再来读这个词？

生2：（响亮地）取长补短。

师：（转过身）你看，她比你读得好，你要善于学习她的长处，改进自己的不足，这就叫"取长补短"。你再读读——

生1：（响亮地）取长补短。

三、引古识今，析解"益、彰"

师：同学们要是相互配合，各自的优点就会彰显出来，这就叫——

生：相得益彰。

师："益"字怎么记？

生：上面是高兴的"兴"字少一点，下面一个"皿"字底。

师：下面"皿"是什么？

生：器皿，盛东西用的。

师：是呀，"皿"在古文字中画的就是一个器皿的样子，"益"的上部的确是"兴"字少一点，那是什么字呢？

（生思考，摇头）

师：咱们来看看古人是怎么写上面部分的。

（教师先出示古文字"〰"，而后横倒成"〰"，学生豁然明白是个横倒的"水"字）

师：是啊，上面画的就是一个横着写的"水"字。小朋友能猜猜"益"本来的意思吗？

生：好像是水在器皿里满了就流出来。

师：就是这个意思。水满了流出来是水多了的结果，所以，"益"又有"增加、更加"的意思。

（出示"彰"，提示"章"表读音，"彡"表字义）

师：小朋友们知道"彡"在这里表示什么意思吗？（出示三色的"彡"）

生：好像表示很多种颜色，彩色的"彩"字也有"彡"。

师：是的，"彡"在这里就是表示色彩的意思，交错的颜色是很明显的，所以，"彰"就有了彰显、明显的意思。"相得益彰"这个成语就是说——

生：我们要相互配合，每个人的优点才能更加彰显。

师："彰"字一半提示读音，一半提示字的意思，这样的字就叫做——

生：形声字。

师：识记形声字还有一个小窍门呢！大家一起读读："形声字，真有趣，声旁表读音，形旁表字义"。

（学生齐读识记形声字的顺口溜）

四、依据形旁，学习"窥、豹、障"

学习第二组词语，出示形声字"窥、豹、障"，提示形声组合的特点。

生：我知道"窥"的声旁是"规"，形旁是"穴"，表示洞穴。

师：的确，"穴"最初画的就是远古人居住的洞穴、孔洞的样子（出示：𤠔）。凡是带有"穴"的字大多与孔隙、洞穴有关。从孔隙、缝隙等狭小的范围里看事物就是"窥"。小朋友们能不能现场做一做"窥"的动作？

（学生或用手做洞穴状，或从指缝间作窥视状）

师：（出示：𤠃）瞧，大嘴巴，尖牙齿，长尾巴，身上还有一圈圈的豹纹呢，小朋友们猜猜，这个图形画的是哪种动物呀？

生：豹子。

师：对了，这就是"豹"的古文字，真像一只张嘴捕食的豹子。后来，这个字又逐步地简化成"𤡅"和"𤡆"。在楷体字中，为了构字的美观，又把这个部件竖立起来了，写成"豸"，小朋友们还看得出豹子的尖牙齿和大嘴巴吗？

生：上面的两点好像尖牙齿，开口的部分就像大嘴巴。

师：后来，人们又在这个部件的右边加上一个声旁"勺"，这个字就变成了一个形声字。一起读读——

生：豹——管中窥豹。

师：老师这儿也有一根竹管，谁愿意通过竹管的孔隙来看看这只图片上的大豹子。

（生争相举手，几位学生分别用竹管体验"窥"的神态）

师：你们通过竹管的孔隙都窥到了什么？

生：我窥到了豹子的花纹。

生：我窥到了豹子身上一个个像铜钱一样的斑纹。

师：是啊，从管中窥视豹子只能看到豹子身上的一小部分，看不到豹子的全身。所以看事物要全面观察，可不能——

生：管中窥豹。

师：谁会用形声字规律识记"障"？

生：我知道，"章"是声旁，"阝"表示这个字的意思。

师："阝"表示什么意思？

（不少学生认为"阝"名称为"左耳旁"，因此，意思就与耳朵有关）

师：左耳旁也叫左阜旁，把它横倒下，你们看像什么？（简笔画"∧∧"）

生：像两座山岭。

师：是啊，左耳旁的字竖着看像山崖，横倒看像山岭，因此，以"阝"做形旁的字往往与山岭或高地有关。山岭高地能遮挡人的视线，所以"障"的意思就是——

生：挡住。

生："一叶障目不见泰山"就是一片叶子挡住了眼睛，连高大的泰山都看不见了。

师：一片细小的叶子就遮蔽住了眼睛，这样的人多傻呀，咱们可不能学他。

五、故事引入，理解词义

师：谁会讲"拔苗助长"的故事？

（一女生走上讲台绘声绘色地讲"拔苗助长"的故事）

师：（压低声音，转变形象）同学们，我就是那可怜的农夫呀！看着满田枯死的禾苗，我是又伤心又纳闷：我这么辛辛苦苦，到头来却是一无所获，这到底是为什么呢？谁能告诉我？

生1：农夫，我告诉你，是你心太急了，所以一无所获。

生2：农夫呀，禾苗都有自己的生长规律，你破坏了禾苗生长的规律，怎么会有收成呢？

生3：你破坏了禾苗的生长规律，所以到头来只能是"徒劳无功"呀。

……

六、灵活识记，注重写字

师：同学们说得真好。"拔"字你怎么记住它呀？

生1："拔"是用手来拔，所以有一个"扌"；右边是"友"上加一点。

生2："拔"字很像"拨"。

师："拔"要用手，所以有个"扌"旁。右边是表声旁的部件，现在已经不独立成字了。我们可以怎么灵活地识记这个字呢？

教师引导学生回忆"拔河"的情景，把右上的"丶"想象成流下的汗珠，并用顺口溜识记为：拔呀拔，用手（扌）拔，小朋"友"头上汗（丶）流啦！学生高声诵读后，教师进行示范书写指导，并用儿歌帮助提示：左边窄，右边宽，左右谦让才美观。撇画伸到一提下，一捺打开小脚丫，最后一点别忘啦！

师：其实呀，左右结构的字在很多时候都要注意笔画的避让和穿插，观察我们课后要求会写的字，看看还有哪些字书写时也要用到避让和穿插？

生："功、助、取"一撇都要穿插到左边的笔画下面，为了避让，左边原本的横都变成一提了。

教师顺势进行"功、助、取"三字的书写指导并评价。

七、编筐收口，感悟道理

师：今天，我们漫游了成语王国。原来，小小成语里还藏着大道理呢，你看：

每一个人都有长处也会有短处，就如——（生：尺有所短寸有所长）

师：我们要学习别人的长处来弥补自己的不足，这就叫——（生：取长补短）

师：互相配合，各自的优点就会更加明显，也就能——（生：相得益彰）

师：片面地看事物，就不能看到事物的全貌，那就成了——（生：管中窥豹）

师：如果目光狭窄，就像那井底之蛙，只能——（生：坐井观天）

师：同样，我们也不能被眼前细小的事物蒙蔽了眼睛，否则就会——（生：一叶障目、不见泰山）

师：我们还应遵循事物的规律，不要急于求成，否则就像那可怜的农夫一样——（生：拔苗助长）

师：到头来只能是——（生：徒劳无功）

师：任何事物都有着自己的发展规律，于是就有了这样一种说法——（生：瓜熟蒂落、水到渠成）

师：瞧，这些成语一个个又排着队出来啦，咱们再拍着手读读吧。

（生再次诵读所有成语）

师：在成语王国里，可以聆听有趣的成语故事，受到很多的启发。课后咱们还可以找一些成语故事来读一读。（出示有关成语故事的书籍）相信同学们经过不断学习，日积月累，就能丰富词汇，自如表达！

评析

《义务教育语文课程标准（2011 年版）》强调指出："语文课程应特别关注汉语言文字的特点对识字写字、阅读、作文、口语交际以及思维发展等方面的影响。"低年段的语文教学要以识字教学为重点，教师在这一节课的识字教学中就"特别关注汉语言文字的特点"，凸显了鲜明的字理教学特色。

本课的类型属于成语归类识字，呈现的生字字形都有一定的难度，教者在课堂上能巧妙地抓住汉字的形义特点，引导学生根据汉字的构字理据"析形索义，因义记形"，化抽象记忆为形象的识记。例如对"益"字上部"水"这一"横水头"的巧妙识记，能让学生清晰地将它与"兴"区分开来；指事字"寸"通过了图和古文字的比照，再通过自己脉搏的触摸，学生便能自然地理解"寸"的本义和引申义；"窥"字通过"穴"的古文字形让学生明白"窥"是从洞穴、孔隙等狭小的地方窥看，并让学生透过竹管孔隙看豹子身子花纹图案进一步体验词义；"障"字通过对其表示山岭形的"阝"

旁的追根溯源，让学生形象地感知"一叶障目，不识泰山"的真正含义。对于形声字"拔"如果简单地分解为"扌"表字形，"发"表读音，学生还是很难识记的，一是"发"已不单独成字，说是声旁也已难读其音；二是"拔"与"拨"字形相近，极易混淆。据此，教师便灵活地将"拔"当作会意字析解，引导学生回忆"拔河"的情景，把右上的"、"想象成流下的汗珠，并用顺口溜识记为"拔呀拔，用手（扌）拔，小朋（友）头上汗（、）流啦"，这种从学生年龄特点和汉字形义变化的实际出发进行"新说文解字"的方法应该是科学有效的。概言之，字理是识记汉字形义之根本，教师特别关注汉字的特点，引导学生采用析形索义、因义记形的方法，有效地激发了学生的学习兴趣，切实提高了识字教学的效率，同时让学生在识字过程中初步感悟到了汉字丰厚的文化内涵。

此外，教师根据本课语词对称、合辙押韵的特点，让学生采用不同的节奏"趣读"成语，较好地激发了学生"读"的兴趣；在形象识字的基础上还十分注重写字的训练，且注意细节提示，观察笔画的穿插和避让关系，起到了写一个带一串的作用；一些成语含义的理解对小学生来说还是比较抽象的，教师则用《骆驼和羊》、《揠苗助长》等故事作为理解成语的桥梁，较好地突破了词义学习的难点。

（黄亢美）

案例四：《颗粒归公》

执教教师：上海市语文特级教师　袁　瑢　执教年级：二年级

【编者说明】这个特级教师的案例是皮连生教授为苏州实验小学准备的教师培训材料，目的是研究著名特级教师的单篇课文的教学规律。由于特级教师的经验是以课堂教学实录的形式呈现的，一节课师生对话长达近万字，不利于教师学习和发现其中的精华。皮教授采用三栏表格形式摘要呈现了教学案例，表中左边一栏呈现教学步骤和每一步的教学内容；中间一栏呈现相应的教学方法，师生的许多对话被省略；右边一栏是皮教授的评析（《颗粒归公》除外）。通过这样研究特级教师的经验，教师们对语文单篇课文教什么、如何教，将有比较清晰的认识。

第一课时

教学步骤	教学方法：师生如何互动	课文原文
一、导入课题 教学内容：解释词义—— 塑像、捏"泥人张"	教师出示少数民族打鼓的彩色塑像，根据学生捏橡皮泥的经验，讲解了"塑像"、"捏"、"泥人张"三个词，由此引出"颗粒归公"塑像挂图，导入课题。	《颗粒归公》

教学步骤	教学方法：师生如何互动	课文原文
二、初读课文 教学内容： 生：自学课文、提问。 师：再次解释"泥人张"。 教五个生字： 额 穗 像 嘎 呵 朗读。	师：请学生自学课文、自学生字并提出不懂的问题。 生：读课文，问：(1)什么叫"颗粒归公"；(2)为什么句号放在引号内；(3)说"上了彩色"，为什么不说"涂上了彩色"；(4)"泥人张"到底指谁；(5)什么叫"高额头"。 教师对"泥人张"再次做了解释，余下的四个问题，在以后教生字和讲读课文时解决。 师：检查生字认读情况：小黑板出示生字 　　　额　穗　像　嘎　呵 教会学生认读这五个生字和理解字义； 生：个人分段读，全班齐读。	
三、逐段指导精读课文 　　　第一自然段 教学内容： 1. 句与句的关系。 2. 三个词的辨析。 "真" "上"与"涂上" "彩色"与"颜色"	1. 着重引导学生理解： "'泥人张'真会捏泥人"和 "连我弟弟跟鹅打架，也给捏了出来，还上了彩色呢"这两个句子之间的关系。 师：从哪里看出"泥人张"真会捏泥人？ 点评：通过学生讨论，认识这里暗含"论点与论据"的关系。 2. 对"真"、"上"与"涂上"、"彩色"与"颜色"在词义上的细微差别进行了辨析。 "上"与"涂上"意思相同，但前者简洁；"彩色"与"颜色"意义相近，但所涉及的范围有差别。词义辨析可以训练学生用词的准确性。	第一自然段："泥人张"真会捏泥人，连我弟弟跟鹅打架，也给捏了出来，还上了彩色呢。
第二自然段 教学内容： 人称代词 句子关系教学 过渡句 背诵	1. 师：第二、三、四自然段讲了"泥人张"为什么给弟弟捏像的有趣故事。先学习第二自然段： 比较代词"它们"和"这些鹅"的不同用法的效果，方法是让学生填空、比较读、体会： "我奶奶养了五只鹅。(　　　)红嘴巴，高额头，浑身雪白。我弟弟特别喜欢(　　　)，常常给(　　　)喂食。(　　　)一看见他，就伸长了脖子围着他转。" 点评：讨论"这些鹅"和"它们"的具体使用方法，使学生体会使用代词"它们"的好处。 2. 师问："我奶奶养了五只鹅"后面三句话是怎样一句一句说下去的？通过讨论，学生了解第二自然段后面三句的叙述次序("我奶奶养了五只鹅"后面第1句从头写到全身；第2句写弟弟对鹅的态度；第3句写鹅对弟弟的态度) 3. 说明第二自然段开头一句"说起来真有意思"作用(把前后两端连接起来，过渡句)。 4. 在理解本段五句话叙述次序的基础上，要求背诵本段课文。	第二自然段：说起来真有意思。我奶奶养了五只鹅。这些鹅红嘴巴，高额头，浑身雪白。我弟弟特别喜欢它们，常常给他们喂食。鹅一看见他，就伸长了脖子围着他转。

第三自然段 教学内容： 句内意义分层 句序 看图按规定格式练习写话和说话 结合教词义： 淘气　左躲右闪　盯 拍打　喊 据图复述课文	1. 师问：这第一个句子里讲了几层意思？通过讨论，学生理解第一句话的两层意思：一层讲"弟弟"，一层讲"鹅"。 2. 教师要求学生看图，想想课文内容，按"先写弟弟怎样，后写鹅怎样，再写弟弟又怎样"的次序，写三句话。 点评：通过学练习，让学生领会句子之间的因果关系。 3. 引导学生仔细观察挂图，将自己写的句子和课文对照，体会课文中词句的具体生动。 点评：教师在指导学生看图时，要求看弟弟的样子和神态，鹅的样子；在评价学生的写作时，引导学生一句一句评，突出弟弟和鹅的神态、动作、样子的描写，结合讲了"淘气、左躲右闪、盯、拍打、喊"等词的准确运用。 4. 最后让学生看图讲述本段内容	第三自然段：那天，我弟弟拾了一篮子稻穗，正要送到队里去，那五只淘气的鹅以为又给它们喂食来了，嘎嘎嘎地追了上来。弟弟把篮子举得高高的，大声喊："这是队里的，不给你们吃！"可是鹅一点也不听话，它们拍着翅膀，盯着篮子，嘎嘎嘎地叫着往上扑。弟弟左躲右闪，急得满头是汗。
第四自然段 教学内容： 1. "好样的"词义。 2. "泥人张"给弟弟捏像的原因。 3. 第二至四自然段之间的关系。	1. 先讨论"好样的"词义，从而让学生理解课文内容和作者要表达的思想情感 2. 然后引导学生理解"为甚么说弟弟是'好样的'"，"为什么泥人张'还要给小弟弟捏个像" 3. 最后就第二至四自然段作简要小结：第二至四自然段讲了弟弟跟鹅打架这件有趣的事。	第四自然段：正在这时候，"泥人张"来了。他笑呵呵地说："小弟弟，你是好样的，我来给你捏个像。"
第五自然段教学内容： 1. 代词"你"指谁。 2. "颗、粒"词义和为什么加引号。 3. 理解课文标题。	师问：这里的"你"指谁？（看塑像的人） 教师在解释"颗"、"粒"的词义后，要学生给"颗粒归公"这个塑像另起名字。学生起了"好样的小弟弟"等七个名字；然后教师用比较的方法引导学生理解"颗粒归公"这个名字的优点。（又简洁，又把弟弟的好思想表达出来了）	第五自然段：你看，就是这么个跟鹅打架的像，还给起了个名字，叫"颗粒归公"。
四、回家作业 师：小朋友，今天回家做两件事：一件事就是写生字，每个字写四遍；再一件事是把这篇课文读熟，背诵全文。		

（注：教学实录选自：吴忠豪主编：《语文教育研究大系(1978—2005)·小学卷》，上海教育出版社 2007 年版，第 3—15 页。皮连生重新整理。）

评析

概括地说，通过《颗粒归公》(小学二年级)这篇课文，袁瑢老师教了如下内容：

（1）生字新词 10 个，达到认读、默写和理解与运用水平（如何教的？请看后面的附录）。

（2）句子：重点理解句子内和句子间各种关系。

例如，第一自然段(实际上是一个复句)。教师通过提问：从哪里看出"泥人张"真会捏泥人和学生的回答，暗含地教了"论点"与"论据"的关系。

第二自然段，共 5 句。教了代词"这些"和"它们"在句子中的作用；第 1 句作为过渡句，所起的作用；后 3 句在意义上的关系。

第三自然段,共4句。先分析了第1句的两层含义,再分析后3句之间的因果关系;通过按这种关系写三句话,学生初步学会按这种逻辑关系说话和写话。

3. 描写:通过看图并按一定格式写话和师生对所写的三句话的评论,学生练习了通过人物(还包括动物)神态、动作、叫声(动物)、语言(人物)把事物写具体和写生动。

4. 篇章结构:全文共五个自然段。第一自然段说"颗粒归公"这个塑像是"泥人张"捏的;通过第二自然段第1句把第二、三、四自然段联系起来,说明"颗粒归公"这个塑像所反映的是一件什么事;最后一节讲怎么样给塑像起名字,回到课题。

5. 朗读课文,课后练习朗读,达到熟练、能背诵;练习书写生字,每字写四遍。

附:字词教学摘录(括号内的词语是皮连生对袁瑢字词教学方法的归纳)

师:捏——用手把软的东西弄成一定形状叫"捏"。你捏过什么吗?

生:用橡皮泥涅过压缩机。(描述加举例)

师:"泥人张"——天津有一家涅泥人的世家,姓张。他们的作品很受人们欢迎,大家称他们"泥人张"(在张字前加"泥人"两字)(解释)

师:额——人的脸部那一部分是额头,谁能指出来?

生:指额头。

师:对了。人的额头在这儿,在眉毛上边,发根下边。鹅的额头在哪里,谁来指指看。

生:指出。

师:对了。谁来讲,鹅有怎样的额头?

生:高高的额头。(描述加举例)

穗——

生:稻穗的"穗",麦穗的"穗"。

师:对的,篮子里有稻穗。(举例)

师:像——出示"像"字,问:这是什么字?

生:像,遗像的像。

师:你说遗像是什么?

生:周总理去世了,他的像就是遗像。

师:遗像就是人去世后留下的像。我们教室里挂着毛主席像。你们还看到什么像?

生:还有塑像。

师:对啊,这就是一个泥塑的像(指着少数民族打鼓的泥塑像)(举例)

嘎(ga)——出示"嘎"字。

生:"ga"。

师:"嘎"是什么意思?

生:嘎嘎嘎是鹅叫的声音。

师:有的门开或关的时候发出嘎吱的声音,也是这个"嘎"。(举例)

呵(he)——出示"呵"字。

生:呵,笑呵呵的"呵"。

师:对的。

生:嘎是象声词。

师:对的。

生："呵"不单是笑呵呵的"呵"，还是语气词的"呵"。

师：对的。（解释加举例）

淘气——

师：淘气是什么意思？

生："淘气"就是说很可爱，又很调皮。

师：对的。很顽皮，又很可爱。（解释）

师：颗、粒——什么叫"颗"？什么叫"粒"？

生："颗"、"粒"就是一颗粮食，一粒米都不能给鹅吃掉，要交公。

师：你讲的是整个"颗粒归公"的意思。小圆粒或小的块状，叫"颗"，也叫"粒"，比如一颗米，一粒米，我们衣服上的一粒纽扣，一颗纽扣。（描述加举例）

左躲右闪——

师：怎么样叫"左躲右闪"？

生：就是很快得躲起来，一闪一闪，好像太阳那样一闪一闪。

师：一闪一闪说动作很快。

生："左躲右闪"表示一边躲一边闪，而且很快，动作很敏捷的。

师：你们有左躲右闪的情况吗？

生：捉迷藏的时候。

师：捉迷藏的时候，左躲右闪不被人抓到。

生：用球打目标时。

师：做"打目标"游戏时，你们就要左躲右闪。（解释加举例）

叶圣陶说，学习语文的基本功大体包括如下方面：

（1）识字写字。"中国字太多，太复杂，谁也不能夸口说不会念错。字要念得正确，不要念别字，这也是识字方面应该下的功夫。""要把字写得正确熟练，就是基本功。"

（2）用字用词。"用词要用得正确，贴切，就要比较一些词的细微区别"。"用词有时也表现一个人的立场。""用词还有一个搭配的问题。"

（3）辨析句子。"读句子，写句子，要分清主要部分和附加部分，还要辨明附加部分跟主要部分的关系。"

（4）文章结构。"看整篇文章，要明白作者的思路。""譬如一篇议论文，开头提出问题，然后从几个方面来说，而着重说的是某个方面，其余几个方面只说了一点儿。为什么要这么安排呢？一定有道理，读的时候就得揣摩这个道理。再往细处说，第二句跟头一句怎么连接的，第三句跟头二句怎么连接的，第二段跟第一段有什么关系，第三段跟第二段又有什么关系，诸如此类，都要搞清楚。这些就叫基本功，练，就是练这个功夫。"

此外他还重视语文学习中的朗读技能。他说："白话文与文言文都是语文，要亲切地体会白话文与文言文的种种方面，都必须花一番功夫去吟诵。""吟诵第一求规律，第二求通体纯熟"。

在向著名语文教师学习时，研究他们"教什么"比研究他们"怎么教"更重要。用叶圣陶的话同袁瑢的教学实践相对照，可以明显看到，在语文课"教什么"上，两人是完全一致的。在新课程改革之后，语文教师普遍感到"不知语文课教什么"的形势下，研究袁瑢用课文教什么尤其具有重要现实意义。

（皮连生）

案例五:《画家和牧童》

执教教师: 广州市花都区新雅街云峰小学   李   静   执教年级: 二年级

【教学目标】

1. 会认"戴、价、购、墨、抹、蔼、批、翘、驱、蝇、惭、愧、拱"13 个生字,会写"兄、呆、商、抹、挤、拱、决、价钱、购、批评"12 个生字。能正确认读多音字"斗"。

2. 能联系上下文或借助插图等形式解释课文中的词语。

3. 能正确、流利、有感情地朗读课文。

4. 会运用本课积累的词语和句式"一⋯⋯就⋯⋯;＿＿＿＿一会儿＿＿＿＿,一会儿＿＿＿＿。"说话。

5. 能指出第 5 自然段牧童说的话中句与句之间的逻辑关系,并能按照一定的逻辑关系有顺序地说一段话。

6. 能选择恰当的词语,赞扬文中主要人物的可贵品质。

【任务分析】

1. 将教学目标置于"语文技能两维目标分类框架"表的单元格中。

教学内容 (知识维度)	掌握水平(认知过程维度)					
	记忆	理解	运用	分析	评价	创造
拼音						
字	目标 1(字形记忆)					
词		目标 2(词义理解)				
句子			目标 4(句式运用)			
标点						
朗读、背诵			目标 3(有感情朗读)			
标题、体裁						
写作背景						
课文结构		目标 5(理解段落结构)	目标 5(运用段落结构)			
课文内容 (含价值观)				目标 6		
表达技巧						

(注:表中分三个区域,用不同阴影加以区分:无色区表示学习的结果是知识;浅阴影区表示学习的结果是基本技能;深阴影区表示学习的结果是高级技能)

2. 学习类型及学习条件分析

目标 1：属于基本技能，认读和书写属于文字符号的记忆，达到记忆水平。学习条件是运用学到的识字方法反复练习与记忆。

目标 2：属于基本技能，理解词语意思主要涉及具体概念和日常概念，达到理解水平。学习条件是联系上下文，从例子中学习。

目标 3：属于基本技能，正确、流利、有感情地朗读课文，兼具动作技能与智慧技能性质，达到理解水平。学习条件是在理解感悟的基础上反复练习。

目标 4：属于基本技能，运用句式说话属于句子的学习，达到运用水平，学习条件是学生观察课文句式的例子，发现其本质特征，然后进行变式练习，使句子结构支配学生的言语行为。

目标 5：属于高级技能，能指出句子之间的逻辑关系属于语义学习，达到理解水平，需要生活经验，在此基础上能运用这种关系练习说句子，达到运用水平。

目标 6：属于高级技能中课文内容知识和情感态度价值观的学习，达到分析水平。学习条件是需要理解课文内容。

【教学重点】

1. 识字、写字。

2. 会运用本课积累的词语和句式说话。

【教学难点】

1. 能指出第五自然段牧童说的话中句与句之间的逻辑关系，并能按照一定的逻辑关系有条理地说一段话。

2. 能选择恰当的词语，赞扬文中主要人物的可贵品质。

【教学时间】两课时

第一课时

【教学目标】完成目标 1—4

【教学过程】略

第二课时

【教学目标】复习巩固目标 1—4，完成目标 5 和目标 6。

【教学过程与内容】

指导精读课文	师生互动、方法和效果
一、学习课文第三、四自然段 1. 找出人们"称赞"戴嵩画的句子。 2. 自由读一读。	1. 师：上节课，我们知道戴嵩是一位技艺高超的画家，他的画没有人不点头称赞的。人们都是怎么称赞的？ 快找出句子，自己读一读吧。(指名读) 2. 请看着这两个句子再自由读一读。 "画得太像了，画得太像了，这真是绝妙之作！"一位商人称赞道。

指导精读课文	师生互动、方法和效果
3. 朗读句子。 一会儿…… 一会儿…… 4. 联系课文，比较词语： 夸赞 称赞 赞扬 5. 推荐词语： 生动逼真 活灵活现 栩栩如生 惟妙惟肖 6. 积累词语，造句训练。 7. 理解"纷纷夸赞"。 8. 有感情，分角色朗读第二、三、四自然段。	"画活了，画活了，只有神笔才能画出这样的画!"一位教书先生赞扬道。 3. 谁愿意来读给大家听? 你一定想夸夸这幅画，谁再来读一读句子? "戴嵩一会儿浓墨涂抹，一会儿轻笔细描，就完成了这幅绝妙之作"。 4. 齐读下面的三个句子，思考：下面的句子中哪三个词语的意思是相近的? ● 围观的人看了，纷纷夸赞。 ● "画得太像了，画得太像了，这真是绝妙之作!"一位商人称赞道。 ● "画活了，画活了，只有神笔才能画出这样的画!"一位教书先生赞扬道。 师：我们祖国的语音多么丰富啊，一个意思，作者用了三个词语来表达。齐读这三个词语"夸赞、称赞、赞扬"，把它们积累下来。 5. 师：同学们，如果你是围观的人，你也想夸赞这幅画，你会怎么夸? (1) 学生自由练说说。 (2) 老师推荐一些夸赞画的词语：生动逼真、活灵活现、栩栩如生、惟妙惟肖。 (3) 先按以下句式，同桌之间练一练，说一说。 "＿＿＿＿＿＿＿＿＿＿＿＿"我＿＿＿＿道 6. 小结：你也夸，我也夸，这样就叫作"纷纷夸赞"。 7. 师：现在就让我们插上翅膀，飞回到1 000多年前的唐朝，来到那个风光秀丽的小镇，一起领略戴嵩作画的风采吧。 (配乐师生分角色读)
二、学习课文第五、六自然段 1. 对比阅读，找出描写"大家的表现"和"戴嵩的表现"的句子，感受戴嵩的品质。 2. 牧童是如何指出戴嵩的画的错误的，感受其品质。 3. 运用积累的词语夸赞人物。 教写"呆"字。 运用"一……就……"造句。	1. 就在你们纷纷夸赞的时候，突然一个声音响起来，谁找到这个句子? (齐读，课件出示句子)牧童是"挤"进来"喊"的，谁能注意这两个红色的字再读一读? (指名读) "画错啦，画错啦!"一个牧童挤进来喊着。 2. 对比阅读 (1) 刚刚还是纷纷夸赞，听了牧童的话，人们都有什么样的表现? 拿起笔来，听老师读第五、六自然段，把写"大家表现"的句子用横线画出来，把写"戴嵩表现"的句子用波浪线画出。(生默读，并按要求画句子) (2) 听了牧童的话，大家有什么表现? 指名读。 (课件出示) 这声音好像炸雷一样，大家一下子都呆住了。 (3) (出示插图)我们看看这些人是怎样"呆"住了? (生看图说)这些人可能会想什么? (4) 教写"呆"字。我们祖先造字很有意思，张大了的嘴巴就是口，僵硬的身体像木头一样。注意，这一撇一捺要舒展。(师范写"呆"，生试写一个) (5) 大家为什么都呆住了呢? 他们会想什么? (师：大家都是纷纷夸赞，唯独小牧童提出了意见，这截然不同的评价让人感到多么震惊啊! 难怪作者说这声音像——生：像炸雷一样) (6) 那戴嵩是什么表现? 读读你画的句子。(生读相关句子)(课件出示) 戴嵩把牧童叫到面前，和蔼地说："小兄弟，我很愿意听到你的批评，请你说说什么地方画错啦?"……戴嵩听了，感到非常惭愧。他连连拱手，说："多谢你的指教。" 谁也画出了这些句子? 谁想来读一读? (7) 请用这个句式说一说戴嵩一听牧童说他画错了，他的反应是什么? 戴嵩一听牧童说他画错了，就＿＿＿＿＿＿＿＿。 (8) 你从戴嵩的表现中体会到什么? (板书：虚心求教)从哪个词语感受到的? (相机指导理解有关词语和练读有关句子)

指导精读课文	师生互动、方法和效果
运用多种方法教词义：和蔼、惭愧、拱手。	出示词卡"和蔼"——说话时态度温和,亲切,与"和蔼可亲"意思相同。(师创设语言环境:天气越来越冷了,妈妈和蔼地对你说——生:多穿点衣服,别冻着了。饭桌上,爷爷一边不停地往你碗里夹菜,一边和蔼地对你说——乖孙子,多吃点,长胖点。课堂上,你一时答不上问题,老师总是和蔼地鼓励你——没关系,坐下再想想。)谁能像戴嵩一样用"和蔼"的语气读读这句话? 出示词卡"惭愧"——观察两个生字的部首,与什么有关?(戴嵩知道自己做错了,心里不舒服。) 出示词卡"拱手"——古人对别人表示尊敬的时候,两手相抱于胸前,做"拱手"的动作。(师生做动作读句子) 3. 究竟小牧童说了什么话,能让我们的大画家感到非常惭愧呢?自由读这段话,要求读得正确、流利。 (课件出示) 牧童指着画上的牛,说:"这牛尾巴画错了。两牛相斗的时候,全身的力气都用在角上,尾巴是夹在后腿中间的。您画的牛尾巴是翘起来的,那是牛用尾巴驱赶牛蝇的样子。您没有见过两牛相斗的情形吧?") (1) 指名读,大家仔细听,看他是否读正确,读通顺。 (2) 这段话中有三个生字:翘、驱、蝇。你有什么办法记住它们吗?
运用三种方法识字：翘、驱、蝇。	翘:组词法——翘板、翘足、翘首、翘盼 驱:追本溯源了解本义,结合上下文理解文中义。 蝇:通过形旁"虫"猜意思,并复习一系列带"虫"字旁的字,如:蜻、蜓、蝴、蝶、蚯、蚓…… (3) 小牧童是怎么指出戴嵩的错误的?他是怎么把话说清楚的?一起来看看每一句话说了什么?(师:学习牧童把话说得有理有据。)
教句与句之间的逻辑关系。	 (4) 按照一定的逻辑关系,练习说话。 乱丢垃圾是_____(判断)的。因为_____(这样做的坏处),我们应该_____(正确做法),相信你今后_____(鼓励改正)。 4. 为什么牧童能这么确信地说出画中错误的地方呢?(师出示生活中的斗牛场景图)你认为牧童是个怎样的孩子?(板书:细心观察,实事求是) 5. 师小结:也正是有了牧童的直言不讳,加上戴嵩的虚心,才有了这一幅千古流传的《斗牛图》
三、相机指导书写	相机指导书写: (1) 仔细观察,怎样才能写好"批评"这个词?(生回答) (2) 这是我们第一次连词书写,写的时候要看一个词写一个词。(师范写,小结:写词语时,两个字要写得大小一致) (3) 展示学生书写的字,并评价,他做到了我刚才说的哪些要求?(左窄右宽、大小一致)

指导精读课文	师生互动、方法和效果
四、训练把话说清楚	夸赞人物： 孩子们，故事学到这里，你最喜欢故事中的谁？你想对他说些什么？（按照句式，选择词语夸赞人物） 我想对＿＿＿＿＿说： "＿＿＿＿＿＿＿＿＿。" 小词典： 夸赞 称赞 赞扬 愿意 批评 虚心 了不起 不简单 佩服 善于观察 生动逼真 栩栩如生 活灵活现 惟妙惟肖
五、小结	师小结：大家说得很好，让我们为牧童的细心观察，实事求是鼓掌，让我们为戴嵩的虚心求教、技艺高超鼓掌。 孩子们，这个画家和牧童的故事已经流传了一千多年，就连清朝的乾隆皇帝也听说过呢，他还在这幅《斗牛图》上亲笔写了一首诗。 （课件出示） 角尖项强力相持，蹴踏腾轰各出奇。像是牧童指点后，股间微露尾垂垂。 作业：课后把这个故事交给爸爸妈妈听。

评 析

拿李静的《画家和牧童》的教学与著名小学语文教育家袁瑢的《颗粒归公》教学相比较，可以看出，在"教了什么"和"怎么教"方面（见下表），两者有诸多相似：都教字、词、句和句与句之间的关系；都教课文、段落和语句的多种形式的朗读。"教什么"除了教学内容之外，还有教学深度。有人将袁瑢的教学风格概括为四个字——"细、实、活、深"，而且"深"被解释为"具有一定的深度，尽可能引导他们去理解，激发学生的求知欲"。用修订的布卢姆认知教育目标分类学重新解释"深度"，这里的"深"不只是理解的深度，而是认知过程由低级到高级所需经历记忆、理解、运用、分析、评价和创造的水平。就小学低年级的语文学习来说，语文知识的教学是从理解与记忆水平，到单项知识和技能的运用水平，再到多项知识技能的综合运用水平。例如，在《颗粒归功》的第三自然段教学中，教师要求学生看图，想想课文内容，按"先写弟弟怎样，后写鹅怎样，再写弟弟又怎样"的次序，写三句话。在评价学生的写作时，教师引导学生一句一句评，突出弟弟和鹅的神态、动作、样子的描写。这些练习都有助于学生将习得的语文知识转化为语文技能。李静也设计了类似的练习（参见目标4、5、6的设计与实施）

教什么	怎么教的
生字：翘	组词法——翘板、翘足、翘首、翘盼。
驱	追本溯源，看图识"驱"的意思。
蝇	形声字，通过形旁猜意思，并复习一系列带"虫"字旁的字，如：蜻、蜓、蝴、蝶、蚯、蚓。
惭 愧	观察两个生字的部首，与什么有关；联系上下文解释词义。

教什么	怎么教的
比较词语： 夸赞 称赞 赞扬	(1) 师：同时呈现有三个近义词的句子； (2) 生：齐读三个句子 (3) 师：引导学生观察，发现 (4) 师：一个意思，作者用了三个词语来表达；齐读这三个词语，把它们积累下来。
教词义： 和蔼 惭愧 拱手	师创设语言环境："天气越来越冷了，妈妈和蔼地对你说——生：多穿点衣服，别冻着了。饭桌上，爷爷一边不停地往你碗里夹菜，一边和蔼地对你说——乖孙子，多吃点，长胖点。课堂上，你一时答不上问题，老师总是和蔼地鼓励你——没关系，坐下再想想。" (戴嵩知道自己做错了，心里不舒服。) 师生做动作，读句子
造句训练。	用"一…就…"填空： 戴嵩一听牧童说他画错了，就_____。 一会儿…一会儿…(造句练习)
句与句间的关系。	教师分析牧童对戴嵩说的四句话之间的逻辑关系：先指出错的地方；然后说明正确的画法；再指出错误的画法；最后猜测出现错误的原因。
书写：呆 批评	解释：张大了的嘴巴就是"口"，僵硬的身体像木头一样。 (1)仔细观察；(2)看一个词写一个词；(3)师范写，小结：写词语时，两个字要写得大小一致；(4)展示学生书写的字，并评价，他做到了我刚才说的哪些要求？(左窄右宽、大小一致)
朗读。	有感情，分角色朗读第二、三、四自然段。
运用积累的词语夸赞人物。	我想对_____说："_____。" 小词典： 夸赞 称赞 赞扬 愿意 批评 虚心 了不起 不简单 佩服 善于观察 生动逼真 栩栩如生 活灵活现 惟妙惟肖

(皮连生)

案例六：《狐假虎威》

执教教师：江苏省徐州市语文特级教师 于永正 执教年级：二年级

【教学目标】

1. 字词读、写、默和解释：呀、纳闷、假、窜、骨碌、扯、蒙。

2. 在理解课文内容的基础上，有感情地朗读课文。

3. 能找出课文中的概括句，用自己的话说出概括句的意思。

4. 能用"寻找"和"管理"造句、说话,至少 2—3 句,而且句型有变化。

【任务分析】

目标 1:根据奥苏伯尔的有意义言语学习理论,词汇学习既有机械学习方面,亦有意义学习方面。机械学习的条件是刺激与反应(S-R)的重复、反馈;意义学习方面可以用概念学习来解释。语文的词义多数属于具体概念和日常概念,一般需要通过例子和上下文学习。

目标 2:纯粹的朗读属于动作技能学习。如果要用朗读技能来表达感情,则属于智慧技能学习,如表达悲伤的感情要读得慢,声音低沉;表达欢快要读得快,声音嘹亮。

目标 3:综合能力学习;需要理解文章内容,分析句、段之间的关系,理解概括句或中心句的概念。本课教学只能让儿童初步接触概括句,知道和记住概括句的例子。

目标 4:词义学习与句法结构的运用;词义学习的条件:生活经验和上下文提供的语境。

(注:在原文中没有"教学目标"与"任务分析"。这里的"教学目标"与"任务分析"是研究者根据原文推测出来的)

第一课时

教学过程和内容	师生互动方式、方法和效果	简要评析
一、检查预习 1. 朗读。 2. 生字预习(认识、读音正确)。 3. 故事内容。	1. 指名学生读课文,纠正:"呀"与"纳闷"的读音,"闷"读成 menr。 2. 呈现三幅彩色挂图,学生据图把故事说给大家听。(在说之前,先每人小声练一遍) 3. 一生用教鞭指着挂图讲故事。 (内容略) 师:表扬讲得好!	用看图讲故事的方法检查课文理解,值得借鉴。请学生上台讲之前,每个学生小声练一遍,然后听人家讲,听老师评。这种组织形式好,照顾到了点和面。
二、审题与理解题意: 1. 概括课文大意。 2. 教"假"字。	师:谁能用一句话把这个故事讲出来。(回答之前,请学生先默读课文) 师:课文中有一句话把这个故事概括出来了,请找出这句话,并划下来。 生:(念)"狡猾的狐狸是借着老虎的威风把百兽吓跑的" 师:用自己的话说一说;生说(略) 师:这里的"假"字是什么意思? 生:狐狸的威风是假的,老虎的威风是真的(众笑) 师请生讨论,再查字典,确认"假"有两重意思,这里的"假"是"借"的意思。	培养学生概括能力是一个长期过程。针对二年级学生认知发展特点,提供有概括句的课文,在学生阅读的基础上(特别是在默读的基础上),要求学生找到概括句,这种教概括的方式值得借鉴。
三、串讲课文 第一自然段: 1. 读懂课文,要读出感情来。	1. 自愿读第一自然段,读后教师评论。 2. 师:板书"窜"字;问:可以换一个字吗? 生:换"跑" 师:请学生查字典,证实"窜"有"跑"之意,引导学生辨析	"窜"字的教学值得借鉴。

教学过程和内容	师生互动方式、方法和效果	简要评析
2. 字词教学。 3. 在理解了"狐狸逃，老虎扑"的情景后，再指导学生如何读出紧张感情。 第二至五自然段 1. 词语： 骨碌 扯 2. 指导朗读，顺便教"蒙"的用法： 第四自然段 (重点指导朗读)	"窜"与"跑"的区别，得出这里是"逃跑"的意思。 生：再读；教师评点 1. "骨碌"的教学：请全班学生做一个"眼睛骨碌一转"的动作；再从中挑一名男生到讲台前表演"眼睛骨碌一转"； 师问：从这句话看出了什么？(生：狐狸在想点子) 2. "扯"的教学：a 教师指出，这里的"扯"是"拉"的意思；b 指出这里的"拉"不是拉长喉咙，而是拉长声音；c 教师演示拉长声音读。 1. 在串讲二至五自然段前，要求学生读懂课文和怎样读狐狸和老虎的对话。 2. 在教过"骨碌"和"扯"之后，指导学生朗读第二自然段。教师示范读"扯着嗓子说"时把声音拉长。读"你敢吃我"时，将"我"稍延长并注意问号。(学生练读，指名读，教师示范读，学生齐读) 师：这段难读，用什么语气读才能把老虎"蒙住"(顺便教"蒙")。学生自己练习。 师：请一名学生读。(学生读的声音较轻) 师评：这样能"蒙住"老虎吗？(又教了"蒙") 师：请一男生读。学生读的声音大了，师表扬。 师：看于老师读(于老师略带夸张语气，配以手势读。(生会心地笑了) 生：情绪高涨，全身心投入练习。 师：再请学生读。(效果很好)	在指导有感情地朗读时要具体指出带着什么感情，不要笼统地讲"带着感情读"。 像"骨碌"这种难以下定义的词语必须通过例子和观察进行教学。 "蒙"字的含义和用法教学值得借鉴。 这里的朗读指导很具体，值得借鉴。 "看于老师读"和"听于老师读"的朗读指导方法值得借鉴。

对第一课时教学的评论

根据语文课"教什么"、"怎么教的"和"教的效果如何"来对课堂教学进行评价。

本节课教学内容有四项：

1. 检查预习，包括识字、正音、课文主要内容掌握情况；
2. 讲解课文标题与指导学生概括大意；
3. 串讲部分段落与指导朗读；
4. 结合朗读指导，教授词语的意义与用法。

　　语文课文第一教时教什么？对于二年级的学生来说，于老师这节课教学内容的确定，对此问题的回答似乎有普遍意义。

　　在教学方法上：(1)出示挂图帮助低年级学生回忆与讲述故事内容；(2)在课文有中心句的条件下，用找中心句的方法来概括大意；(3)在串讲课文时，结合表情朗读，有时辅以表演等手段促进理解课文内容和生字新词的意义；(4)在理解课文意义条件下，重视指导学生有感情地朗读。这些教学方法值得借鉴。

第二课时

教学过程和内容	师生互动方式、方法和效果	简要评析
继续串讲课文，结合指导朗读	请五名学生根据课文描述的情节进行表演，其余当导演： A 生饰演老虎(戴上老虎头饰) B 生饰演狐狸(戴上老狐狸饰) C、D、E 分别饰演兔子、小鹿、野猪 看了表演后学生练习朗读。于老师就"狐狸神气活现、大摇大摆"和"呀！一只大老虎"两句作了示范朗读。	采用表演和当导演的方法来理解课文，适合低年级学生特点，可以借鉴。
四、造句和说话练习 狐假虎威 管理 寻找	1. 示范成语"狐假虎威"的运用： 　　王二小被日本鬼子抓住了。一个日本军官问："小孩，你什么的干活?" 　　一个汉奸狗腿子狐假虎威地说：皇军问你是干什么的，快说! 　　王二小瞪了狗腿子一眼，不慌不忙地说："放牛的!" 教师请学生读这段文字并讨论文中的"狐假虎威"的意思。 2. 提供情景，指导学生练习造句和说话： 读读写写，用划线的词语造句： 管理寻找凶恶受骗一趟东张西望大摇大摆撒腿就跑神气活现摇头摆尾狐假虎威 师：谁来读一下? (指名读，齐读) 师：先看看："寻找"在哪一句话里，找出来读一读。 生：读："在茂密的森林里，有一只老虎正在寻找食物。" 师：大家注意，我说上半句，看谁接着说下半句，要求用上"寻找"这个词。——在茂密的森林里，有一个猎人…… 生：在茂密的森林里，有一个猎人正在寻找食物。 师：他饿了吗? (笑声)"食"改成什么字? 相信你会想出来。 生：(改正)在茂密的森林里，有一个猎人正在寻找猎物。 师：看! 脑子多灵活! 再听。不过，这次不要说寻找食物。——在茂密的森林里，有一只小鹿…… 生：在茂密的森林里，有一只小鹿正在寻找它的妈妈。 师：他跑丢了，是吗? 找到了没有? 接着往下说。 生：他找呀，找呀，终于找到了。 师：找到了就好，我们放心了。(笑声)还可以找别的吗? 生：在茂密的森林里，有一只小鹿口渴了，到处寻找小河。 师：好的。请看于老师在干什么。 (老师作寻找橡皮状，边找边说："我的橡皮怎么不翼而飞了?") 师：老师干什么了? 谁能用上"寻找"说一句话? 生：于老师写错了一个字，想用橡皮擦，可是橡皮不见了，他到处寻找也没找到。 师：说得真好! ——大家再看看"管理"这个词在哪句话里? …… 现在请把作业本拿出来，用"寻找"、"管理"各写一句话。有没有困难? 对了，能写几句话更好。	提供情景，指导学生练习造句和说话；在说中纠正学生的错误。这样的教学不是以教师的讲授为主，而是以学生的练习为主。 这里练习词语搭配：词语搭配不仅要合语法，而且要合乎意义 用"管理"一词造句、说话的教学同上

案例七：《关怀》

执教教师：江苏省徐州市语文特级教师　于永正　执教年级：二年级

【教学目标】

1. 能根据课文的插图《周总理关怀小学生》说几句话。要求：有时间、地点、怎么样、谁和谁干什么。

2. 字词读、写、默：聚精会神、点头、流利、安安静静、视察、朗读、感情、美好、学习园地、阳光灿烂。其中能用"流利"、"安安静静"造句。

3. 能有感情地朗读课文。

4. 能用一句话概括或说出课文大意。

【任务分析】

目标1.句法结构（或句子图式）的运用。学习条件：学生已掌握什么时间、什么地点、谁和怎么样、做什么等句式。

目标2和目标3基本技能学习（分析同《狐假虎威》的目标1和目标2）；

目标4的学习类型与目标3相同。如果学生已知"什么是概括句"（或中心句），那么这里的学习条件主要是理解课文内容和结构（理解课文的句、段之间的逻辑关系）。

注：在原文中没有"教学目标"与"任务分析"。这里的"教学目标"与"任务分析"是研究者根据原文推测出来的。

第一课时

教学过程和内容	师生互动方式、方法和效果	简要评析
一、揭示新课题 1. 据课文插图练习说话。 2. 结合说话训练教新课字词：聚精会神。	呈现周总理和小朋友一起听课的挂图；据图分步训练说话： 1. 师：图上画的是谁，他们在干什么？（学生小声说） 生：图上画的是周总理，还有小朋友。周总理和小朋友一起听课。 师：第二句"周总理和小朋友"可改称"他们"。生再试说。 生：图上他们在一起聚精会神地听课。 2. 师：小朋友眼睛一眨不眨地望着老师，精神多集中啊！这就是"聚精会神"的意思。 3. 师：大家仔细看，周总理怎样聚精会神地听课？两只手拿着什么？面部表情怎样？ 生：周总理一手拿着书，一手拿着眼镜，笑眯眯地和小朋友一起听课。 师：周总理在什么季节，来到一所什么样的小学听课的，你从哪里看出？ 生：周总理在春天来到一所山村小学听课。从窗外盛开的油菜花、桃花可以看出是春天。	在看图说话中进行了句式结构训练。其训练步骤如下： 1. 说："谁＋谁＋干什么。" 2. 说："谁＋谁＋怎么样＋干什么。" 3. 说："谁＋谁＋怎么样＋怎么样＋干什么。" 4. 说："在什么时候、地点，谁＋谁＋怎么样＋怎么样＋干什么。" 5. 由说一句到多句。 "用一句话概括课文大意"这里第二次出现。这里的概括方法是教师提示"周总理对我们怎样？"

教学过程和内容	师生互动方式、方法和效果	简要评析
3. 引导学生概括课文题意	生：…… 4. 老师要求学生把上面的话连起来说。老师用教鞭指着挂图，提示：春天来了，桃花……周总理……他……。 (学生小声练说) 生：<u>春天到了，桃花开了。周总理来到一所山村小学，坐在教室里和小朋友聚精会神地听课。他一手拿着课本，一手拿着眼镜，笑眯眯的，不住地点头。</u> 师表扬。 师：你觉得周总理对我们怎么样？ 生：周总理对我们很关怀。 师：关怀是什么意思？ 生：关怀是关心的意思。	
二、检查预习 纠正读音与读得不连贯的句子	要求几名学生接读一遍课文，看生字是否都认识了。 (发现读错了的字，立即纠正；发现读得不连贯的句子，老师立即领读)	不断发现错误，立即反馈纠正，是基本技能形成的唯一正确途径。
三、指导朗读全文 第一自然段 第二自然段 第三自然段 第四、五自然段 读全课	1. 教师示范有感情地朗读第一自然段(方法：读时头脑中出现周总理光辉形象，想象周总理视察山村小学时的兴奋、激动) 生(仿效老师)齐读 2. 师：一边读一边想象和体会，请照第一自然段的样子读第二自然段。 当一生站起来读到"安安静静地坐在教室里听老师讲课"一句时，教师指导："安安静静"要读得轻而慢。 老师请一男生表演周总理脚步轻轻走进教室的情景，再指导学生如何读好每一句：如"老师好"和"小朋友好"不能用一样高的声音读。 请一生读第三自然段，当读到"轻轻地问：'是讲这一课吗？'……"时，指出这一句要读得很轻，因为是"悄悄地说"。 学生读得既轻又亲切，全班读。接着指名读了第四自然段，齐读了第五自然段。 最后教师有感情地示范朗读全文；要求学生把书放下，看老师的表情，听老师读。 请学生有感情地读。最后教师检查读的情况。	指导朗读的基本方法是：(在理解课文内容的基础上) (1) 教师示范； (2) 学生模仿； (3) 教师给予反馈、纠正。 这里的具体指导朗读的方法值得借鉴。 看老师的表情，听老师读。值得提倡。

第二课时

教学过程和内容	师生互动方式、方法和效果	简要评析
四、串讲课文 1. 再次审题。 2. 串讲课文第二、三、四自然段。	1. 师问：请学生用一句话说说课文《关怀》的含义，即谁关怀谁？ 生：周总理关怀小学生 2. 教师请学生轻声读课文第二、三、四自然段 问：从哪些地方看出周总理关怀小学生？ (1) 教师指导学生细心读第二自然段，找出体现关心的词语："轻轻地"、"问好"。	提问：从哪些地方看出周总理关怀小学生？要求学生细心读课文，找出体现关心的词语(提问方法值得借鉴)。这里找出的词语实际上是对人物动作、神态和语

教学过程和内容	师生互动方式、方法和效果	简要评析
	(2) 教师请学生像刚才这样读第三自然段,找出"关心"的语句。 生:周总理看墙上的学习园地,一边看一边不住地点头。 教师肯定,问:还有吗? 生:…… (3) 师:要求学生再读第四自然段,问:哪些句子可以看出周总理关心小朋友? 生:周总理叫小朋友朗读,不住地点头微笑。 生:周总理聚精会神地教小朋友朗读。 教师肯定,要求学生读第二、三、四自然段,读得更有感情。 (指名读) 教师启发学生:周总理还关心谁? 生:关心教师。	言的描写。但是在二年级不出现这些术语。
3. 串讲课文第一自然段;结合教"视察"一词	师:从哪里看出? 生:周总理走进教室跟老师握手,问老师好。 教师肯定,要求学生齐读第一自然段。问"视察"是什么意思? 师生问与答:(略) 小黑板上出示 8 个词,其中"流利"和"安安静静"需造句,指导造句的步骤:	
五、抄写词语,并用"流利"和"安安静静"造句(能写几句更好)	(1) 要求学生找出需造句的词所在的句子,读一读,看看是说什么的。 生:读找出的句子 师:指出这里流利的意思——读书不结结巴巴,读得很熟练。 (2) 提供词语应用的情景: A. 请一名学生背《锄禾》古诗,学生熟练背出,要求用上"流利"这样的词来回答问题——背得怎么样? 生:XX 同学背古诗《锄禾》,背得很不流利。 该生再背一遍,再回答背得怎么样? 生:XX 同学背得很流利,多有感情啊! B. 于老师用钢笔写字,钢笔不下水,甩了甩,还是不大下水。 生:于老师在纸上写字,钢笔不大下水,写字很不流利。 C. 于老师换一支钢笔,流畅地写了"高山流水"四个草体字。 生:于老师用一支紫色钢笔,很流利地写了"高山流水"四个字。 "安安静静"的造句练习同上。 (3) 作业本上,用"流利"、"安安静静"造句(能写几句更好)。	这里运用课文中的词语进行造句和说话练习的做法值得借鉴: (1) 理解词义; (2) 提供变化的情景,进行说话练习; (3) 从口头练习到书面练习。

(以上教学实录载自:于永正著:《于永正课堂教学教例与经验》,人民日报出版社 1995 年版。皮连生重新整理。)

第七章 中年级(三至四年级)案例

案例一:《富饶的西沙群岛》

执教教师: 广州市花都区新华街棠澍小学 范如卓 执教年级: 三年级

【教学目标】

1. 能认识"饶、屿"等10个生字。会写"蓝、懒"等13个字。能正确读写"风景优美、物产丰富、五光十色"等21个词语。

2. 能正确、流利、有感情地朗读课文,背诵自己喜欢的部分(第二至四自然段)。

3. 能从海面、海底、海里、海滩和海岛这几个方面了解西沙群岛的富饶,并说出课文主要内容。

4. 能说清楚课文"总—分—总"的结构层次。

5. 能围绕中心句,用"有的……有的……还有的……"句式,把一段话写具体,写完整。

【任务分析】

"课时目标"放进"两维目标分类框架表"中分析(第一课时只填写"两维目标分类框架表",第二课时按要求做具体分析)

教学内容 (知识维度)	掌握水平(认知过程维度)					
	记忆	理解	运用	分析	评价	创造
拼音						
字	目标1					
词	目标1					
句子						
标点						
朗读、背诵	目标2	目标2				
标题、体裁						
写作背景						
课文结构		目标4				
课文内容(含价值观)		目标3				
表达技巧			目标5			

(注:表中分三个区域,用不同阴影加以区分:无色区表示学习的结果是知识;浅阴影区表示学习的结果是基本技能;深阴影区表示学习的结果是高级技能)

【教时安排】2 课时

第一课时

【教学目标】完成总目标 1—3。

【教学过程】

指导精读课文	师生互动的方式、方法和效果
一、揭题,激趣 教学生审题:从题目入手,了解整篇文章的重点——富饶。	1. 师:(板书:富饶的西沙群岛)同学们,一起把课题齐读一遍。提问:为什么老师要把"富饶"两个字写这么大呢? 2. 生:因为西沙群岛的特点就是富饶。(师肯定学生的回答) 3. 设置情景:同学们,今天老师带着大家一起到祖国南端的西沙群岛去看一看。请同学们抓紧了,船就要开动啦!
二、初读课文,识字、解词 1. 让学生自由读课文。 2. 用不同的类型方法读带拼音词语。 3. 去掉拼音检测学习情况,请同桌互相检查。 4. 将生字词放入课文中,检测识字情况。 5. 记住课文中的两个多音字的多音字:栖和划。	1. 师:接下来,请同学们自由地朗读一遍课文,注意把生字读准确,把句子读通顺。读完后思考:这篇课文主要用了哪两个词来概括西沙群岛的特点?(生自由读) 师:同学们读得真认真。下面请同学们看看屏幕上的这些词语,看看谁读得又快又准? (出示) 　　　ráo　　　yǔ　　　yá　 wēi wǔ　　luǎn 富饶　　岛屿　山崖　威武　产卵 yú　　　　qī　　　fèn　　　　　bèi bèi 渔业工人　栖息　鸟粪　祖祖辈辈 3. 师:去掉拼音还能读准确吗?请同桌互读,检查读音是否正确。 　(出示) 富饶　　　岛屿　山崖　威武　产卵 渔业工人　栖息　鸟粪　祖祖辈辈 4. 师:把这些词语放进原文的句子中,你可以流利地朗读吗? 　(出示) (1)每年四五月间,庞大的海龟成群爬到沙滩上来产卵。渔业工人把海龟翻一个身,它就四脚朝天,没法逃跑了。 (2)富饶的西沙群岛,是我们祖祖辈辈生长的地方。(生读) 5. 师:课文中还有一些多音字需要你注意。看看,你们都认识吗? 　(出示) 栖 qī(栖息)　划 huá(划船) 栖 xī(栖栖)　划 huà(划分)
三、写生字 1. 出示田字格中的这两个生字"蓝""懒",让学生先自己思考观察。 2. 提问总结。 3. 组词。	1. 师:词语会读会认了,我们还要会写。请看下面这两个字,先观察,想想写这两个生字的时候需要注意什么?(出示两个生字) 蓝　懒 2. 强调。 "蓝"字是上下结构,草字头不能太窄,要盖住下面部分,中间两竖先短后长,底下的皿是两竖不是一竖。 "懒"字是左中右结构,三部分挤紧靠拢。 (学生在课堂练本上练习书写) 3. 用这两个生字组词。

指导精读课文	师生互动的方式、方法和效果
四、概括课文主要内容 1. 自读课文,阅读全文,思考西沙群岛的特点。 2. 概括出文中提到的西沙群岛的几个部分。 3. 点明课文的重点是体现"富饶"。	1. 师:自读课文,思考问题,西沙群岛的特点是什么? 用两个成语概括。作者要突出介绍西沙群岛的哪个特点? (出示) 西沙群岛_____,_____(风景优美,物产丰富)。主要体现了西沙群岛_____(富饶)的特点。 2. 师:课文从哪几个方面讲述了西沙群岛的富饶? 　　(出示) 课文介绍了西沙群岛的_____、_____、_____、_____、_____(海面、海底、海里、海滩、海岛),从这几个方面表现了西沙群岛富饶的特点。 3. 师:同学们真会读书。你能找出课文的中心句吗? (那里风景优美,物产丰富,是个可爱的地方。)
五、小结 布置课后思考问题	师:通过这节课的学习,同学们学习了生字词,也了解了课文大意。40分钟一晃而过,西沙群岛为什么被作者称为"富饶"的西沙群岛呢? 这个问题,留到我们下一节课深入探讨。

第二课时

（本课时完成目标 4 和目标 5）

【教学准备】PPT

【教学过程】

教学环节与内容	师生互动的方式、方法和效果
一、了解课文整体结构 1. 回顾旧知,课文第一与第七自然段概括了全文的重点,介绍了西沙群岛的"富饶",明确"总—分—总"结构。 2. 回顾课文中间部分的内容,明确课文是详写西沙群岛的"富饶"。 3. 小结"总—分—总"的段落结构特征。	1. 师:上节课,我们初步游览了西沙群岛。让我们来回味一下。请同学们齐读第一和第七自然段。 　　(出示) 那里风景优美,物产丰富,是个可爱的地方。 富饶的西沙群岛,是我们祖祖辈辈生长的地方。随着祖国建设事业的发展,可爱的西沙群岛必将变得更加美丽,更加富饶。 师:这两段之间有什么联系? 生:前后呼应。 2. 课文第二至六自然段主要介绍了西沙群岛哪些部分的景色? 西沙群岛的_____、_____、_____、_____、_____(海面、海底、海里、海滩、海岛) 师:同学们再思考,中间几段与开头结尾有什么联系? (开头总起,结尾总结,都讲了西沙群岛的富饶;中间分几个部分,详细介绍它的富饶。) 3. 师:同学们独具慧眼! 这篇课文的结构很清晰,开头、结尾总述西沙群岛的"富饶",中间段落都是具体介绍哪些方面体现"富饶"。这样的文章结构,我们称之为"总—分—总"结构。

教学环节与内容	师生互动的方式、方法和效果
二、学习技能 围绕总起句,用"有的……有的……还有的……"句式,把一段话写具体,写完整。 1. 从课文入手找出课文的例子,明确整段话围绕总起句来写,再用上"有的……有的……"句式。 2. 联系学过的课文《赵州桥》,举三反一。 3. 列举学生作文中的例子,巩固概念。 4. 学会技能,总结规律。 5. 变式练习(结合本课,丰富句段)。	1. 师:不仅全文是"总—分—总"结构,课文中也有一个自然段,也是"总—分—总"的写法。你们能找出来吗?(第四自然段) 2. 师:没错,就是在第四自然段。请一位同学来读读这段话,说说这一段话是围绕哪句话来写的? (出示) 　　<u>鱼成群结队地在珊瑚丛中穿来穿去,好看极了</u>。有的全身布满彩色的条纹;有的头上长着一簇红缨;有的周身像插着好些扇子,游动的时候飘飘摇摇;有的眼睛圆溜溜的,身上长满了刺,鼓起气来像皮球一样圆。 请同学找出总起句,同时思考:作者是用哪个关联词语来把这么多不同的鱼各自的姿态连起来的?请在词语下面加上着重号。 师:这一段话,都是围绕第一句话来写的。后面的几个分句,作者用了"有的……有的……还有的……"这一组关联词,具体地描述了珊瑚丛中那些千姿百态的鱼。 3. 师:这种构段形式,我们称之为"总—分"结构。在我们学过的课文中,也有一些类似段落用了这种写法,我们一起来重温一下。 (出示) 　　<u>桥面两侧有石栏,栏板上雕刻着精美的图案</u>:有的刻着两条相互缠绕的龙,嘴里吐出美丽的水花;有的刻着两条飞龙,前爪相互抵着,各自回首遥望;还有的刻着双龙戏珠。《赵州桥》 师:这段话是围绕哪句话来写的?你发现它的构段特点了么?(请学生思考后回答) 4. 师:在同学们的作文中,也有这样的句子。 　　(出示)<u>池塘里的荷花千姿百态</u>,有的已经绽放出大大的笑脸;有的虽然没有像先前一种开得灿烂,却也已开出了娇嫩的花儿来;有的还只是一个花骨朵;还有的则像是一个害羞的小姑娘,迟迟不肯含苞。 师:这段话是围绕哪句话来写的?用了什么句式? 5. 小结规律:"总—分"结构的句式特点——先总叙再分述,总叙概括共同点,分述使句子意思更具体,并用上连词,如"有的……有的……还有的"。 6. 变式训练: (出示图片)课文第五自然段写海滩上美丽的贝壳,大家围绕总起句,结合图片和自己的想象,描绘一下海滩上究竟有什么千奇百怪的贝壳? 海滩上有许多美丽的贝壳,大的,小的,颜色不一,有的(　　　),有的(　　　);形状多样,有的像(　　　),有的像(　　　),真是千奇百怪,无所不有。
三、当堂训练及总结概括今天的学习内容,测试。 结合给出的总起句,设定情境,将句子补充得更加生动。	师:今天,各位小船员一起游览了西沙群岛。小船长们要通过测试,才能成为正式的船长。你们能通过测试吗?请运用"总—分"结构构段方法,结合你的生活体验,把这段话补充完整。 小练笔: 1. 我们的新学校真美啊!孩子们有的_____,有的_____,还有的_____。 2. 游乐场真热闹啊!人们有的_____,有的_____,还有的_____。

【板书】　　　　　22. 富饶的西沙群岛

　　　　　　　　　　海面　　五光十色、瑰丽无比

　　　　　　　　　　海滩　　贝壳、海龟

　　　　　　　　　　海里　　一半是水，一半是鱼

　　　　　　　　　　海底　　珊瑚、海参、大龙虾、鱼

　　　　　　　　　　海岛　　鸟的天下

【检测】

　　要求：请用上刚刚老师教过的方法，用"有的……有的……还有的……"句式，把这段话写完整。

　　1. 我们的新学校真美啊！孩子们有的＿＿＿＿＿，有的＿＿＿＿＿，还有的＿＿＿＿＿。

　　2. 游乐场真热闹啊！人们有的＿＿＿＿＿，有的＿＿＿＿＿，还有的＿＿＿＿＿。

评析

　　语文教学要"努力做到一课一得"。这个口号最初由上海市著名语文特级教师陆继椿提出的。温儒敏教授也赞成这个口号。据我所知，从这个口号的提出至今，已经 30 多年了，但真正能将此付诸实践的人很少。原因是语文教育界缺乏语文知识向语文技能转化的学习与教学理论。单篇课文教学要做到"一课一得"，第二课时要转入单项（或专项）技能教学。其教学过程一般要经历"举三反一"阶段，此时学生习得语文概念性知识。例如《富饶的西沙群岛》一课中通过三个例子，学生归纳出"围绕中心句，用'有的……有的……还有的……'句式"扩写一段话的规则，包括标点符号的运用规则。习得规则不等于学会了技能。紧接着要进行变式练习。练习时规则不变，例子变化。这叫"举一反三"。如课堂上教师提供分别写荷花、云和同学的三个例子，让学生找出中心句和分句。最后，增加练习难度，提供中心句，学生写分句，把一段话写完整。此时，规则开始能支配学生构造"总—分"段落的行为，技能初步形成。这就是"一课一得"的教学过程。

（皮连生）

案例二：《月球之谜》

执教教师：广州市花都区教育局教学研究室　　江美芳　　执教年级：三年级

第一课时

【教学目标】

　　1. 会认 8 个生字，会写"幕、奥"这两个生字，理解并积累"夜幕降临、悬挂、曾经、奥秘、探索、遐想"等词语。

　　2. 正确、流利地朗读课文，背诵描写月亮的诗句。

3. 能用"段意串联法"概括课文的主要内容及说说月球表面的基本情况。

4. 能运用"总—分"的构段方式说一段话。

【教学过程】

一、谈话导入,读题与审题

1. 导入新课:

上一课,我们学习了《太阳》。今天,我们来学习一篇和月球有关的课文——《月球之谜》。请大家齐读课题。

2. 指导审题:

同学们,读了课题,你心中有什么疑问吗? 如:上一课作者写了太阳的"哪些特点,是怎么写出那些特点的"? 今天要学习一篇写月亮的文章,看了题目,你们猜想文章重点会写什么? 写作方法与《太阳》有什么不同? 是围绕什么写的?("谜"字)到底月球上有哪些没有解开的谜呢? 让我们去读一读课文。

二、初读课文,了解课文内容

1. 初读课文:

自由读课文,要求学生用"_____"画出不认识的字和词语。

2. 学习汇报不会的字、词、句:

(1) 出示词语,拼读,齐读:

xuán jiǎo xiá nǔ
悬 挂 皎 洁 遐 想 努 力

ào jūn rǎng zǎo
奥 秘 细 菌 土 壤 水 藻

dàn xiàng gū líng
一 旦 一 项 估 计 年 龄

(2) 出示词语,默读,开火车检查读:

悬挂 皎洁 遐想 努力

奥秘 细菌 土壤 水藻

一旦 一项 估计 年龄

(3) 出示词语:

夜幕降临 悬挂 曾经 奥秘 努力 登上 任何

① 同学们想办法记住会写的生字,可以一边说怎样记,一边书空。

② 指导写字:幕、奥。

③ 指导用"幕"扩词:幕布、幕前、幕后、开幕、银幕、闭幕;结合课文内容教"夜幕降临"这个词语。

三、默读课文，了解课文内容

过渡：把生字放回课文，看看自己还会不会读。

1. 默读课文，再仔细想想：

(1)课文共有多少个自然段？边读课文边标出来。(2)想想每个自然段写了什么？

2. 检查自学情况，四人小组讨论：哪个段写了"月球是一个什么样的世界"，哪几个段写了"月球的那些没有解开之谜"？经小组汇报后，教师总结并出示每段大意。

第一自然段：人们对月亮的遐想。

第二自然段：登上月球看到的月球是个怎样的世界。

第三至七自然段：月球尘土实验等发现未解之谜。

第八自然段：人类将继续探索月球。

提示：先(写或介绍)……接着……然后……最后写……

(1) 请用上这些表述顺序的连接词说说课文主要写了什么？

(2) 小结：像刚才那样把每个段的意思连起来，概括出文章的主要内容，这种方法叫"段意串联法"。

四、分析课文第一、第二自然段

1. 学习第一自然段(结合上下文教词义)：

(1)(图片出示)看看图片上的月亮，发出怎样的光？

生：很白，很亮。

师：洁白明亮，就是——

生：皎洁。

"皎洁"(明亮、洁白)，所以"皎"字里有一个"白"。

(2)出示句子齐读：(我们读这个句子时要注意停顿)

夜幕降临，一轮明月/悬挂在/高高的夜空，那皎洁的月光/曾引起人们/多少美好的遐想！

① 思考："遐想"是什么意思？(谁能找出它的近义词：幻想、联想、想象；悠远的思想或想象)

② 望着这一轮明月，悬挂在高高的夜空，你有什么遐想？(指名回答)

(3)出示：月球是从哪儿来的？上面有些什么东西？它跟地球一样吗？(齐读)

过渡：其实啊，古人看着这皎洁的月光也产生了许许多多的遐想，为我们写下了传诵千古的诗篇。

小时不识月，呼作白玉盘。——李白

月来满地水，云起一天山。——郑板桥

露从今夜白，月是故乡明。——杜甫

峡深明月夜，江静碧云天。——张祜

① 学生齐读上面的诗句。

② 小结：这几句诗都写到了月亮。关于描写"月亮"的诗句还有很多很多，课后你们去找找，积累积累。

（4）比较句子：

夜幕降临，	明月悬挂在夜空，	月光曾引起人们多少遐想！
夜幕降临，(一轮)明月悬挂在(高高的)夜空，(皎洁的)月光曾引起人们多少(美好的)遐想！		

① 读读这两个句子，看看有什么地方是不同的？

② 你喜欢哪个句子，为什么？（指名回答）

③ 小结：是的，用上了"怎样的"使句子更具体、形象。在课文当中，还有很多这样写具体的词语，我们一起读读这些词语。边读边记，边想象。

一轮明月　高高的夜空　奇异的景色

一片荒漠　皎洁的月光　灿烂的阳光

一项研究　美好的遐想　神秘的月球

一个谜　巨大的努力

如果大家写句子时能用上这样结构的词语，内容会更具体。

④ 让我们跟随作者的脚步，再去遐想一回，一起来读读写得好的这个句子。（指名读、齐读）

夜幕降临，一轮明月悬挂在高高的夜空，那皎洁的月光曾引起人们多少美好的遐想！

（5）人们看着月亮，有这么多美好的遐想，那他们是怎样做的呢？

（出示："古往今来，为了探索月球的奥秘，人类付出了巨大的努力。"学生齐读）

2. 学习第二自然段：

过渡：是呀，为了探索月球的奥秘，古往今来，人类付出了巨大的努力。终于在 1969 年 7 月 20 日，两名美国宇航员首次登上了月球。

（1）学生默读第二自然段。要求：他们看到月球是一个什么样的世界呢？请找出一个词概括，用"＿＿＿＿＿"画出来。

① 指名回答：月球是一个什么样的世界？（板书：奇异）

② 什么叫"奇异"？谁来找找"奇异"的近义词。（新奇、奇特、奇怪、特别的、新鲜的、新奇的；总结方法：理解词语的意思可以找近义词去理解）

③ 哪些句子具体地描写了月球的世界是奇异的？用"＿＿＿＿＿"画出有关的句子。

④ 指名回答。

这里的天空黑沉沉的,表面却洒满灿烂的阳光。月球上满是尘土、岩石和环形山,没有水,没有任何生命。月球是一片荒漠。

（2）领悟这段的写法:

1969 年 7 月 20 日,两名美国宇航员首次登上了月球,第一眼看到的就是十分奇异的景色:这里的天空黑沉沉的,表面却洒满灿烂的阳光。月球上满是尘土、岩石和环形山,没有水,没有任何生命。月球是一片荒漠。

① 这段话主要是讲什么的?（景色奇异)整段都是围绕哪几个字写的?（景色奇异）

② 我们学习过这样的段落叫什么结构的段落?（"总—分"结构段落）

【板书】

总—分结构

（3）请用"总—分"结构的构段方式说说下课的情景、公园里各种花开的样子等。

3. 默读下面的句子,说说不明白的地方。

1969 年 7 月 20 日,两名美国宇航员首次登上了月球,第一眼看到的就是十分奇异的景色:这里的天空黑沉沉的,表面却洒满灿烂的阳光,月球上满是尘土、岩石和环形山,没有水,没有任何生命。月球是一片荒漠。

（1）什么叫"荒漠"?（荒凉的、荒芜的)（总结方法:理解词语还可以联系上下文）

（2）什么叫"环形山"?（指名回答）

（3）默读"资料袋"的第二段。指名介绍"环形山"。

4. 作者为什么说月球的景色奇异呢? 与地球对比一下,看看有什么不同?

这里的天黑沉沉的, 表面却洒满灿烂的阳光。 月球上满是尘土、岩石和环形山, 没有水,就没有任何生命。 月球是一片荒漠。	这里的天亮堂堂的, 表面也洒满灿烂的阳光。 地球上满是山川、河流和动植物, 有了水,就有了各种生命。 地球是生命摇篮。

师生对照朗读上面的两组文字。

五、总结本节课的内容

师:这节课我们主要学了第一、第二自然段,知道了月球表面的景色如此奇异,这仅仅是人类登上月球时用眼睛看到的。其实呀,月球上还有许许多多奇妙的未解之谜。那到底月球上还有哪些没有解开的谜呢? 下节课我们再去探讨。

案例三：《海底世界》

执教教师：江苏省全国著名特级　李吉林　执教年级：三年级

【教学要求】

1. 引导学生认识海底世界，获得有关海底的知识，培养学生的探究精神和研究事物的兴趣。

2. 激发学生探索大海这一人类秘密仓库的热情。

3. 懂得阅读一般科普读物的方法，注意抓住文章的首尾，明确要说明事物的主要特点，学会按自己的阅读要求，有详有略地阅读说明性应用文，练习概括每一段的内容，初步懂得通过几个方面说明一个事物的方法。

4. 理解"依然"、"窃窃私语"、"蕴藏"等词语，认识设问句。

【课前准备】

补充材料——《海底的冷灯》、《人类的秘密仓库》；地球仪；大海的图画。

【课时安排】

教学时间：二课时。

第一课时：导入新课，自学《人类的秘密仓库》、《海底的冷灯》，范读《海底世界》，创设问题情境，讲读课文第一、二、三自然段。

第二课时：讲读课文第四、五、六自然段。综合学习《人类的秘密仓库》。

【教学过程】

第一课时

一、导入新课

同学们，大家都知道我们祖国的土地很大。如果把全世界各国的土地合起来，那就大极了。你们可知道，地球上有没有什么地方比全世界的陆地还要大？

请你们自己读读"补充阅读"上的《人类的秘密仓库》的第一、二、三自然段，注意速度要快，读后要能说出这三段告诉我们什么。

二、自学《人类的秘密仓库》第一、第二、第三自然段，认识海洋大、海洋深

第一自然段说什么大？陆地大。

第二自然段说什么大？海洋更大。

第三自然段呢？海洋深极了。

（出示地球仪）

你们看这一片蓝色的都是海洋。

启发：你们可以想象一下海的大（学生闭上眼睛，教师轻声—描述），比我们中国大，比全世界的陆地加起来还要大；再想象一下海的深，把珠穆朗玛峰放到海洋最深的地方去，八千多米高，山顶都被海水淹没了。（让学生具体感受海洋之大、之深）

三、学习《海底世界》，认识海底世界

1. 引导学生提问：

海洋这么大，这么深，你们应该思考一些什么问题？（海底是一个怎样的世界？）

这一课我们就要学习《海底世界》、《海底的冷灯》、《人类的秘密仓库》一组课文，通过这一组课文的学习，同学们能知道一些海底的知识，而且还要学会怎样来阅读这些知识性的文章。（明确学习目标）

现在我们就来学习《海底世界》这篇课文。

2. 范读课文。

3. 引导学生抓住课文的开头、结尾，弄清说明事物主要特点的文章的阅读方法。

指导：课文一开始就提出了一个问题。

这个问题，课文用几段来回答，大家浏览一下。

（学生浏览课文）

再看最后一段，说说海底是怎样的世界？

（师板书：景色奇异、物产丰富）

横向联系：你们还记得《富饶的西沙群岛》一课吗？这篇课文是怎样开头的？课文第一段告诉我们西沙群岛是个什么样的地方？（风景优美、物产丰富）

然后下面就具体讲，西沙群岛风景有多么优美，物产有多么丰富。

指导阅读：这类知识性的文章，往往在开头或者结尾，把事物的最主要的特点概括起来。（帮助学生了解文章基本的说明方法）那么阅读《海底世界》，看到文章这样结尾，阅读时就要想些什么问题？（景色有多么奇异？物产有多么丰富？）这样读起来，就更能抓住文章的主要内容了。现在就抓住八个字来读全文。

4. 自学全文。

5. 创设情境，检查自学情况。（出示"蓝色的大海"图片）海浪这么大，可以用什么词来形容（波涛汹涌，汹涌澎湃）现在老师让你们潜入海底，向老师报告在海底看到的奇异景象。看哪些同学把课文读懂了？

描述：海面上波涛澎湃，海底依然很宁静，李老师是海洋研究所的所长，你们是研究员，为了研究一个事物，常常需要实地考察。今天，我们起得特别早，来到大海边。为了研究海底世界，让我们潜入大海。现在请你们穿上潜水衣到海底去。（在画面上添上潜水员的剪纸，慢慢往大海的深处移动）我们潜入海下一百米，还比较亮；二百米不那么亮了；三百米开始暗了；四百米更暗了；五百米以下，全黑了。这时你们发现了什么？请报告。（结合进行语言训练）

（报告：所长，我们在五百米以下的深海发现点点星光）

启发：那点点光亮，像什么？

这一次潜水发现海底有点点星光这一奇异的景象。为了研究一个事物，除了实地考察，常常需要查阅资料。现在我向你们提供一份资料《海底的冷灯》。这份资料会使你知道海底的这些星光是什么？

四、插入自学《海底的冷灯》认识海底的星光

指导阅读：读书也要有详有略，为了研究一个问题，要去查找资料，这时，虽然不可能把每篇文章或每本书从头至尾都很详细地读过去，但也不能浮光掠影，走马看花，要有所选择。对自己想找的资料，就要读得仔细些，其余的可跳过。

刚才你们要解决的是：海底的星光是什么？（深水鱼发出的光）深水鱼为什么要发光？能力强的同学还可以自己注意一下深水鱼是怎么发光的？应该读哪几段？

（引导学生阅读要学会抓要点）

发光的作用：（1）引诱食物。

      （2）寻找同伴。

      （3）防御敌人。

这篇说明文又是怎么写的呢？

指点：自己提出问题，自己回答。回答问题时，先说现象，后说原因，这样更吸引人。

五、继续学习《海底世界》

1. 启发：海底是宁静的，但是不是一点声音没有，用水中听音器一听，就知道了。

2. 放录像或画简笔画给学生。（电视屏幕上出现水中听音器，海洋工作者正在倾听海底的动静）

说明：这就是水中听音器。

3. 描述：为了研究一个事物，除了实地考察、查阅资料，还常常需要借助现代化的仪器设备。现在请你们继续当海洋工作者，戴上耳机（两手掩耳，模拟情境），投放水中听音器。

老师模拟深水鱼发出的响声（轻轻地）：嗡嗡、啾啾、汪汪、呼噜……

发问：听到了吗？

老师为什么不大声点？（结合解释"窃窃私语"，即私下里偷偷地说话）

4. 出示板书，进行比较读：

海底的动物常常会发出各种声音，你用水中听音器一听，就能听见各种声音；嗡嗡、啾啾、汪汪、呼噜。

（指名读）

海底的动物常常在窃窃私语。有的像蜜蜂一样嗡嗡，有的像小鸟一样啾啾，有的像小狗

一样汪汪,还有的好像在打鼾。

体会哪一种好?(进行语感教育)

根据学生回答,指点:课文把海底的动物比作人,有许多悄悄话要说,写得挺神秘的。用了"……像……一样"的句式,仿佛使我们真的听到了一样,更觉海底世界的奇妙。

指点:全文先提出问题,而后作出回答。

5. 轮读第一、二、三自然段。

六、小结

海大:地球的三分之二是海洋。

海深:最深的超过一万米。海底有亮光,是深水鱼发出的,从海底还会听到各种声音。

<h2 style="text-align:center">第二课时</h2>

一、导入新课

通过上一课的学习,我们仿佛看到漆黑的海底星光闪烁,仿佛听到各种奇妙的声音,这种奇异的景象,都是因为海底有许许多多的动物。学到这里,你们又想到了什么呢?

(海底有哪些动物?除了动物还有哪些有生命的物体?)

二、自学讨论《海底世界》第四、五、六自然段,《人类的秘密仓库》第四自然段

1.《海底世界》第四、五、六自然段,分别写了什么?(第四段,动物;第五段,植物;第六段,矿物)

2. 再看《人类的秘密仓库》第四自然段写的是不是一个内容?有几个内容?可以分成几个层次?(动物、植物、矿物及小结)

3. 指点:我们对照起来看,《海底世界》一个自然段一个内容;而《人类的秘密仓库》是把这些内容合在一个自然段里写的,写的都是文章的主要内容。我们在阅读这类知识性文章的主体部分的时候,如果是一个自然段一个内容,就要学会编小标题。《西沙群岛》也是一个自然段一个内容。(海面、海底、海滩、岛上)

一个自然段里包含了几个内容的,就要分层次,这样我们就能很容易地弄清楚文章的结构层次。知道海底有动物,有植物,还有矿物,确实是个物产丰富的世界,是人类的大仓库。

《人类的秘密仓库》是用一个什么词来形容物产多的?(无穷无尽)

4. 刚才你们阅读这两篇文章的时候,有没有发现有矛盾的地方?(《海底世界》里说海底有三万种动物;《人类的秘密仓库》里说海底有十五万多种动物。把学生进一步带入探究的情境)

我们平时阅读也会发现这样的问题,两份资料说的同一种事物,数据却不一样。这时,我们就得琢磨,究竟哪个正确?

例如：珠穆朗玛峰,过去认为是 8882 米,现在是 8844.43 米。

启发：老师提供给你们一个材料,《海底世界》这篇课文,20 多年前李老师就教过,上面就说海底有三万种动物,而《人类的秘密仓库》是后来才写的,说有十五万多种,说不定我们今天学习时,人类发现的海洋动物已经超过十五万多种了。

再提醒你们注意：《人类的秘密仓库》中的一句话"由于人类对海洋知识仍然浅薄,还有更多的宝藏……"从这方面,我们是不是可以想到两个数字不一样是怎么回事?

指点：过去发现三万种,后发现有十五万种不是矛盾,而是说明人们正在逐渐认识海洋,这个秘密仓库正在被人们一步步打开。

5. 海底的动物有十五万种之多,还有那么多植物、矿物,怎么来写?(再自学)

指点：写动物,写动物的活动,以"各有各的活动特点"一句引出,列举四种,选最典型的来写。写植物又选什么来写? 自学,划出中心词。

动物：(1) 最慢的。

(2) 最快的。

(3) 倒退的。

(4) 靠外力的。

(结合回答板书：慢、快、退、巴。并随即将海参、梭子鱼、乌贼、章鱼、贝壳的剪纸,一一贴在"海洋"的画面上放录像)

植物：(1) 最小的。

(2) 最大的。

矿物：略写,不再列举。

《人类的秘密仓库》是不是也选取了典型材料?

(1) 最重的。

(2) 最小的。

指点：写文章时不可能把要说明的事物一一列举,包罗万象是行不通的。把最典型的举出来,就可以了。这是最经济的最能说明问题的办法。

6. 海底世界的景色这么奇异,物产这么丰富,学到这儿,我们真想亲自去一趟,亲眼看一下。已经有不少探险家、研究海洋的专家,都到过海底了,还把奇异的景象拍了电影、电视,现在大家来看看。

(放录像：海底世界奇异景象的片段,也可出示一些图片)

小结：海底的景象这么光怪陆离,这么千奇百怪,但是文章写得分门别类、有条有理。

结合上面的板书,给学生提示,如阅读时要注意：

注意头尾,明确全篇。

分段分层,抓住重点。

搞清数字,掌握全貌。

选出典型,了解一般。

7. 朗读课文第四、五、六自然段。

8. 学到这儿,请同学们说一说,海底是怎样的一个世界。

出示句式:

(1) 海底真是一个(　　　)的世界(说一句)。

(2) 海底_____。(说一段)

三、总结

1. 海底是一个景色奇异、物产丰富的世界,是一个生机勃勃的世界,是一个神秘的世界,是一个令人向往的世界。

2. 但是对于海底,人类还没有完全认识它,我们还要想办法打开这个秘密仓库,这需要科学,也需要我们的勇气,《人类的秘密仓库》的最后一段已经告诉我们了。(指名读最后一段)

3. 和同学共同总结,检查效果,通过反馈及时纠正。我们用两节课学了三篇课文。大家学得很认真,通过三篇课文的学习,我们知道了海洋的大,浩瀚无边;海洋的深,深不可测;海里的宝藏,无穷无尽;海里有动物,有植物,也有矿物,是人类的秘密仓库。我们知道了读这类知识性的文章,可以从文章的开头、结尾抓主要特征,了解全文;可以有详有略地读,重要的部分要读得仔细些,无关紧要的,可以跳读;重要部分,要分段、分层弄清主要内容;要抓住典型事例,要列举数据;还可以学习运用自问自答的手法。

四、分层次创造性复述

现在,同学们初步知道了海底是一个什么样的世界,请你们这些海洋研究所的小学生们讲一讲海底世界的奇异景象。有几种形式,任你选择。

1. 你从海底考察回来。

总说　分说　总说

2. 两个人分别报告海底的一种景象。

3. 简要说明海底是怎样的世界。(指名复述)

【板书】

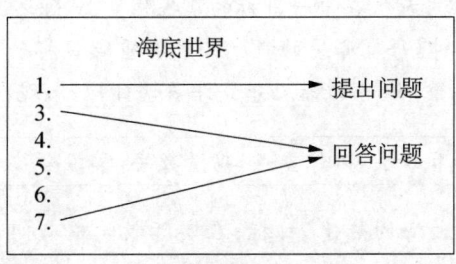

(教学实录源自:吴忠豪主编:《语文教育研究大系(1978—2005)·小学卷》,上海教育

出版社 2007 年版,第 100—106 页。)

　　李吉林是语文情境教学理论的提出者和实践者。该理论在语文教育界有重大影响,曾于 2014 年获基础教育国家级教学成果奖特等奖第一名。从这一理论来评价《海底世界》的教学设计与实施,小学语文教学论专家吴立岗教授作了很好的评论(详见下面的附录)。我之所以选择此例进行再评析,是因为我研究的着眼点不同以往。我想探讨的是为什么我国语文教育界出了与李吉林相似的许许多多著名语文特级教师,而语文始终被批评为"高耗低效"的学科。我用的评价标准是科学取向的教学理论。

　　任何完整单篇课文的课堂教学设计都必须思考和回答三个问题:一是教这篇课文需要达到什么目标? 也就是说,通过这篇课文学习,学生需要习得哪些新知识、技能与情感态度? 二是如何实现教学目标? 回答这个问题的结果是教学过程和方法的设计与实施。三是怎么使人确信,已经实现或在多大程度上已经实现了教学目标? 回答这个问题的结果是教学结果的检测与评价。教学目标决定教学过程和方法以及教学结果的测量与评价。下面我就这三个方面来分析和评价著名特级教师李吉的《海底世界》教学的设计与实施。

　　一、教学目标目标

　　1. 引导学生认识海底世界,获得有关海底的知识,培养学生的探究精神和研究事物的兴趣。

　　2. 激发学生探索大海这一人类秘密仓库的热情。

　　3. 懂得阅读一般科普读物的方法,注意抓文章的首尾,明确要说明的事物的特点,学会按自己的阅读要求,有详有略地阅读说明性应用文,练习概括每一小节的内容,初步懂得通过几个方面说明一个事物的方法。

　　4. 理解"依然"、"窃窃私语"、"蕴藏"等词语,认识设问句。

　　分析或评价一份教案或一堂课的最重要依据是教学目标。首先需要分析教案的目标定位是否合理。分析的依据,一是教育目标或学习结果分类理论;二是学生年级特点、知识准备的情况。依据这两个标准我们来看目标定位情况。目标定位的合理性又要从两方面看:一是学习结果分类;二是每一目标的掌握程度。从学习结果分类来看,该教案 4 个目标暗含的学习结构类型是:知识目标(目标 1,有关海底的知识),情感目标(目标 2,探索海底的热情),阅读科普读物方法(目标 3)和词语、设问句的理解(目标 4);从每一目标的掌握程度来看,按修订的布卢姆认知目标分类,掌握水平包括记忆、理解、运用、分析、评价和创造六级水平。由于该教案诞生年代久远,陈述目标的词语是"获得"、"懂得"、"理解"、"认识"、"学会"、"初步懂得"、"练习"等。这些词语被公认为描述的学习结果是相对含糊的。该份教案在每一目标的掌握程度上,陈述不够明确,尚有改进空间。

　　此外,按"一课一得"的精神,每篇课文的教学必须有重点目标。从目标的陈述和教学过程来看,该教案的重点目标是目标 3。这一目标又分成许多子目标,表现在总结性板书中:

　　注意头尾,明确全篇;分节分层,抓住重点;搞清数字,掌握全貌;选取典型,了解一般

　　该教案有"激发学生探索大海的热情"目标;在实际教学中有朗读目标。因为它们不是教学的重点,这里不做分析。教案的重点是学习阅读科普文章(说明文)的方法。方法的学习可以区分两种水平:陈述性知识水平(简称知识水平)和程序性知识水平(简称技能水平)。

二、教学过程和方法

教学过程和方法是为教学目标服务的。因为字、词、朗读和情感不是本课的教学重点,而且在教学方法上争议少。这里不分析针对这些目标的教学过程和方法。这里侧重分析针对第三个目标的教学过程和方法。

目标3的学习内容可以概括为如下4个要点:

1. 注意开头、结尾,抓主要特征,了解全文;

2. 有详有略地读,重要部分读得仔细,无关紧要的可以跳读;

3. 重要部分,分节、分层,弄清主要内容;

4. 要抓住典型事例,还要注意数据。

这4项内容包含若干概念和规则,也就是规律性知识。教师在目标陈述中运用了"懂得"与"初步懂得"两个词语。下面我们就来看教师是怎样帮助学生"懂得"与"初步懂得"上述阅读方法的。

(一)关于"注意抓开头、结尾的"的教学

在范读课文之后,教师告诉学生课文的结构特征:

第一自然段提出问题;第二至七自然段回答问题;第七自然段总结:"景色奇异,物产丰富"(板书)启发学生联系先前学习过的类似课文《富饶的西沙群岛》,加深他们对课文的"总—分—总"结构的理解。由于文章结构基本上是教师告诉学生的,这里用的方法是"规—例"法。因为在教师呈现规则时,做到规则与例子密切联系,所以学生达到"初步理解"的目标是可能的。

(二)关于"有详有略地阅读"的教学方法

为了进一步了解黑暗的深水中为什么会出现点点星光,教师指导学生阅读补充材料《海底的冷灯》,结合阅读该文,教师指导学生阅读方法:根据阅读目的——"知道海底深水的鱼为什么会发光"——有详有略地阅读,这也是用"规—例"法来教规则。由于结合了学生的实际运用,所以学生能够理解。

(三)关于"重要部分,分节、分层弄清主要内容"的教学

怎么知道学生能够"分节、分层弄清主要内容"呢?表明这种能力的学生行为表现是能正确概括文章的自然段段意。

相对于其他3个目标,此目标的教学设计难度最大,原因是概括自然段段意的能力不是单项知识和能力,而是一种综合能力,下面我们看教案中,这一目标是怎样实现的?从这篇课文两课时教学的全过程和方法来看,为了实现这一目标,教师采用了如下步骤与相应的方法:

第一步,根据情境教学理论,在阅读课文前,为学生提供补充阅读材料,丰富课文的背景知识。

第二步,整体快速阅读课文,教师帮助学生理清课文结构:即"提出问题,从几方面回答,最后总结"。要求学生带着这样的框架分段阅读,理解每一自然段的内容。

第三步,分段阅读指导,讲读第一至第三自然段。

在讲读中,老师注意使本课与相关补充资料相联系,注意创设情景,如出示蓝色大海图、演示潜水员潜入深水的形象和深水鱼发出的声音,引导学生参与教学活动,同时结合进行词语教学和句子附加成分变化的教学,最后教师小结第一至第三自然段主要内容。

讲读第四至第六自然段(第二课时)

通过将本篇课文与补充阅读材料《人类的秘密仓库》和先前学过的课文《富饶的西沙群岛》的比较阅读,学生发现,本篇课文第四至第六自然段分别写动物、植物和矿物,而《海底的秘密仓库》一大段同时写了动物、植物和矿物;《富饶的西沙群岛》每一个自然段分别写海面、海底、海滩和岛上。教师告诉学生一个自然段写一个内容的,要学会编小标题,一个自然段有几个内容的要学会分层。但是如何学会编小标题和分层,教案未把它们作为目标,所以也未展开教学。

(四)关于抓典型事例和注意数字的教学

关于抓典型事例,教学中教师指导学生理解课文作者如何选择典型的有代表性的事物来说明概括的结论。教学中前后列举了三个例子:(1)本篇课文写动物的活动,以"各有各的活动方法"引出,然后列举四种最典型的动物:最慢的、最快的、倒退的和靠外力的;(2)本篇课文写植物,选最小的、最大的;(3)《人类秘密仓库》写动物:选最重的、最小的。关于"注意数字"的教学。这不是本课教学的重点,教学中可以一带而过。

三、目标是否达到

当前有两种教学主张。有些建构主义者主张,知识是学生自主建构的,每个学生建构的知识不可能相同,所以不要预设目标。目标要在教学过程中生成。另一种理论认为教学是一种目标导向的师生活动。活动前必须有明确、具体、可以测量的目标。目标对教学过程、师生活动起导向作用。师生活动之后,学生的学习结果如何,教师要通过形成性和总结性测量,对照目标评估教学效果。对单篇课文或单节课的教学来说,测量和评估是形成性的。

日常教学效果的评估不一定进行正式的测验,可从教学中安排的练习来推测。该教案虽无正式测验,但在课的最后安排了练习:要求学生讲一讲,海底是怎样的一个世界。要求学生任选一种方式复述(分层次创造性复述):

(1)你从海底考察回来。

总说 分说 总结

(2)两个人在海底报告海底的一种景象。

(3)简要地说明海底是怎样的世界。

这个练习的三个选项集中在课文内容的记忆与理解。第一个选项涉及"总—分—总"的结构,但这不是本课的重点。

四、向著名特级教师学习什么

李吉林老师是江苏省著名小学语文特级教师,也是全国知名的小学语文教师。她的教学有科学性一面,也有艺术性一面。科学的东西是符合规律的,可重复的,而且是可以推广的。所以我们应学习和推广李吉林老师的语文教学经验中符合科学规律、而且是可以操作的那些方面。李吉林老师从她设计的无数教案中挑选《海底世界》一课作为"典型课例"。本文分三部分分别就教学目标、教学过程与方法、教学结果测评的设计与实施情况做了分析。

从现代科学的学习论和基于学习科学的教学论以及教学设计的观点来看,我们认为,体现在《海底世界》教学设计中的如下思想是值得学习和推广的。

(一)目标导向教学的思想

该教案预先设置了4个教学目标,而且目标是分领域和分层次的。分领域指目标涉及情感和认知两个领域;分层次指在认知领域的目标有比较简单的词语目标和课文内容知识目标,也有高级和复杂的阅读一般科普读物的目标。

在整个教学过程中,师、生的一切活动都紧紧围绕上述4个目标,而且突出高级的与复杂的目标教学。课堂上最后的练习检测了部分目标的达成情况。目标起到了指导学生的学、教师的教和教学效果的评估工作。这一思想是可以学习和推广的,而且是任何有效教学都必须遵循的规律。

(二) 通过教知识来教能力

学生习得的能力来自广义的知识。这是一条不可违背的规律。与许多学者强调能力,淡化知识,甚至贬低知识的观点相反,该教案把要教的阅读方法归纳为几个要点和作为学习结论明明白白告诉学生。所用的教学方法主要是"规—例"法。这充分体现叶圣陶先生把课文作为例子的理念。因为一个例子不易体现若干规律(或规则),教学中同时选用三篇文体相同、内容相似、写法相近的课文,让学生体会规则与例子之间的关系,符合"举三反一"的教学原则。

(三) "情"与"境"的适当运用

"情"在李吉林老师的"情境教学理论"中,指重视"情感的作用";"境"指教学中利用生活经验创设生动的情境,让学生在真实的和模拟的情境中生动活泼地学习。在该教案中这一思想有充分体现。我们认为,这是教好语文的必要条件,也是大多数语文老师知道而且在那里认真实践的。在吴立岗老师的课例评议中,这一点说得很具体(详见附录)。

如果说,这个教案的设计比较好地体现了"情境教学理论"的思想,那是对的。但单用情境教学理论来指导语文教学,是有局限性的。因为该理论能较好地解释课文内容知识(此处是有关海底的知识)的学习和语文知识(阅读一般科普读物的方法)的学习,但是难以解释语文技能是怎么形成的。技能又分动作技能、一般智慧技能和特殊智慧技能。《海底世界》所教的"阅读一般科普读物的方法"属于特殊智慧技能(即属于学习策略范畴)。通过若干篇类似课文的例子,方法被教到"初步懂得"的程度(陈述性知识)是可以做到的。但是从"初步懂得"方法到方法支配个体的认知行为,情境教学理论缺乏解释力。

(皮连生)

附录: 小学语文教学论专家吴立岗的 "课例评议"

著名特级教师李吉林的三年级拓展阅读综合课《海底世界》的教案,虽然是多年前设计的,但今天读来,我认为它仍然是将工具性与人文性有机结合的,难得一见的优秀教案,可供广大小学语文教师借鉴。

这份教案对我们的启示有以下几点。

1. 小学语文科不仅要强调工具性,而且要强调认识性(即知识性)和发展性。苏联著名教育家赞科夫认为,传统语文教学的一个重大缺陷是教学内容极其贫乏,给予学生的知识十分狭窄。学生对周围事物的观察又显得很少,很肤浅,头脑里很空虚。如果用极其贫乏的材料进行抽象的字、词、句、篇的训练,只能增强学生的机械识记能力,而对他们智力的全面发展毫无益处。因此他竭力主张扩大学生的视野,让他们广泛汲取各种各样的知识。我想,当前强调的语文课程的人文性,正体现了我国素质教育的普遍性要求。人文性不仅涵盖思想性、文化性、审美性,也涵盖知识性、发展性和创造性。李吉林老师充分估计了学生的学习潜力,在设计拓展阅读课时以《海底世界》为范读课文,同时补充了《海底的冷灯》和《人类的秘密仓库》两篇自学文章,以加深认识"海底的星光"和"海地无穷无尽的资源",这就能有效地帮助学生获得海底知识,培养学生的探究精神和研究事物的兴趣,激发学生探索大海这一人类秘密仓库的热情,同时为学生进行有关的语言文字训练准备了丰富的素材。这种对教材的组织所具有的创造性,完全符合课程标准的要求。

2. 语文的阅读教学应以培养阅读方法和养成阅读习惯为主线。应该说,课程标准对小学各学段的阅读教学提出了全面而具体的要求。但是我认为,为了将众多目标落到实处,必须梳理出一条主线,或者说找到一个"抓手",让教师们好懂好记,便于操作。这个"抓手"必须体现小学语文课的基础性,体现三维目标的综合性,体现语文学科是最重要的交际工具这一本质特点。叶圣陶先生说:"阅读教学之目的,我认为首在养成读书之良好习惯。"又说:"第一,必须讲求方法。怎样阅读才可以明白通晓,摄其精英,怎样写作才可以清楚畅达,表其情意,都得让学生们心知其故。第二,必须使种种方法成为学生终身以之的习惯。因为阅读与写作都是习惯方面的事情,仅仅心知其故,而习惯没有养成,还是不济事的。"《海底世界》这一组课文是科普读物。李吉林老师在设计教案时,抓住课文写作特点,采取"开头启发"、"中间点拨"、"最后归纳"的教法,引导学生养成自学科普读物的方法和习惯。教学语言环绕主线,简洁明快。这样做,通过两节课,学生就能比较熟练地掌握阅读一般科普读物的方法:(1)注意抓住文章的首尾,明确被说明事物的主要特点;(2)按自己的阅读要求,练习概括文章每一段或每一层次的内容,有详有略地阅读;(3)初步懂得运用数字或典型描写,从几个方面说明一个事物的方法。如果广大语文教师都能像李老师那样,在小学的每个学段都有重点地进行学习方法的指导和训练,那么广大小学生就能循序渐进地形成各种语文学习的习惯。

3. 要根据课文特点灵活运用阅读教学模式。众所周知,阅读教学的基本模式包括这样几个阶段:(1)创设情境,自读自悟;(2)读读议议,披文入情;(3)质疑问难,合作探究;(4)联系生活,积累运用。但这只是一般形式,是一种"常式",而不是一成不变的僵化程序。张志公先生曾说过:"好的模式同科学方法有联系,它体现着一定的规律性。我们要善于运用模式,这就是既掌握模式的基本精神,又不拘泥于模式,根据教材和学生的实际活用模式。"眼下有一种倾向,就是不少教师为了突出语文课的人文性,不论教什么课文,都将"常式"改造为感悟型的教学模式,其教学结构大致如下:(1)感悟准备阶段(唤起情结,激发兴趣);(2)感悟阶段(读懂课文,整体感知;创设情境,引发内心体验;适当补充,丰富内心体验);(3)感悟形成阶段(联系生活,巩固内心体验)。我认为,文学性较强的课文,比如古诗词和儿童诗歌(这几类课文在阅读教材中占很大比例),应以培养学生审美体验能力为重点,阅读课运用感悟型教学模式是适宜的。但是,常识性课文、说理性较强的文艺性课文、寓言故事等,则应以培养学生提出问题、分析问题和解决问题的能力为重点,阅读课宜将"常式"改造为问题引导型教学模式。大家知道,李吉林老师是首创"情境教学"的一代宗师,是运用感悟型教学模式的楷模。但她设计《海底世界》这一组课文的教学,却主要运用了问题引导型教学模式。她始终在创设问题情境,引导学生自学《海底的冷灯》、《人类的秘密仓库》,范读《海底世界》。例如:"同学们,大家都知道我们祖国的土地很大。如果把全世界各国的土地合起来,那就大极了。你们可知道,地球上有没有什么地方比全世界的陆地还要大?"《海底世界》一开始就问"你可知道,大海深处是什么样的吗""这个问题,课文用几段来回答?"阅读《海底的冷灯》,"你们要解决的是:海底的星光是什么?深水鱼为什么要发光?能力强的同学还可以自己注意一下深水鱼是怎么发光的?""通过上一课的学习,我们仿佛看到漆黑的海底星光闪烁,仿佛听到各种奇妙的声音……学到这里,你们又应该思考什么问题?""刚才你们阅读这两篇文章的时候,有没有发现有矛盾的地方?"等等。这一组课文的教学结构大致是:(1)设疑启情,激发动机;(2)自读自悟,分析问题;(3)讨论交流,解决问题;(4)师生小结,揭示思路。就是沿着这样的教学程序,李老师让学生知道海洋的大,浩瀚无边;海洋的深,深不可测;海洋的宝藏,无穷无尽;海里有动物,有植物,也有矿物,是人类的秘密仓库。李老师将海洋知识教育,学习方法培养和语言文字训练有机地结合在一起。可以说这份教案是运用问题引导型教学模式的一个典范。

4. **语文课的阅读教学必须重视学生语感的积淀和运用。**根据课程标准的要求,形成良好的语感是阅读教学的一项特有的任务,也是一项重点任务。从阅读教学的现状来看,大多数教师比较注重学生的情感体验,注重让学生有丰富的语言积累,但对学生的语感训练尚未落到实处。所谓语感,是在长期规范的语言阅读、分析和运用中形成的对语言比较直觉的感知、领悟和把握。语感的内涵极为丰富,一般认为它主要包含形象感、意蕴感、情味感和畅达感。语感是语言文学能力和语文人文素养的完美结合。语感又分为词感、句感和篇感。对小学生来说,重点是形成词感和句感。李吉林老师训练学生语感的教学设计是独具匠心的。例如在学习"海底是否一点声音没有"一段时,她先模拟深水鱼轻声发出"嗡嗡"、"啾啾"、"汪汪"和"呼噜"声,然后问学生:"听到了吗?"估计学生会提出"老师为什么不大声点"的意见后,她就因势利导培养学生对"窃窃私语"一词的形象感、意蕴感和富有神秘色彩的情味感进行体会。接着,她又出示板书,让学生对比读。

通过比较,学生会感到用了"……像……一样"句式,就使大家仿佛真的听到一样,更觉海底世界的奇妙,从而形成相应的句感。

形象感的形成是语感形成的基础。为了使学生形成词感和句感,李吉林老师在教案中多处运用语言和教具创设情境,引导学生"身临其境",形成有关词、句的直观形象。例如教案中有一处李老师这样描述:海面上波涛澎湃,海底依然很宁静,李老师是海洋研究所的所长,你们是研究员,为了研究一个事物,常常需要实地考察。今天我们起得特别早,来到大海边。为了研究海底世界,让我们潜入大海。现在请你们穿上潜水衣到海底去。(在画面上添上潜水员的剪纸,慢慢往大海的深处移动)我们潜入海下一百米,还比较亮;两百米不那么亮了;三百米开始暗了;四百米更暗了;五百米以下,全黑了。这时你们发现了什么?请报告。(学生会报告:所长,我们在五百米以下的深海发现点点星光。或者:我们在黑暗的深海里,

发现许多光点，像闪烁的星星）

　　为了使学生将初步形成的语感积淀下来、运用起来，李老师还在教案中设计了多次口头语言训练。例如，在自学讨论《海底世界》第四、五、六段后，李老师出示了两个说话训练的题目，在课文学习总结后，李老师又设计了创造性复述的训练。

　　综上所述，李吉林老师的这份教案，根据教材和学生的特点，采取创设问题情境的教学模式，以扩大有关海底知识的视野为基础，以培养阅读方法和习惯为主线，以语感教育为重点，将语文课的工具性与人文性和谐地结合起来，目标明确，思路清晰，求真务实，合理高效，是阅读课教案的一个典范。[①]

附文：

海底的冷灯

　　在海中夜航，要是你注意的话，在漆黑的海面上，突然会看到游来一条火龙，或是一座彩碑，有时像一行亮堂堂的火炬。这些灯火是海中的一些动物点起来的。在深深的大海中这种点灯的动物很多。

　　有一种灯笼鱼，相貌丑陋，大大的嘴巴，尖尖的牙齿，全身都点着红绿灯笼。有一种提灯安康鱼，宽宽扁扁的身段，大眼睛生在头顶，头上长着一根能伸缩的"钓鱼竿"，末端发出很亮的灯光，腹部有一排排的灯笼。还有满身星光的乌贼和水母。夜航中所看到的灯火，就是它们在海面活动时发出来的灯光。

　　在五百米以下的深海里，那儿整年是一片漆黑。这些动物虽然有眼睛，但什么也看不见，那么，它们怎么能吃东西、找同伴、逃避敌人呢？

　　它们也很聪明，跟人们一样，在夜里，点起灯笼火把来。小动物看到灯光，就被吸引过来当了它们的点心；它们有了灯光，就能寻找和邀请自己的伙伴；凶猛的敌人看见了也不敢轻易侵袭它们了。

　　其实，这些海底动物并不是真正有什么灯笼火把，而是在它们身上具有特别的发光器官罢了。这些发光器官就分布在它们的头上，腹部和眼睛周围，这样，它们活动起来就很方便了。

　　发光器官是由很多能发光的细胞组成的，这些细胞同吸进来的氧气接触经过变化就发出光来了。

　　有些动物，例如海虾，没有这样的发光器官，它只得跟一些发光细菌合作，自己慷慨地让出肠子和胃里的一些地方，给发光细菌居住，招待它们吃喝，以便借细菌的光来寻食、找同伴和威吓敌人。发光细菌有地方住，又不被敌人威吓，也乐于给海虾点灯。它们就这样相互依

① 选自吴忠豪主编：《语文教育研究大系（1978—2005）·小学卷》，上海教育出版社 2007 年版，第 107—109 页。

靠,共同生存。

但是,这些灯光,只发光,不发热,所以人们把它叫做海里的"冷灯"。现在人们用的那种又亮又便宜又不刺眼的灯管,就是根据"冷灯的"的发光原理制出来的,它叫"荧光灯"。

人类的秘密仓库

小朋友们,如果我说"我们住着的陆地是很广大的"这句话,你们听了不会反对吧:地球上的陆地,的确广大。如果要爬山越岭,经平原,过沙漠,走遍七大洲的每一处地方,那不知要花多少年才能走得完呢!

不过,朋友,你们可知道,地球上还有比陆地更辽阔的地区吗?告诉你们:那就是大海洋。陆地虽然这么大,但还占不到地球总面积的三分之一,而海洋呢?却占了三分之二还多一些。总是说海洋的总面积,相当于陆地面积的两倍以上。海洋不但非常辽阔,而且深得惊人,最深的地方,就是把世界最高的珠穆朗玛峰整座放下去,它的山顶也会被海水完全淹没!

就在这浩瀚无边和深不可测的大海里面,蕴藏着无穷无尽的动物、植物、矿物和其他资源,仅仅是目前已经发现的海洋动物,从身长三十多尺,体重一百二十吨以上的鲸,直到小得要用显微镜才能看得出的浮游动物,就多达十五万多种。那数不清的鱼、虾、蟹、蚌,都是营养丰富、鲜美可口的食物。藻类等海洋植物在一万多种以上,其中很多含有丰富的脂肪。蛋白质和人体不可缺少的维生素,可作优良食物或制成珍贵的药品。在海底深处,更重要的宝藏,是人们已找到了丰富的石油啊!所有这一切,只不过是这伟大的人类秘密仓库中一部分的财富。由于人类对海洋知识仍然浅薄,还有更多的宝藏,蕴藏在海底深处,等待着人们去开发呢!

在弱者的眼睛里,那波涛汹涌的大海是可怕的。可是快速增长的人口,是多么需要一大批具有才智的勇士,运用科学知识的金钥匙去开启这个令人憧憬而神秘的仓库啊!小朋友,立下大志,加紧学习,准备做一个征服大海的勇士吧!

案例四:《桂林山水》

执教教师: 广州市花都区新华街棠澍小学 吴 欣 执教年级: 四年级

【教学目标】

1. 能认识"澜、瑕、翡、峦"8个生字,能正确书写"澜、瑕、攀、峦、泰"11个生字。

2. 能正确读写并解释"玩赏、无瑕、扩散、攀登、泰山"等词语。

3. 能正确、流利、有感情地朗读课文,背诵全文。

4. 能用文中的词语概括桂林山水的特点。

5. 能识别排比句,并说出其表达效果。

6. 能根据具体情境,用先概括特点后具体描写的排比句式写一段话。

一、将"课时目标"放进"两维目标分类框架表"中分析

教学内容(知识维度)	掌握水平(认知过程维度)					
	记忆	理解	运用	分析	评价	创造
拼音						
字	目标1					
词		目标2				
句子						
标点						
朗读、背诵	目标2	目标1				
标题、体裁						
写作背景						
课文结构						
课文内容 (含价值观)		目标3				
表达技巧		目标4	目标5			

（注：表中分三个区域，用不同阴影加以区分：无色区表示学习的结果是知识；浅阴影区表示学习的结果是基本技能；深阴影区表示学习的结果是高级技能）

二、学习类型及学习条件分析

目标1：属于基本技能。对字词等语文基本技能的掌握达到记忆、理解水平，在朗读中加深对课文内容的理解。条件是学生能把课文读得正确、流利。

目标2：属于基本技能。读懂文字中蕴含的意思，学习条件是学生具有一定阅读理解能力和生活积累，用普通话正确、流利、有感情地朗读，具有发音、停顿、重音、语调、速度等几个方面的朗读技巧。

目标3：属于高级技能。通过阅读对课文内容的掌握达到理解和记忆水平，属于综合能力学习。其学习条件是：(1)具有与课文内容相关的知识；(2)运用字、词、句的基本技能；(3)文章段落、结构图式。

目标4：属于排比句写作规则的理解。

目标5：属于排比句写作规则的运用。条件是学生能懂得排比句写作规则，以及具有类似的生活体验的语言积累。

第一课时

【教学目标】完成目标1—3。

【教学准备】PPT

【教学过程】

教学环节与内容	师生互动的方式、方法和效果 (教学过程)	评析
一、揭题，激趣	1. 激情导入 同学们，我们的祖国山河壮美，风景秀丽，不少文人墨客游览过这些风景名胜后都会留下一些赞美的诗句。(出示描写祖国壮丽山河的诗句，学生诵读) 今天，老师就和你们一起去观赏桂林山水，去领略它独特的美。 2. 揭示课题 过渡："甲天下"的桂林山水，究竟有什么特别之处呢?	
二、资料汇报	1. 自学要求： (1) 读准生字、新词。 (2) 读通课文，难读的句子多读几遍。 (3) 遇到不理解的字词查字典，或与同桌讨论。 2. 学生充分朗读课文，把课文读通顺。 3. 交流，学习词语。(正音，指导重点字形) 无瑕(xiá)　攀(pān)登　骆驼(tuo) 连绵不断　罗列　屏(píng)障　泰山 怪石嶙(lín)峋(xún)　波澜(lán)壮阔 峰峦(luán)雄伟　危峰兀(wù)立 (教师指导学生书写生字) 4. 分段读课文，理解下列词语。 "连绵不断"：联系上下文理解。指山脉、河流连接不断。 "波澜壮阔"：查字典。原形容水面辽阔。现比喻声势雄壮或规模巨大。 "危峰兀立"：看图片，举例。高高的山峰直挺挺地耸立着。危：高，兀：高高突起。 "怪石嶙峋"：查字典，举例。奇形怪状的石头，重重叠叠的样子。	
三、概括大意	1. 概括段意 第一段(第一自然段)：《桂林山水》先以"桂林山水甲天下"为总起句，概括了桂林山水的景色堪称天下第一。 第二段(第二至三自然段)：具体写了漓江的水静、清、绿和桂林的山奇、秀、险的特点。 第三段(第四自然段)讲桂林的山水美。以"舟行碧波上，人在画中游"一句总结全文，充分表达了作者情感。 2. 梳理结构 《桂林山水》是一篇游记，请自由默读课文，理出这篇课文的结构。(这篇文章可分三段，是典型的"总—分—总"结构。)	学生揣摩优美的语句，体会课文表达上的特点，体会一点，就在阅读思维导图上记录一点，学习到一处作者抒发情感的方法，就在阅读思维导图上记录一处。
四、学习新课	学习课文第一段。 师：课文是怎样评价桂林山水的? "桂林山水甲天下"。"甲"是第一的意思；"甲天下"是"天下第一"；这句话的意思是桂林山水的美天下第一。交待了作者荡舟漓江的原因，表达了作者向往桂林山水的迫切心情，起到了统领全篇，引出下文的作用。	
五、布置作业	1. 抄写词语。 2. 朗读课文。	

第二课时

【教学目标】完成目标 4—5。

【教学准备】PPT

【教学过程】

教学环节 与内容	师生互动的方式、方法和效果 （教学过程）	评析
一、复习导入， 自读自悟	1. 复习 师：同学们，上节课我们整体了解了全文，知道了桂林山水的特点，桂林山水有什么特点呢？ 生：（桂林的水：静、清、绿；桂林的山：奇、秀、险） 2. 自读自悟 师：这节课，我们重点了解作者笔下的桂林山与水的特点，学习陈淼老师是怎么把桂林山水独特之美这种特点写具体的。	通过思维导图的展示，引导学生整体回顾文章的主要内容，深入理解课题，引导阅读期待，并明确本课的学习目标。
二、细读品味	（一）自读自悟 师：请根据学习提示，默读课文第二至三自然段，再以小组为单位，自由选择其中一段进行重点学习。（联系上下文、结合课外知识和生活实际），我从中感受到了桂林山水_____的特点。 （二）学习第二自然段 漓江的水真静啊，静得让你感觉不到它在流动；漓江的真清啊，清得可以看见江底的沙石；漓江的水真绿啊，绿得仿佛那是一块无瑕的翡翠。 1. 自由读课文，思考：这段共几句话？每句话在写什么？漓江水有什么特点？ （教师指导理解：共3句话分别写出漓江水的"静、清、绿"） 2. 体会作者如何描写漓江水的特点的。 （1）引导。抓住"让你感觉不到它在流动"，从感觉上突出了漓江水的"静"。不仅写出了漓江水"静"的特点，还让我们对于这种"静"具体可感。 （2）交流。抓住"可以看见江底的沙石"、"仿佛那是一块无瑕的翡翠"等词体会漓江水的清和绿。 特点之二"清"：课文具体抓住"可以看见江底的沙石"，从视觉上突出了漓江水的"清"；特点之三"绿"：课文具体抓住"仿佛那是一块无瑕的翡翠"这一形象的比喻，突出了漓江水的"绿"和"纯"。从感觉、视觉两个角度以及比喻手法，准确而鲜明地渲染了这漓江水的"静"、"清"、"绿"三个特点。 （3）指导朗读，生评价。 生评价：这位同学读得真美！我感觉自己仿佛来到了桂林，来到漓江前。 （4）出示图，感受漓江水的独特之美，再次指导朗读。 （三）学习第三自然段 桂林的山真奇呀，像老人，像巨象，像骆驼，奇峰罗列，形态万千；桂林的山真秀哇，像翠屏，像芙蓉，像玉笋，重峦叠彩，绮丽清秀；桂林的山真险哪，危峰兀立，怪石嶙峋，好像一不小心，它就会栽倒下来似的。 1. 自由读课文，思考：这段共几句话？每句话在写什么？桂林山有什么特点？	采用了开放式学习方式，学生利用教师提供的学习方法自主探究，在小组合作中拓展学生思维空间的同时领悟文章的表达方法。 在积累感悟语言的同时学会运用语言。

教学环节 与内容	师生互动的方式、方法和效果 （教学过程）	评析
	（教师指导理解：共 3 句话分别写出桂林山的"奇、秀、险"） 2. 体会作者如何描写桂林水的特点的。 （1）引导。抓住"像老人，像巨象，像骆驼"，"奇峰罗列，形态万千"体会。 教师指导：除了像老人、像巨象、像骆驼，还应该激发学生想象补充介绍，有的 像背着娃娃的妇女，有的像好斗的公鸡，有的像下山的猛虎……桂林的山真 是各有各的样子，形态万千、目不暇接。 （2）相机交流。抓住"像翠绿的屏障"、"像新生的竹笋"、"危峰兀立"、"怪石嶙 峋"、"好像一不小心就会栽下来"等词体会桂林山的奇和险。 特点之二"秀"：课文具体用了两处比喻手法"像翠绿的屏障"、"像新生的竹 笋"生动形象的描写桂林山的郁郁葱葱、色彩鲜明的特点。特点之三"险"：课 文具体抓住"危峰兀立"、"怪石嶙峋"等词语，并用"好像一不小心就会栽下 来"的感觉描写，体会山势之险。 （3）指导朗读，生评价。 （4）出示图，感受桂林山的独特之美，再次指导朗读。 小结：每个分句都是通过丰富的想象，使用了恰当的比喻，从山形、山色、山势 进行了具体的描写，使得桂林山的"奇、秀、险"更加形象鲜明，具体可感。 （四）出示句子，发现特点。 1. 下面谁能说说两组句子的特点？ 教师引导：前半个短句是概括特点，那我们可以说它是总起句；后半句写得详 细，是分述句。 【板书】 　　　　总分结构：总起句（概括）＋分述句（详细） 过渡：请大家自由朗读这个段落，思考这个段落是怎么具体写的。 （五）句子结构的学习 1. 这两组句子除了语言具体、抓住了特点之外，在句子结构上还有什么特点？ 学生交流：我们发现分述的几个句子的特点是排比句式。这里写漓江的美， 连用"漓江的水真……；漓江的水真……；漓江的水真……"三个相同句式。 2. 排比句式的构段，这样写有什么好处吗？ （1）学生谈感受。 （2）师总结。 运用排比句写景的好处有：具有结构美，能增强气势，层次清楚，节奏感强。 可以将景物描写得细致入微，生动细腻。 3. 举三反一： （1）这是真正的荷兰，四周全是丝绒般的碧绿的草原和黑白两色的花牛，成群 的牛羊安闲地吃着草；这是真正的荷兰，在碧绿色的低地间镶嵌一条条运河；这 是真正的荷兰，夜色降临，一切都平静下来，远处的灯塔在闪烁着微弱的光芒。 　　　　　　　　　　　　　　　　　　　　——《牧场之国》 （2）黄山的云雾真白啊，白得就像是一匹匹轻纱；黄山的云雾真长啊，就像是 一张大幕把整个天地都笼罩起来似的，白茫茫的一片。黄山的云雾真奇啊， 每当日出之前，山谷中就雾起云腾，铺天盖地而来，偶尔来一阵风，云雾翻滚， 变化万千。 　　　　　　　　　　　　　　　　　　　　——《黄山》 4. 教师出示构段特点： （1）构段："总—分"结构； （2）句式：排比句式。 教师总结：桂林山水、黄山云雾、牧场之国的描写，都因其总—分结构让我们 感觉到文字规整简练，层次分明；又因其丰富的想象排比，让我们充分领略到 景物的神奇秀美。	

教学环节 与内容	师生互动的方式、方法和效果 (教学过程)	评析
三、拓展迁移,写法运用	(一)牛刀小试 出示棠树小学校园一角图片,选择自己喜欢的景物,用相同的句式写学写一段话。 (出示例子) (总)走进棠树小学的花坛,我简直不敢相信自己的眼睛,像在做梦! (分)这里的花真多啊!多得如天上的繁星; 这里的花真美啊!美得像一张张灿烂的笑脸; 这里的花真香啊!香得仿佛让你走进了香水世界。 难怪许多学生在这里拍照,还有一些学生也在这里画个不停呢。 师:你也可以选择竹林、课室、操场等校园一角。来写出它的美丽。 　　(出示) (总)走进_____,我简直不敢相信自己的眼睛,像在做梦! (分)这里的_____,_____; 这里的_____,_____; (二)分享交流 小组或全班交流、评议。 (三)总结 采用"总一分"结构,使得文章的层次更清楚,表达更具体形象。在此基础上,运用排比来构段,不仅将景物描写得更加细致入微,更增强了文章的气势,节奏感强,朗朗上口。这些都是我们平时写好作文的法宝。	教师引导学生比较的正反例子,在比较中进一步辨别。 1. 学生运用学到的阅读方法自主学习类似的文章片段,通过比较,体会不同作者抓住景物特点进行描写的方法。 2. 引领学生发现问题比解决问题更重要。此设计重在指导学生对课文表达方式继续深入思考,并进一步体会这种句式的特点,体会排比句子的妙用。由课内到课外,设计视野比较开阔,内容比较灵活,训练比较到位。
四、总结	1. 学生谈收获:学生自由畅谈本节课收获或者体会,可以是快乐也可以是遗憾,对自己的学习做一个简单梳理。 2. 教师总结。	
五、作业超市	选择自己喜欢的作业: 1. 运用学到的描写桂林山水的写法写一处你喜欢的景物; 2. 拓展阅读:《黄山》《桂林山水歌》 3. 熟读最喜欢的段落,再背诵下来。	

【板书】

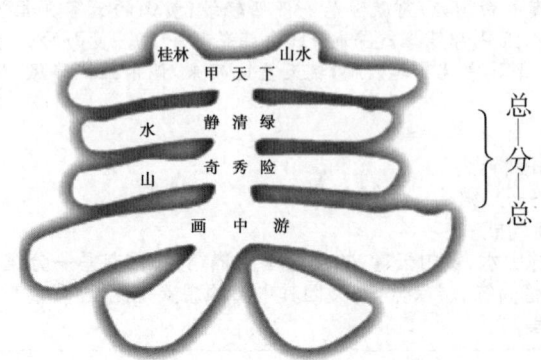

【检测】

1. 选择自己喜欢的棠树小学校园一角，用相同的句式写一段话。

走进棠树小学，我简直不敢相信自己的眼睛，像在做梦！

这里的花真多啊！＿＿＿＿＿＿＿＿＿＿＿＿＿＿＿＿＿＿＿＿＿＿＿＿＿；

这里的花真＿＿＿＿，＿＿＿＿＿＿＿＿＿＿＿＿＿＿＿＿＿＿＿＿＿＿；

这里的花真＿＿＿＿，＿＿＿＿＿＿＿＿＿＿＿＿＿＿＿＿＿＿＿＿＿＿。

难怪许多学生在这里拍照，还有一些学生也在这里画个不停呢。

提示：你也可以选择竹林、课室、操场等校园一角。

（总）走进＿＿＿＿＿，我简直不敢相信自己的眼睛，像在做梦！

（分）这里的＿＿＿＿，＿＿＿＿＿＿＿＿＿＿＿＿＿＿＿＿＿＿＿＿＿；

这里的＿＿＿＿，＿＿＿＿＿＿＿＿＿＿＿＿＿＿＿＿＿＿＿＿＿＿＿；

这里的＿＿＿＿，＿＿＿＿＿＿＿＿＿＿＿＿＿＿＿＿＿＿＿＿＿＿＿。

难怪许多学生在这里拍照，还有一些学生也在这里画画呢。

评 析

在单篇课文教学中如何实现"一课一得"，《富饶的西沙群岛》与《桂林山水》两篇课文的知识点都抓得准，既反映了课文的特点，又适合学生年级需要：三年级练习"总—分"构段技能；四年级练习写作排比句（修辞手法之一）技能。把知识点作为能力训练点，实现能力训练目标，必须遵循陈述性知识习得规律和陈述性知识转化为程序性知识（即广义的技能）的学习规律，以及相应的教学规律。这也就是"六步三段"教学过程模型所反映的规律。排比句式的教学基本符合这一模型。

"六步三段"教学过程	对应的排比句教学步骤
1. 引起注意与告知教学目标 2. 复习或激活原有相关知识	与本课中的"复习导入"大致对应
3. 呈现精心组织的新信息	与"细读品味课文的第二至三自然段"对应
4. 新旧知识相互作用，获得新知识 （以上四步为新知识习得阶段）	与"总结、发现规律"大致对应
5. 变式练习（知识向技能转化阶段）	与"写法运用"大致对应
6. 技能在新情境中迁移、运用阶段	与"创设情境，学生练写片段"大致对应

单篇课文教学突出"一课一得"，效果立竿见影。原因是什么？同朗读指导一样，也是正确分析教学任务的结果。传统语文教学理论无法解释这类技能的学习的性质及其学习规律。结果学生习得了知识（即陈述性知识），但知识未转化为技能。反过来，由于觉得教师不会将语文知识教

成学生的语文技能,在2001年开始的新课程改革中,课程专家干脆取消语文教材的语法修辞知识。正如温儒敏教授指出:"结果教学梯度被打乱,必要的语文知识学习和能力训练得不到落实。有时课上得满天飞,可就是没有把得住的'干货'。"新推出的"部编本"语文教材"重视语文核心素养,重建语文知识体系",而且希望努力做到"一课一得"。如果语文教学理论不更新,教师培训手段未跟上,教师仍然可能重走"题海战术、反复操练"的应试教育的老路。

案例五:《鱼游到了纸上》

执教教师: 广州市花都区风神实验小学　李婉兰　执教年级: 四年级

第一课时

【教学目标】(课时目标)

1. 认识4个生字,会写11个生字。能正确认读"花港、玉泉、赏心悦目"等词语。

2. 能正确、流利地朗读课文。

3. 能用"谁"+"干什么"的句式概括课文的主要内容。

4. 能找出描写青年人的句子。

【任务分析】(第一课时只填写"两维框架表",第二课时要按下面要求做具体分析)

1. 将"课时目标"放进"两维目标分类框架表"中。

教学内容 (知识维度)	掌握水平(认知过程维度)					
	记忆	理解	运用	分析	评价	创造
拼音						
字	目标1					
词	目标1					
句子		目标4				
标点						
朗读、背诵	目标2					
标题、体裁						
写作背景						
课文结构			目标3			
课文内容 (含价值观)		目标3				
表达技巧		目标4				

(注:表中分三个区域,用不同阴影加以区分:无色区表示学习的结果是知识;浅阴影区表示学习的结果是基本技能;深阴影区表示学习的结果是高级技能)

李婉兰老师的学校不是广州市花都区"科学课堂"实验学校。她未接受科学取向教学论系统培训。她对"两维目标分类框架表"的理解不到位是每位教师必经的阶段。例如表中的"句子"指句子结构,学生说话、造句是否通顺,属于句法知识的运用。目标4"能找出描写青年人的句子"显然不属于句法知识的运用,而是与理解"正面描写"有关的内容,应置于"表达技巧"的"理解"单元格中。再如目标3"能用'谁'+'干什么'的句式概括课文的主要内容。"概括课文的主要内容需要语文综合能力:既要读懂课文的结构,又要理解课文的内容,还涉及文章的体裁(如写人的文章或叙事的文章)。在本课只要求学生能说出"描写一位举止特殊的青年观鱼和画鱼",置于"课文内容"+"理解"单元格中更恰当,因为本课教学未涉及文章结构。

任务分析第一步,将"课时目标"放进"两维目标分类框架表"中;第二步,分析每一目标的学习条件。如果目标的单元格位置放对了,那么其学习条件容易分析:例如生字新词的记忆,条件是重复感知与读、写;能正确、流利地朗读课文,对四年级下学期的学生来说,主要是通过重复把课文读熟。要达到目标3,学生必须了解课文的结构和内容,而且要有概括全文内容的图式或结构。在本课教师提供了"用'谁'+'干什么'的句式"。目标4"能找出描写青年人的句子"要求读懂课文内容,为分析写作技巧做准备。

【教学准备】PPT

【教学过程】

教学过程与内容	师生互动的方式、方法和效果	设计意图
一、审题	师:孩子们,今天我们来学习第27课,一起读题目——(鱼游到了纸上)。 师:同学们,你们第一次读到这个题目时,会想到什么?(指名回答) 师:你看,它引起了你们的疑问,引出了你们的担心,还引发了你们的探究。题目起得多好啊!咱们再来读一遍课题。 生:鱼游到了纸上。	引发学生的质疑与思考,将学生迅速带入课堂情境,为课堂教学的成功奠定基础。
二、初读课文:识字、解词	师:接下来,让我们自由读一遍课文,注意把生字读准,句子读通顺,读完后思考这篇课文的主要内容是什么。(生读) 师:下面我们来读几组词语。(出示第一组:花港 泉白如玉 玉泉 聋哑人,指名读)谁能用上这四个词语说一句话? 生:我喜欢花港,更喜欢泉白如玉的玉泉,我在那里认识了一位聋哑人。 师:这是课文中的内容,看来你进行了充分地预习,对课文的内容非常了解。 (出示第二组词语:清澈见底 赏心悦目 一丝不苟 融为一体,指名读,引导学生理解"赏心悦目") 师:赏心悦目是什么意思。 生:就是心里觉得很美。 师:为什么心里会觉得很美呢? 生:因为看到了很美的东西。	新课标要求,第二学段的学生要"累计认识常用汉字2500个左右",所以识字仍是课文学习的任务之一。对词语的理解是读懂课文的基础,为学习课文扫清障碍。

教学过程与内容	师生互动的方式、方法和效果	设计意图
	师：是的,赏心悦目其实说的是"目赏心悦",意思是说,眼睛看到美好的事物,心里觉得特别高兴。在这个词语里,哪个字是表示"高兴"的意思呢? 生:悦。 师:课文里说什么让作者感到赏心悦目呢?(出示句子,指导学生读通顺)。 生:玉泉的池水清澈见底。坐在池边的茶室里,泡上一壶茶,靠着栏杆看鱼儿自由自在地游来游去,真是赏心悦目。 师:(出示第三组词语:工笔细描　挥笔速写)这两个词语都讲的是画画的技法,请你联系课文内容想一想,大概是什么意思呢? 生:(读相关课文)他有时工笔细描,把金鱼的每个部位一丝不苟地画下来,像姑娘绣花那样细致;有时又挥笔速写,很快地画出金鱼的动态,仿佛金鱼在纸上游动。工笔细描就是说画得特别细,挥笔速写就是画得特别快。 师:这两个词语很专业,可能不太好解释,但是我觉得她体会得差不多。让我们通过图片去了解一下吧!(出示工笔和速写的图)	
三、学写生字	师:请大家翻到课本第 130 页,给格子里的 11 个生字注音。(学生注音)接下来我们拼读一遍。 师:在这些生字里,我要提醒大家的几个字是"港"、"澈"、"徽"。(师范写,边写边提醒学生易错的地方。范写后让学生在书本上或本子上把这三个字各写两次。) 师:你们会给这些生字组词吗?我们开火车来组词吧。(开火车后,出示词语齐读)	因为有前面的学习基础,已经具备一定的自学能力,所以只需要挑易错的生字进行重点教学。
四、找出描写主要人物的句子	师:这篇课文的主角是谁?(画画的青年人)你们能从里面找出描写他的句子吗?(学生画,汇报,然后老师出示) 1. 他高高的身材,长得很秀气,一对大眼睛明亮得就像玉泉的水。 2. 说他"举止特别",因为他爱鱼到了忘我的境界。他老是一个人呆呆地站在金鱼缸边,静静地看着金鱼在水里游动,而且从来不说一句话。 3. 他有时工笔细描,把金鱼的每个部位一丝不苟地画下来,像姑娘绣花那样细致;有时又挥笔速写,很快地画出金鱼的动态,仿佛金鱼在纸上游动。 4. 他好像和游鱼已经融为一体了。 5. 他似乎忘记了时间,也忘记了自己。 6. 没想到他头也不抬,理也不理我。 7. "好骄傲的年轻人。"我正想着,目光落到他胸前的厂徽上,心不由得咯噔一跳!"福利工厂",原来,他是个聋哑人! 8. 他告诉我,他学画才一年多,为了画好金鱼,每个星期天都到玉泉来,一看就是一整天,常常忘了吃饭,忘了回家。 9. 他笑了,笑得那么甜。他接过笔在纸上又加了一句:"先游到了我的心里。" (自由练读,指名读,小组赛读)	描写青年人的句子是本课中重点要品析的内容,把重点句子读得通顺、流利,为第二课时的品析与感情朗读作好铺垫。

教学过程与内容	师生互动的方式、方法和效果	设计意图
五、概括大意	师：再次默读这些句子,想想,大部分的句子都是写青年人干什么的? 生：观鱼和画鱼。 师：你们能找出哪些是写观鱼的,哪些是写画鱼的吗? (生找句子,回答) (在课件上标记上) 师：这篇课文写的是谁? 生：一个聋哑青年人。 师：写他干什么? 生：观鱼和画鱼。 师：谁能完整地用"谁干什么"的句式说说这篇课文的主要内容? 生：这篇课文主要写了一个聋哑青年人观鱼和画鱼的事。 师：不错,非常简洁地概括了课文的大意,谁能让人听得更明白一点? 具体说说他是怎样观鱼的,鱼又画得怎么样? 生：这篇课文主要写了一个聋哑青年人忘我地观鱼,画鱼画得栩栩如生。 师：是的,对于写人的文章,我们只要找出写的是谁,他干了什么事,这样就能概括出它的主要内容来。	《语文课标》对本年段的学习要求是"能初步把握文章的主要内容",给予提示,让概括降低难度。
六、小结	师：在这 9 个句子中藏着什么秘密,这篇课文又有哪些值得我们学习的写作手法呢? 下节课,我们继续学习。	设疑,为下一节课的学习作铺垫。

【板书】

鱼游到了纸上

青年人 {观鱼 画鱼

【检测】

看拼音,写词语。

huā gǎng　　　qīng chè　　　yú gāng　　　yì sī bù gǒu
(　　　　)　　(　　　　)　　(　　　　)　　(　　　　)

xiù huā　　　huī bǐ　　　lǒng yǎ　　　yì hú chá
(　　　　)　　(　　　　)　　(　　　　)　　(　　　　)

第二课时

【教学目标】

1. 有感情地朗读课文。

2. 能从青年人的特别举止中感受他"忘我"、"执着"的品质。

注：这是一种传统目标陈述的方式。可改为:"能用适当词语概括文中所描写的青年人品质"。"感受"不可观察和测量;"用适当词语概括"的行为可以观察,选用的词语适当可以测量。

3. 能运用"侧面描写"的写作方法,写出围观者对青年人的赞美。

4. 能说出"鱼游到纸上"与"鱼游到心里"的关系。

【任务分析】

1. "课时目标"放进"两维目标分类框架表"中分析：

教学内容 （知识维度）	掌握水平（认知过程维度）					
	记忆	理解	运用	分析	评价	创造
拼音						
字						
词						
句子						
标点						
朗读、背诵		目标1	目标1			
标题、体裁						
写作背景						
课文结构						
课文内容 （含价值观）		目标2 目标4				
表达技巧			目标3			

（注：表中分三个区域，用不同阴影加以区分：无色区表示学习的结果是知识；浅阴影区表示学习的结果是基本技能；深阴影区表示学习的结果是高级技能）

2. 学习类型及学习条件分析：

目标1属于基本技能，在朗读中体现对课文内容的理解，而且需要运用表达感情的方法。条件是学生能把课文读得正确流利，读懂课文内容。

目标2和目标4也属于综合能力，读懂文字中蕴含的思想、情感。条件是学生具有一定的阅读理解能力和生活积累。

目标3属于高级技能，是侧面描写规则的运用。条件是学生能在变化的情境中运用规则。

【教学准备】PPT

【教学过程】

教学过程与内容	师生互动的方式、方法和效果 （教学过程）	评析
一、创设情景，导入新课	师：今天，我们继续来学习《鱼游到了纸上》。齐读课题。 师：我们先来看一组图片。看，这是西湖，中国十大风景名胜之一，那里有很多观鱼的地方。作者喜欢西湖的花港，更喜欢泉白如玉的玉泉。这个故事就发生在玉泉。我们一起来读读。（出示第二自然段）就在金鱼缸边，作者认识了一位举止特别的青年。（板书：举止特别）	通过创设情景，激发学生的学习兴趣，披情入文。

教学过程与内容	师生互动的方式、方法和效果 （教学过程）	评析
二、聚焦重点，深入品读	（一）理解词语 师：什么叫举止？ 生：就是指人的动作、神态等。 师：是的，那么举止特别就是说—— 生：人的动作和神态跟别人不一样。（出示） （二）自读自悟 师：请你们默读第四至十自然段，找出体现青年人特别的句子，在旁边打上"△"，并谈谈你的感受。（出示默读要求） 生：说他"特别"，因为他爱鱼到了忘我的境界。他老是一个人呆呆地站在金鱼缸边，静静地看着金鱼在水里游动，而且从来不说一句话。 生：他好像和游鱼已经融为一体了。 生：他似乎忘记了时间，也忘记了自己。 生：没想到他头也不抬，理也不理我。 （随机点评） 师：这些句子都是直接对青年人进行描写的，这种写作方法叫正面描写。（出示正面描写的概念，齐读） （三）深入品味 1. 品观鱼： 师：在这些写青年人特别的句子中，有一处特别精彩，你们看——（出示：说他"特别"，因为他爱鱼到了忘我的境界。他老是一个人呆呆地站在金鱼缸边，静静地看着金鱼在水里游动，而且从来不说一句话。）先自由练读几遍，要读得准确、流利。（学生练读）谁来读给大家听？ 指名读。 师：在这一段话中，哪些词语让你感受到他的特别？请你在书本中圈出来。（老是，呆呆地，静静地，从来）（指名回答后，出示） 师：谁来读出他的特别。（指名读，比赛读，齐读） 师：到花港来看鱼的人可多了，他们跟这个青年人有什么不同？ 生：他们是过来游玩的。 生：他们是有说有笑的。 师：是呀，这个青年人是那么的特别，当作者坐在茶室里，泡着一壶茶，悠闲地赏着鱼时，他却——（引读：老是一个人呆呆地站在金鱼缸边，静静地看着金鱼在水里游动，而且从来不说一句话。） 当孩子们和小伙伴在一旁有说有笑地谈论着鱼时，这个青年人却——（引读） 一天下来，到花港来的游客一批一批地来了又走，来了又走，只有这个青年人——（引读） 师：读到这里，你读懂了什么？ 生：这个青年人很专注。 生：他很安静。 2. 品画鱼： 师：正是因为他专注地、投入地、忘我地观鱼，所以他画出来的鱼才栩栩如生。请看——（出示：他有时工笔细描，把金鱼的每个部位一丝不苟地画下来，像姑娘绣花那样细致；有时又挥笔速写，很快地画出金鱼的动态，仿佛金鱼在纸上游动。）接下来，请你们练习着把这个句子读得准确、流利。	新课标指出，要让学生充分地读，在读中整体感知，在读中有所感悟，在读中培养语感，在读中受到情感的熏陶。由此可见，读和悟是融为一体、互相促进的。在本文的品读中，先抓住"举止特别"让学生进行自读自悟，然后聚焦两处文段，进行深入品味，最后配乐串读升华情感。体现读的层次性。

教学过程与内容	师生互动的方式、方法和效果 （教学过程）	评析
	师：谁来给大家读读这个句子？（指名读） 师：谁知道工笔细描和挥笔速写的意思呢？ 生：工笔细描是指画得很细致，挥笔速写是指很快地画出来。 师：是的，这是两种截然不同的画法，你能通过朗读读出它们的不同节奏吗？（指名读） 师：再请女孩子读上半句，男孩子读下半句。 师：学到这里，你想用一个什么成语来形容青年人呢？ （栩栩如生，活灵活现……） 师：通过你的朗读表现出对他的赞美呢？（指名读） （四）配乐串读 师：这样一位技艺精湛的青年，举止是如此特别：说他"特别"，因为他爱鱼爱到了忘我的境界。 生：他老是一个人呆呆地站在金鱼缸边，静静地看着金鱼在水里游动，而且从来不说一句话。 师：围观的人越来越多，大家赞叹着，议论着—— 生：唯一没有任何反应的是他自己。他好像和游鱼已经融为一体了。 师：我仍旧去茶室喝茶，等到太阳快下山了才起身往回走，路过后院，看到那位青年还在金鱼缸边画画。 生：他似乎忘记了时间，也忘记了自己。 师："你真专心哪！"我忍不住轻声问他。 生：没想到他头也不抬，理也不理我。 师：我做梦也不会想到。 生：原来，他是个聋哑人。 师：更令我吃惊的是—— 生：他告诉我，他学画才一年多，为了画好金鱼，每个星期天都到玉泉来，一看就是一整天，常常忘了吃饭，忘了回家。 师：读到这里，你觉得，这又是一位怎样的青年？（指名回答） （板书：忘我　执着）	
三、提炼写法， 迁移运用	师：课文除了写青年人观鱼，还写了其他人观鱼，请男孩子读——（出示）除了写青年人画鱼，还写了围观的人看画的表现——（出示）作者要写的是青年人，为什么在这里还要写其他人呢？ 生：为了衬托青年人。 师：是的，像这样写其他人来衬托主要人物的写作方法，我们在以前也学过。比如，二年级我们学过的《画家与牧童》，大画家戴嵩画画，旁边的人是这么称赞的——（出示） "画得太像了，画得太像了，这真是绝妙之作。"一位商人称赞道。"画活了，画活了，只有神笔才能画出这样的画！"一位教书先生赞扬道。 师：从他们的话中，你读出了什么呢？ 师：还有，我们在第27课前面的《两个铁球同时着地》里，也有这样的句子。你们学过这篇课文没有？年轻的数学教授伽利略挑战当时大家信奉的哲学家亚里士多德的观点，准备通过实验推翻哲学家的论点。当时，围观的人就是这么议论的——（出示句子）从中，你们又看出了什么？	科学课堂倡导我们用"举三反一"的方法来进行语文技能训练。在这篇课文中，有正面描写与侧面描写相结合的方法。其中侧面描写学生接触相对较少，但这种写法往往能在作文中起画龙点睛的作用。在教学中，先发现文本中的写作方法，再拓展学过的课文中的两处侧面描写，然后让学生对课文中人们赞叹和议论的内容进行补白，学以致用。

教学过程与内容	师生互动的方式、方法和效果 (教学过程)	评析
	师:这样的写作方法,我们叫它——侧面描写。 师:回到本课,(出示:围观的人越来越多,大家赞叹着,议论着,唯一没有任何反应的是他自己。)想想围观的还有些什么人,他们会怎么赞叹,怎么议论呢? 你们能用侧面描写的手法写写吗? 写之前,老师有个温馨提示,我们可以在说的内容上有变化,比如,可以拿自己跟青年比较,可以直接评价青年,还可以就画论画。 一位白发苍苍的老爷爷_____,_____地说:"_____。" "_____。"说话的是一位_____。 (指名读,交流)	
四、总结延伸,升华情感	师:从你们的回答中,我也知道了青年人的画功了得。难怪这个女孩会说——哟,金鱼游到了他的纸上来了。 师:画上的金鱼会游吗? 为什么女孩会这样说? 生:其实是想说青年人的画栩栩如生,好像真的会游一样。 师:当青年人知道别人是这么评价他的画时,他的反应又是什么呢? 生:他说:"先游到我的心里。" 师:是呀,那谁来说说游到心里和游到纸上是什么关系呢? 生:先后关系。 生:因果关系。 师:孩子们,今天,我们通过具体赏析观鱼和画鱼的句子,感悟到了青年的忘我而又执着的精神,还学到了两种写作方法,希望你们在学习中也能运用好这两种方法,并忘我钻研,让一个个鲜活的文字、一个个生动的句子也游到你们的作文中去。这节课上到这里,下课!	回归整体的步骤,让本课的教学显得首尾呼应。

【板书】 鱼游到了纸上

忘我 执着 { 正面描写
 侧面描写

【检测】

一、回忆课文,填空

本文采用了_____和_____的写作方法描写聋哑青年的高超画技,这两个方面反映了聋哑青年的_____的品质。

二、阅读理解。

我挤过去一看,原本是那位青年在静静地画画。他有时( ),把金鱼的每个部位( )地画下来,像姑娘绣花那样( );有时又( ),很快地画出金鱼的动态,仿佛金鱼在( )。

1. 根据课文填空。

2. 用一个成语来形容青年画画时的态度：_____。

3. 文中"鱼游到了我的心里"的意思是：_____。它和"游到了纸上"之间的
关系是：_____。

4. 如果你在现场，你会说："_____。"

　　《鱼游到了纸上》在本书中有两个教案。一个是李婉兰老师设计的；另一个是屈太侠老师设计的。前者是单篇课文教学，分两课时完成；后者是单元整组课文中的单篇课文教学，一课时完成。两个教案的基本思路是差不多的。不过，因为李婉兰老师的单篇课文分两课时完成，第二课时教学内容显得较少。于是就加上大量的缺乏知识含量的朗读，有齐读、引读、指名读、赛读、女生读上半句、男生读下半句和配乐串读等变式操练。语文教育界向来提倡琅琅读书声。从传统语文教学理论来看，这两节课教学很成功，书声琅琅。但是从科学取向教学论来看，如果采用屈太侠老师那样的单元整组课文教学设计，一个单元教四篇课文，可以节省四个课时，可多学多练很多内容。从两个教案的对比教学可见，语文教学仍有很大的以提高效率为目标的改进空间。

第八章 高年级(五至六年级)案例

案例一:《月光曲》

执教教师：江苏省著名特级教师 于永正 执教年级：五年级

【教学目标】

1. 学生能有感情地流利朗读课文。

2. 能概括地复述本课故事内容。

3. 能正确运用"座"和"坐"造句,能正确书写"幽"字和运用"幽"字造句。

4. 能在学习过和未学习过的浅显文章中找出描写事物与作者想象(联想)的语句,并说明这样写作的优点。

5. 能在事物描写的文段中增加适当想象描写,使文章更具体、生动、感人。

【任务分析】(学习类型和学习条件分析)

目标 1 属于基本智慧技能学习;学习条件是理解课文内容与情感,教师示范,学生体会与模仿。

目标 2 属于言语表达综合能力学习,学习条件是:(1)熟悉课文内容;(2)理解课文结构;(3)掌握某些概述技能(如"对话"改"叙述")。

目标 3 属于词义学习与运用,学习条件是:(1)联系上下文体会词义及其运用;(2)在使用中得到正确的反馈信息。

目标 4 和目标 5:区分"实物"与"联想"属于概念的学习与运用。"在实物描写中加上联想描写能使文章更具体生动",是写作规则学习。其运用属于高级技能。

学习条件是:(1)规则学习的条件是掌握规则所包含的概念;(2)概念学习的条件是概念正、反例的辨别;(3)学习不能一次完成,需要多次反复练习和运用。

注:在原文中没有"教学目标"与"任务分析"。这里的"教学目标"与"任务分析"是研究者根据原文推测出来的。

第一课时

教学过程和内容	师生互动方式方法和效果	简要评析
一、解题与引入新课 了解与熟悉新课文的故事内容。	教师放音乐,提供《月光曲》音乐背景,简要介绍贝多芬;要求学生读课文,读时"字字入目,过目不忘";读过之后能把故事说给大家听(学生带着任务自由读课文二遍)	什么是概括地讲故事大意? 标准是什么? 值得研

教学过程和内容	师生互动方式方法和效果	简要评析
概括地复述故事内容	教师要求学生概括地讲故事大意,请学生思考怎么讲(生:默读,练习概括地讲) (一生讲故事内容,教师要讲大家仔细听,听后评论) 生:一百年前,德国有一个音乐家叫贝多芬。一年秋天,他来到莱茵河一个小镇演出。一天晚上,他在一条小路上散步,听到断断续续的从一个茅屋里传来的琴声。弹的正是他的曲子,他走到门口,听到屋里有两人谈话。一个小姑娘说:"这首曲子难弹啊!要是能听听贝多芬自己是怎样弹的多好啊!"一个男的说:"是啊,可惜入场券太贵!咱们买不起。"贝多芬听了很激动,走进屋,为兄妹俩弹了刚才弹的那首曲子。姑娘一听弹得这么好听,问:"您就是贝多芬吧?"贝多芬没有回答,又为他们弹了一首曲子,嗯,这首曲子就是《月光曲》。 教师指导学生修改复述的文本(修改之处如下) 生1:从"一年秋天开始",删去前面的话。 生1:兄妹对话不能一句一句说。 **师:这就是把"对话"改为叙述,从而达到简洁。** 生2:"你就是贝多芬先生吧"一句也可以删。 生3:补上贝多芬回旅店,记下曲子一句。 教师肯定这一点很重要。 教师再要求学生具体生动地讲这个故事,讲之前再读一遍,把生动的情节、细节记住。(指名详细复述,内容略)	究。(请参阅唐懋龙老师的《开国大典》单元设计中的"故事梗概"教学) 教师通过评价学生的反应,提出两种概述方法:(1)将"对话"改为叙述;(2)不要遗漏要点,如贝多芬回旅馆后记下《月光曲》乐谱,说明《月光曲》不是预先写好的。
二、指导精读课文 指导朗读(读出感情) 指导体会关键词的含义 断断续续 随便说说罢了 苏醒、陶醉 词语辨析 座、坐的区分,"幽"字的写法	师要求:读出情感来;请一生试读,其余边听边看书,注意体会关键词语的意思和文章作者的思想感情(指名读) 生读,教师适时予以指导。 (1)当读到"一天夜晚……听到断断续续……"时,要求学生体会"断断续续"所表达的含义(姑娘弹琴不熟练) (2)当读到"我不过随便说说罢了"时,问:从这句话中看出了什么(姑娘懂事、体贴哥哥) (3)生读完后,师问:从"苏醒"这个词儿你能看出"陶醉"是什么意思吗?(兄妹听迷了,不知贝多芬走了) (4)重点指导读第八和第九自然段,师先放《月光曲》要求声情并茂地读,生静听,然后练习读,指名读(读得有声有色,忘了下课)	引导学生从关键词语中体会作者所要表达的思想情感的教学设计,值得借鉴: (1)先指导学生体会关键词语的含义。 (2)再指导学生朗读,表达感情。

第二课时

教学过程和内容	师生互动方式方法和效果	简要评析
练习朗读第八和第九自然段,并试着背诵	1. 请一名平时不大举手、胆子小的女生读第八和第九自然段。(教师鼓励:基本正确、流利) 2. 放《月光曲》录音带,示范朗读,学生听后练读,指名读第八和第九自然段。 3. 师要求学生背这两个自然段,7分钟后指名背,效果不错。	给胆小学生提供机会值得借鉴。

教学过程和内容	师生互动方式方法和效果	简要评析
三、教写作规则 1. 在写实的基础上加上适当联想，使文章更充实、深刻、动人。 2. 判断标志：由"他想""好像""仿佛"等一类词引出。	1. 提供例子（正例一）： "月光照进窗子来，茅屋里的一切好像披上了银纱，显得格外清幽。" 2. 说明上述"披上银纱"是写联想，而不是写实物；这样写的好处：使文章更充实、深刻、动人。 3. 要求学生分析第9节，找出写实物和写联想的语句。 （生边读边画，指名读出所划联想描写部分） 师：肯定，慢慢升起的月亮，月光下波涛起伏的大海，大海波涛发出的涛声是联想的结果，由《月光曲》引起的。（正例二） 4. 通过对比使学生感受写实物与写联想结合的好处。师提供反例：把写联想的句子去掉，这段文字就失去了美。请比较： 皮鞋匠静静地听着。他看看妹妹，月光正照在她那恬静的脸上，照着她那睁得大大的眼睛。	这里是高级智慧技能教学 正例一 正例二 反例一
	5. 提供《大公鸡》短文，学生阅读全文，划出写联想的句子（正例三）： 大公鸡 　　大公鸡的头通红通红的，就像醉汉的脸。高高耸立的红鸡冠就像用红宝石制作的皇冠。脸下面两片鲜红的肉，红得透亮，亮得喜人。眼睛圆圆的，炯炯有神。身上的羽毛有金黄的，有红色的，有墨绿色的，闪闪发亮。两只金黄色的粗壮的腿，托住它那肥大的身躯，走起路来像个威武的将军。尾巴弯弯的，高高翘起。 　　它每天按时打鸣，唱起那令人振奋的《早起歌》："天明了，快起床！"一遍又一遍。每当听到它的歌声，我就不由得想起二年级学过的《美丽的公鸡》那篇课文。是呀，它不光外表美，还能帮助人们做事，多可爱呀！ 　　6. 发给学生短文，要求改写，补充联想（反例二）： 荷花 　　多美的荷花啊！碧绿的荷叶把池塘挤得满满的。白荷花，红荷花竞相开放，全开的，半开的，姿态各异，争奇斗艳。一朵刚刚绽开的花骨朵躲在一片荷叶后面，一只蜻蜓在上面飞来飞去。 　　其中一名学生修改后的文本（正例四，来自学生自己创作的例子）： 荷花 　　夏天的一个中午，我来到荷花池塘边观赏荷花。 　　碧绿碧绿的荷叶像一把把撑开的伞，把池塘挤得满满的。花儿从荷叶的缝隙中伸出来，白的，红的，全开的，半开的，婀娜多姿，竞相开放。一阵风吹来，花儿摇动起来，我觉得荷花变成了小姑娘，荷叶变成了她的绿裙子，为我翩翩起舞。 　　一朵刚刚绽开笑脸的花骨朵，像一个怕羞的小姑娘，躲在荷叶的背后，一只蜻蜓在它上边飞来飞去，一会落在上面，我不由得想起四年级学过的《小池》里的诗句："小荷才露尖尖角，早有蜻蜓立上头。"	

教学过程和内容	师生互动方式方法和效果	简要评析
	（学生读完这篇修改后的短文,教室里响起一片掌声,说明训练效果立竿见影） 7. 下课前发给学生短文,要求补充联想。	
	又是一个"优秀" 作文发下来了,我打开一看,又是一个"优秀"!"优秀"二字后面还加了一个大大地叹号! 张老师批改作文可细了,连一个用错的标点都不放过。我在写人物对话时,由于粗心,少点了一个引号,张老师在旁边用红笔写道:"后边的引号怎么不见了? 是谁偷走了?"看了这句话,我顿时觉得脸发烧。 张老师从来不吝啬红墨水,总是在好词好句上画上波浪线或圆圈。看着那红色的波浪线,我心里无比激动和兴奋。	

（以上教学实录载自：于永正著：《于永正课堂教学教例与经验》,人民日报出版社 1995 年版。皮连生重新整理。）

附： 原著"总评"

本课的教学特点主要体现了三个结合。

一是知情结合。教师引导学生从不懂到懂,从不会到会的过程中,始终扣住情感的培养,在认识的不断深化中,伴随着情感的起伏。"情动而辞发",学生的思维"活起来",语言也"活"起来了。

二是讲练结合。教师的讲主要是指导学生练、激励学生练。学生练的方式多,练的面也大,全班学生跃跃欲试,有时看起来好像有些"乱",但乱中有序。教师善于因势利导,巧妙地调控教学过程。

三是读写结合。整个教学过程,教师都注意学生对语言的理解和运用的结合,注意了读写能力的互相转化,从读到学说、学写,由仿到创,读写结合,其中的衔接、过渡、穿插、呼应都很自然。

这两节课改变了那种"内容分析多,语言训练少"的弊端。如果说,这两节课为阅读教学开辟了一个崭新的天地,我以为这并不过誉。

对"总评"的评析

本教例的原"总评"指出：本课的优点是"读写结合","注重了读写能力的相互转化"。但是读写能力是怎么转化的? 原"总评"仍停留于哲学观点和常识解释的水平,未说到关键点上。所以看了这样的评论,普通教师只能模仿教例,而不能触类旁通。从科学取向教学论来看,本教例的一个最大的优点是在第二课时教师明确地教了读写规则："描写现实加上适当联想,使文章更充实、深刻、动人。"教的方法被称为"例—规"法。例子中既有正例,也有反例。正、反例既有教科书上的,也有学生自己写作中的。

中国语文教学最大的弊端是只讲多读多写，不教读写规则。于老师的高明之处，是明里教规则。但规则不是简单告诉学生了事，而是通过正、反例比较，使学生明确感受到读写规则的来源和用途。然后让他们练习如何使用规则进行写作，从而使规则支配自己写作的构思过程。这样，写作的规律性知识就转化成了学生的写作技能。此处是难以自动化的高级技能。

在此教例中，于老师另一高明之处，是指导学生如何判断文中写事物和写联想。教师告诉学生："联想"一般由"他想"、"好像"、"仿佛"等一类词引出。对于初学者来说，掌握这样的判断标准能降低学习的难度，提高他们学习成功的概率和学习的积极性。

在我们的实验学校，我们将类似于老师这样运用例子来教规则的方法，称为"举三反一"和"举一反三"相结合的方法。"举三反一"是指用两个以上的例子，得出一条规律（或一个概念），然后运用习得的概念和规则进行阅读分析和写作实践。只要把例子中蕴含的规则说透了，普通教师都能像于老师那样设计符合科学心理学的教学案例，而且教学效果一般都能立竿见影。只要学生具备起点能力，就没有他们学不会的读写技能。

（皮连生）

案例二：《钓鱼的启示》（一）

执教教师：广州市花都区风神实验小学　屈太侠　执教年级：五年级

【教学目标】

1. 能准确认识 11 个生字，规范书写 14 个生字。

2. 能准确而简练地概括文章的主要内容。

3. 能在课文中找出描写"我"和"父亲"的理由的句子，做出正确判断。

4. 能说出将"心情变化"融入故事情节之中的好处，并迁移运用。

5. 结合课文内容和生活实际理解重点句的意思，明白"道德实践"的重要性。

6. 能用"一事一议"的形式写一个生活片段。

【任务分析】

目标 1 属于基本技能。条件是学生掌握汉语拼音拼读规则，具有基本的汉字书写能力。

目标 2 和目标 3 属于高级技能，理解课文内容。条件是学生具有一定的阅读理解能力和概括能力。

目标 4 属于高级技能，是对课文的表达技巧的运用。条件是学生知道心理描写的好处与方法，对课文内容比较熟悉。

目标 5 属于课文内容理解。需要综合运用字词句篇方面的知识和技能。

目标 6 属于高级技能，是文章结构的运用。条件是学生掌握这类文章结构。

把"本课的教学目标"放进"两维目标分类框架表"中，可以直观地看到，教师运用本篇课文"教什么"。

教学内容 （知识维度）	掌握水平（认知过程维度）					
	记忆	理解	运用	分析	评价	创造
拼音						
字	目标1					
词						
句子						
标点						
朗读、背诵						
标题、体裁						
写作背景						
课文结构			目标6			
课文内容（含价值观）		目标3 目标5		目标2		
表达技巧			目标4			

（注：表中分三个区域，用不同阴影加以区分：无色区表示学习的结果是知识；浅阴影区表示学习的结果是基本技能；深阴影区表示学习的结果是高级技能）

【目标的课时分配】第一课时完成目标 1—4；第二课时完成目标 5 和目标 6。

第一课时

【教学重点】

1. 能在课文中找出描写"我"和"父亲"的理由的句子，做出正确的价值判断。

2. 能说出将"心情变化"融入故事情节之中这种写法的好处，并加以迁移运用。

【教学难点】

能说出将"心情变化"融入故事情节之中这种写法的好处，并加以迁移运用。

【教学准备】PPT

【教学过程】

一、初读课文，学习字词

（一）导入新课

师：今天，很高兴和大家共同学习一篇课文，一起读课题。

（二）初读课文

师：在钓鱼的过程中，发生了什么事儿呢？请大家拿起课本，认真地读一遍课文，注意两点要求：

（1）读准字音，把难读的句子多读几遍。

（2）想想课文写了一件什么事？

（三）识记生字

1. 随文识字：

师：同学们读了课文，我来检查一下。谁来读第一句？

（1）我小心翼翼地一收一放，熟练地操纵（zòng）着。

（2）我和父亲得意地欣赏着这条漂亮的大鲈（lú）鱼，看着鱼鳃（sāi）在银色的月光下轻轻翕（xī）动着。

（3）当年那个沮（jǔ）丧的孩子，已是一位著名的建筑设计师了。

（4）当我一次次地面临道德抉（jué）择的时候，就会想起父亲曾告诫（jiè）我的话：道德只是个简单的是与非的问题，实践（jiàn）起来却很难。

2. 韵文巩固：

鲈鱼大，诱饵鲜，熟练操纵拖上岸。

鳃翕动，月皎洁，心情沮丧难抉择。

是非易，实践难，父亲告诫记心间。

（四）书写指导

1. 比较异同：

师：我们来认识两个偏旁：（戈（gē）—戋（jiān））。它俩有什么区别呢？（戋多一横）这两个偏旁，不容易写好：你们看，它俩没有一个笔画是端正的，却要在组合中达到平衡。本课有三个这样的生字：诫、践、溅。

2. 教师示范：

师：请大家注意看老师书写：……横要倾斜一点，斜钩要尽（jìn）量舒展，撇要和穿到左边部件的下边去，点写在横的右上角。请大家拿起笔来，把这三个字各写一遍，注意做到：整齐美观，有一定的速度。

3. 学生练习：

师：请注意写字姿势，做到"三个一"。写完了吗？同桌之间相互评价一下。

【自评】学习生字时，教师遵循了字不离词、词不离句的规律，把字、词的学习融入句子和"小诗"中进行，省时高效。高年级的写字教学教什么？应该教难写的、易错的、带有规律性的知识。老师抓住"诫"、"践"、"溅"三个生字进行训练，体现出较强的类别意识。

二、概括大意，把握结构

（一）学生尝试

师：刚才同学们读了课文，对文章内容有了一定的了解。谁来简单地说一说：课文写了一件什么事？

师：我们来回顾一下：在鲈鱼捕捞开放日的前一个夜晚，"我"钓到了一条（大鲈鱼），可是父亲却要"我"把这条鱼（放掉）。从这件事情中，我得到了（启示）。

【板书】

钓鱼、放鱼、启示

（二）同桌互说

师：按照"钓鱼—放鱼—启示"的顺序，同桌之间相互讲一讲。

【自评】简洁、准确地概括文章的主要内容，是高年级的训练重点之一。本文的故事情节比较简单，老师放手让学生尝试。当学生回答不到位时，教师再进行点拨。学生回答后，师生合作，提炼出三个关键词，然后同桌互说，让每个学生都得到了训练的机会。

三、精读课文，深入理解

（一）冲突

师：（出示插图）那个月光如水的夜晚，父子俩发生了激烈的争辩。他们在争辩什么呢？请同学们快速浏览第四至七自然段。（自由读）

师：他们在争辩什么呢？（"我"要把鱼留下，父亲要把它放掉）

师：面对着同样一条大鲈鱼，两人的态度怎么会截然相反呢？让我们带着问题走进课文。请同学们默读课文第一至九自然段，一边读一边思考："我"为什么不愿意把鲈鱼放回湖里？父亲为什么坚持要我把鱼放掉？把相关的句子划出来。

（二）留下

1. 交流原因：

师：我们来交流一下：作者为什么不愿意把鲈鱼放掉呢？为了让大家听明白，建议发言的同学先提醒大家注意第几自然段，然后朗读句子，最后简要地说说自己的理解。

——过了好长时间……（来之不易）

——啊，好大的鱼！我从来没有见过这么大的鲈鱼。（鱼大）

——"可是不会钓到这么大的鱼了。"（难得）

——我抬头看了一下四周，到处都是静悄悄的，皎洁的月光下看不见其他人和船的影子。（无人看到）

——尽管没有人看到我们……（无人知道）

2. 品读"得意"：

师：课文中多次描写这条鱼很大，我选择了其中一处。谁来通过朗读告诉我们，这条鱼的确很大！

——啊，好大的鱼！我从来没有见过这么大的鲈鱼。我和父亲得意地欣赏着这条漂亮的大鲈鱼，看着鱼鳃在银色的月光下轻轻翕动着。

师：好不容易钓上来一条大鲈鱼，"我们"的心情很得意。

（师板书：得意）

师：我们一起来，得意地读，夸张地读，读出想象，读出画面。

3. 朗读对话：

师：换做是你，费了九牛二虎之力，钓上来一条又大又漂亮的鲈鱼，你愿意把它放掉吗？（不愿意）带着这样的理解，我们来读读这段对话。

师：父亲盯着鲈鱼看了好一会儿，然后把目光转向了我："孩子，你得把它放回湖里去。"

生："爸爸！为什么？"我急切地问道。

师："你还会钓到别的鱼的。"父亲平静地说。

生："可是不会钓到这么大的鱼了。"我大声争辩着，哭出了声。

（三）放掉

1. 寻找理由：

师：我有这么多理由要将鲈鱼留下，父亲为什么坚持要我放掉呢？

——父亲划着了一根火柴，看了看手表，这时是晚上十点，距离开放捕捞鲈鱼的时间还有两个小时。

2. 补充资料：

师：两个小时意味着什么呢？我给大家补充一点资料。

鲈鱼味美肉鲜，人类需求量大，所以捕捞（lāo）量也很大。为了保证鲈鱼的繁衍（yǎn），许多国家都规定：产卵（luǎn）期间禁止捕捞鲈鱼。

师：现在，谁来讲一讲，父亲为什么坚持要我把鱼放掉呢？

3. 朗读对话：

师：按理说，这么大这么漂亮的鲈鱼，应该留下！可是，关系道德的事情，一点儿也马虎不得。思索再三后，父亲下定决心，不容争辩地要"我"把鲈鱼放掉。带着这样的理解，我们再来读这段对话：

父亲盯着鲈鱼看了好一会儿，然后把目光转向了我："孩子，你得把它放回湖里去。"

"爸爸！为什么？"我急切地问道。

"你还会钓到别的鱼的。"父亲平静地说。

"可是不会钓到这么大的鱼了。"我大声争辩着，哭出了声。

（四）对比

1. 人物对比：

师：这段对话，的确很有意思。面对同样一条大鲈鱼，父子俩的反应，却截然相反：

师：一个要留——

生：一个要放。

师：一个很急切——

生：一个很平静。

师：一个正面临巨大的诱惑——

生：一个却要进行严格的教育。

师：作者正是采用了对比的手法，把月光下的两个人描写得淋漓尽致，给我们留下了深刻的印象。让我们来分角色读读。

2. 分角色读："孩子，你得把它放回湖里去。"

（师生合作读，逐渐减字）

"孩子，你得把它放回湖里去。"

"爸爸！为什么？"

"你还会钓到别的鱼的。"

"可是不会钓到这么大的鱼了。"

【自评】如何让学生积极主动地投入到阅读活动中来？建构认知冲突，形成阅读期待，是有效的策略之一。教师引导学生关注插图，聚焦"对话部分"，把学生的注意力集中到"留"与"放"的问题上来。为什么放鱼？"还差两个小时"只是表面的原因。教师及时补充了关于鲈鱼的资料，让学生比较深刻地认识到，放鱼，就是让孩子接受严格教育，做一个遵守社会公德的人。学生明白了这一点，才算触及思想内核。

四、提炼写法，迁移运用

（一）写法

师：在那个月光如水的夜晚，我经历了一场艰难的道德抉择，心情发生了复杂的变化。请同学们浏览课文第三至九自然段，把描写"我"心情变化的句子划出来，并完成课后第二小题：

根据课文内容，用适当的词语概括出"我"心情的变化。

得意——（　　　）——（　　　）——（　　　）

师：我们来交流一下，你们都找到了哪些句子，体会到哪些心情？

（板书：得意　急切　伤心　不舍）

师：（指板书）你们看，从得意到急切到委屈，再到不舍，作者把自己的心理活动描写得多么细腻。让我们一起来读读吧！

师：当我好不容易钓到一条大鲈鱼时：

——我和父亲得意地欣赏着这条漂亮的大鲈鱼，看着鱼鳃在银色的月光下轻轻翕动着。

师：没想到父亲却要我把鲈鱼放掉：

——"爸爸！为什么？"我急切地问道。

师：父亲平静地告诉我：你还会钓到别的鱼的！

——"可是不会钓到这么大的鱼了。"我大声争辩着，哭出了声。

师：当"我"看到四周都是静悄悄的。

——我再次把祈求的目光投向了父亲。

师：可是，父亲没有给"我"半点机会。当所有的希望破灭后：

——我慢慢地把鱼钩从大鲈鱼的嘴唇上取下来，依依不舍地把它放回湖里。

师：你从这些心理活动中体会到了什么呀？（钓鱼之乐、放鱼之痛）

师：文似看山不喜平！作者在叙事的过程中，巧妙地将心理活动穿插其中，让故事情节更加曲折，人物形象更鲜明。这是本文在写法上的第二大特点，值得我们学习。

（板书：心理描写）

（二）迁移

师：在事情的发展变化过程中，父亲的心情，也发生着变化。请同学们结合课文内容，补充下面的练习。

父亲得意地欣赏着这条漂亮的大鲈鱼，心想：＿＿＿＿＿＿＿＿；

父亲划着了一根火柴，看了看手表，这时是晚上十点，距离开放捕捞鲈鱼的时间还有两个小时，他想：＿＿＿＿＿＿＿＿；

我慢慢地把鱼钩从大鲈鱼的嘴唇上取下来，依依不舍地把它放回湖里。父亲看看我，＿＿＿＿＿＿＿＿。

【自评】内容人人可见，但形式对于大多数人来说，却是个秘密。父亲为什么要放鱼？学生自己可以解决，不必深究。本文的另一个写作特色就是巧妙地将人物的心情变化融入故事情节的发展之中。教师抓住重点语段，通过朗读和小练笔，让学生亲历事情过程，体会作者复杂的心情变化，并进一步探究这样写的好处，做到了内容与形式的完美结合。

【板书】

钓鱼的启示

放 ———— 收

得意　急切　伤心　不舍

（心理活动）

【检测】心理活动仿写

在事情的发展变化过程中，父亲的心情也发生着变化。请同学们结合课文内容，补充下面的练习。

父亲得意地欣赏着这条漂亮的大鲈鱼，心想：＿＿＿＿＿＿＿＿＿＿＿＿＿＿；

父亲划着了一根火柴，看了看手表，这时是晚上十点，距离开放捕捞鲈鱼的时间还有两个小时，他想：＿＿＿＿＿＿＿＿；

我慢慢地把鱼钩从大鲈鱼的嘴唇上取下来，依依不舍地把它放回湖里。父亲看看我，＿＿＿＿＿＿＿＿。

同一篇课文由两个不同教师设计和执教,会出现什么情况呢？在区教研员提供的教案中,正好有两份教案(简称 A、B 教案)教授同一篇课文——《钓鱼的启示》。A 教案由屈老师执教;B 教案由李老师执教。这篇课文分两课时完成。A 教案教第一课时;B 教案教第二课时。

比较两份教案的设计与实施,可以从目标、过程与方法以及教学效果的评价三方面进行。

1. 教学目标比较

	A 教案	B 教案
1	能准确认识 11 个生字,规范书写 14 个生字。	1. 正确认读 11 个生字,会写 14 个字,能把"诚、翼、践、溅"等几个字写规范、漂亮。
2	能准确而简练地概括文章的主要内容。	2. 能运用"抓六要素"的方法,概括叙事类文章的主要内容。
3	能在课文中找出描写"我"和"父亲"的理由的句子,做出正确判断。	3.1 能有感情地朗读课文。
4	能说出将"心情变化"融入故事情节之中这种写法的好处,并加以迁移运用。	3.2 能用适当的词语概括"我"心情的变化。
5	结合课文内容和生活实际理解父亲的话,初步感受"道德实践"的重要性。	4. 能结合上下文以及生活实际说明自己对"启示"(或"含义深刻的句子")的理解。
6	能用"一事一议"的形式写一个生活片段。	5. 能运用"事理结合"的文章写作方法构思作文。

教学目标有两个成分：教什么和教到什么程度。两份教案的目标 1、2、5 和 6 教学内容基本相同,只是表达方式有所不同。A 教案目标 3,在 B 教案中未明写,暗合在目标 5 中;B 教案目标 3.1 在 A 教案中未明写,但体现在实际教学中。唯一有实质性差异是目标 3,A 教案除了要求概括"心情变化"之外,还要进行心理描写训练。B 教案有前者,无后者。在教学目标陈述上,B 教案有了新的发展(详见专门针对 B 教案的评析)。

2. 教学过程和方法

由于两个教案教的不是同一课时的内容,无法进行比较。但是两者都针对各自的目标,设计合理。而且两者各有亮点：

(1) 教案的亮点是在第三步"精读课文,深入理解"和第四步"提炼写法,迁移运用"。至于教师为什么如此设计,详见屈老师的自评。

(2) 教案的亮点是第二课时集中教读懂"启示类"文章的两条规则,实际上已经转入专项技能教学。(详见《钓鱼的启示(二)》的评析)

3. 教学效果的测量评价

A 教案设计了运用"心理描写"的填空练习,该练习可以检测重点目标的达成情况;B 教案设计了多个"事与理"相结合的文段的变式练习,学生完成这些练习,教师可以知道学生的掌握情况。

案例三：《钓鱼的启示》(二)

执教教师：广州市花都区新雅街云峰小学　李　静　执教年级：五年级

【教学目标】

1. 正确认读 11 个生字，会写 14 个字，能把"诚、翼、践、溅"等几个字写规范、漂亮。
2. 能运用"抓六要素"的方法，概括叙事类文章的主要内容。
3. 能有感情地朗读课文；能用适当的词语概括"我"心情的变化。
4. 能结合上下文以及生活实际说明自己对"启示"（或"含义深刻的句子"）的理解。
5. 能运用"事理结合"的文章写作方法构思作文。

【教学课时】两课时

第一课时完成目标 1—3。

第二课时完成目标 4—5。

【任务分析】

一、把"本课时的教学目标"放进"两维目标分类框架表"中

教学内容与认知过程两维目标分类框架

教学内容 （知识维度）	掌握水平（认知过程维度）					
	记忆	理解	运用	分析	评价	创造
拼音						
字	目标1					
词			目标3.2			
句子						
标点						
课文朗读、背诵	目标3.1	目标3.1				
标题、体裁			B5			
写作背景						
课文结构		目标3.2	目标2			
课文内容 （含价值观）		目标2 目标3.2	目标4			
表达技巧			目标5			
学习方法			目标4			

（注：表中分三个区域，用不同阴影加以区分：无色区表示学习的结果是知识；浅阴影区表示学习的结果是基本技能；深阴影区表示学习的结果是高级技能）

二、分析目标学习的条件

目标1（略）。

目标2需要运用记叙文的结构图式，并理解课文内容。

目标3.1需要记忆与理解课文内容。

目标3.2既要理解课文结构，又要理解课文内容，还要运用适当词语。

目标4需要运用两条规则说明自己对"含义深刻的句子"的理解。

目标5需要掌握表达技巧中的"事理结合"的写作方法。条件是学生能分清启示类文章的叙述事情和阐述道理两部分，并能理解两者是如何产生联系的。

【教学重点】知道启示类文章的表达方法，并能运用这种方法去读其他启示类文章。

【教学难点】指导启示类文章的叙述和启示部分是如何产生联系的。

【教学准备】课件

【教学过程】

一、复习导入

（一）复习

师：上节课我们学习了启示类文章如何概括主要内容，谁来说一说？（抓住文章"六要素"概况主要叙事部分主要内容，再加上文中的启示部分关键句子，即是全文的主要内容。）

（二）导入

师：作者从钓鱼这件事情中得到的启示是什么？请找到文中的关键句子。

（出示）

道德只是个简单的是与非的问题，实践起来却很难。

（三）告知目标

师：上面这句话的字面意思是什么？如何理解它的深刻含义？回答这两个问题就是本课的学习任务。

二、理解句子

（一）联系上下文理解句子含义

1. 师：我们结合钓鱼叙事部分的内容，分小组探究什么是"是"？什么是"非"？由哪些地方看出实践起来却很难？三个问题。（可先自己默读，再小组讨论）

2. 全班交流，教师点拨。

【预设】"是"就是对，正确，应该；"非"就是错，不对，不该。联系课文内容知道捕捞鲈鱼的时间没到，把钓到的鲈鱼留着，就是错误的；而把鲈鱼放回湖里，就是正确的。道德认识、抉择就是这么简单。

3. 师：为什么"实践起来却很难"呢?

【预设】例如："鱼大、鱼漂亮"、"周围没有人"等都会让人想做出"非"的决定;还有"距离开放捕捞鲈鱼的时间还有两个小时"可以是放鱼的原因,也可以是不想放鱼的原因。

4. 引导进一步思考,看父亲的表情(盯着鲈鱼看了好一会)走进父亲的内心,父亲此时可能在想:_____。

5. 老师引读:

师：因为父亲深深地懂得——

生：衡量真正的品德,是看他在知道没有人发觉的时候做些什么。

师：父亲想通过今晚钓鱼的事情,让儿子明白——

生：无论是在别人跟前或者自己单独的时候,都不要做一点卑鄙的事情:最重要的是自尊。

师：父亲希望在这个特殊的夜晚,培养儿子的——

生：非常的境遇可以显出非常的气节。

(二) 结合生活实际理解句子含义

过渡：刚才我们运用联系上下文的方法理解了这个句子,下面我们结合生活实际,再深入理解这个句子。

1. 结合生活实际,想一想,写一写。以"道德只是个简单的是与非的问题,实践起来好难啊!"为开头,写写自己在生活中如何实践道德之难。(阶梯练习)

(1) 道德只是个简单的是与非的问题,实践起来好难啊! 如我在考试的时候,遇到不会做的题目,趁老师不注意,就偷偷翻书看,虽然我明知_____,但为了_____,而且以为_____,偷看一下也_____。但如果长此以往,_____;相反,如果坚持_____,就会_____。

(2) 道德只是个简单的是与非的问题,实践起来好难啊! 如我们平时在红绿灯口过马路时,_____。

(3) (学生练写)道德只是个简单的是与非的问题,实践起来好难啊! 如：_____。

2. 师：如果在刚才大家说的那段话后加上这句话,也许是个不错的结尾。

一个人要是从小受到严格的教育的话,就会获得道德实践的勇气。

过渡：学到这里,我们发现同一个道理或者启示,我们可以找到生活中许多的例子去说明。同样的,一件事情发生在不同人的身上也会有不一样的感悟。这种先写事情,后说明启示的文章,我们以前也学过。

三、认识"事理结合"的课文的写作特点,并尝试运用

(一) 举例说明"事理结合"的课文写作特点

1. 回想我们以前学过的课文,有不少也是这样,先写事情,然后写得到的启示。

如《触摸春天》：讲述一个盲人女孩在春暖花开的美景中，以自己独特的方式感受春天的气息，触摸春天的脉搏，捕捉春天的影踪。

启示：谁都有把握春天的权利，只有用心去感受生命的美好，才能创造一个属于自己的春天。

再如《花的勇气》课文写了作者在维也纳寻花的经过：从只见绿地不见花，到见到花儿藏身于草下，然后到离开前仍不见花儿冒出来，再到看见花的原野时一系列心情的变化，最后被花儿的气魄所震撼，闪现出思想的火花：生命的意味就是勇气！

2. 师小结：我们称这一类文章为启示类文章，一般由两部分组成，即事情＋启示，由事情所得到的启示可在文章开头、中间、最后。这种写法就是"事理结合法"。（教师板书）

（二）变式练习"事与理"的结合

1. 请尝试给以下的事件所引发的启示连线。

我是个急性子，做什么事都急急忙忙。在为家里买盐的路上差点撞车，并且回家才发现买回来的不是盐，是糖。	爱是多样的，唠叨也是一种爱。
小路边不起眼的玫瑰，给世界增添色彩，给人们带来芬芳。	平凡中见精神。
我因为好奇，玩弄小乌龟，把它放在热蒸汽上烫，看它有什么反应，结果被爸爸批评。	实践出真知。
从小，妈妈就经常唠叨我吃、穿和学习的事情，有时让我不胜其烦，可当妈妈出差一段时间后，我因听不到妈妈的唠叨反而觉得很不习惯了。	心急吃不了热豆腐。
在一个皎洁的夜晚，我想起大人经常告诫孩子不能指月亮，否则就会掉耳朵。于是我鼓起勇气试一试，结果并不是大人说的那样，于是我惊叹……	应该尊重生命。

2. 请按照给出的事件情景，想想从中获得的启示。

我去"百万葵园"游玩，欣赏一望无际的向日葵田，不管风吹雨打，株株向着太阳的方向，那么挺拔，那么朝气。

【预设】我们应该像向日葵一样，向着光明、温暖的方向，永远积极向上。

四、作业（阅读和写作二选一）

（1）用"事理结合"的方法读《珍珠鸟》一文，结合生活实际谈谈你读懂了什么。

（2）小练笔：概括地写一件使自己受到启发的事，把启示部分写明白。

评析

1. 语文课教什么和教到什么程度？传统语文教学理论缺乏可操作的目标设置与陈述理论框架和技术，导致教师在备课阶段目标不明，拿到一篇课文，不知用课文教什么。以下是我在互联网上选择的一篇《钓鱼的启示》（人教版五年级上册）的教案。

【教学目标】

（1）理解课文内容,读懂"我"从钓鱼这件事中所获得的启示,懂得从小接受严格教育的重要,并从中获得道德实践的勇气和力量,提高抵制"鱼"的诱惑的能力。

（2）体会"我"和"父亲"的心理活动,并能概括"我"的心理变化过程。

（3）有感情地朗读课文,培养读、思、画结合的学习习惯。

【教学重点】

理解课文内容,读懂"我"从鲈鱼这件事中所获得的启示,懂得从小接受严格教育的重要,并从中获得道德实践的勇气和力量,提高抵制"鱼"的诱惑的能力。

【教学过程】

（1）直入启示,初步感知。

（2）围绕启示,品读感悟。

（3）探究启示,深入感悟。

（4）强化启示,明理做人。

（5）总结全文,升华情感。

再看一个用"三维目标"分类框架写的《钓鱼的启示》的目标:

（1）知识与技能:正确、流利、有感情地朗读课文。认识并理解本课的一些词语,如:涟漪、翕动、不容争辩等。

（2）过程与方法:通过联系生活实际、揣摩人物心理、朗读等方法使学生走入文本,体会钓鱼的启示。

（3）情感态度与价值观:通过这个故事使学生受到一些启示,懂得在生活中我们要做一个有道德的人。

将上述第一个教案简称 A,第二个简称 B;将它们的目标置于两维目标分类框架表内,每个教案教什么,教到什么程度,清清楚楚。

教学内容与认知过程两维目标分类框架表

教学内容 （知识维度）	掌握水平（认知过程维度）					
	记忆	理解	运用	分析	评价	创造
拼音						
字						
词	B1	B1				
句子						
标点						
课文朗读、背诵	B1	A3;B1				
标题、体裁						
写作背景						
课文结构		A2				
课文内容 （含价值观）		A1;A2 B2				
表达技巧						

（注:表中分三个区域,用不同阴影加以区分:无色区表示学习的结果是知识;浅阴影区表示学习的结果是基本技能;深阴影区表示学习的结果是高级技能）

比较李静老师与网上的 A 和 B 两个教案的每个目标在"教学内容与认知过程两维目标分类框架表"中的位置,可以发现,前者重点教语文技能,而且侧重教语文高级技能。后者侧重教课文内容和低水平的认知过程——理解与记忆,没有明确的技能目标。我国语文教学为什么长期摆脱不了"高耗低效"的困局,一个重要的原因,是教师教得辛苦但不知语文课到底教什么。

要解决语文教师不知语文课教什么的问题,必须从教学目标的陈述抓起。每一个目标至少必须有两个成分:一个是认知过程,另一个是语文知识。前者用动词陈述,表明掌握程度;后者用名词陈述,表明学习内容。如李静老师的目标 1 的认知过程是"认读"和"会写";学习内容是"生字"。但是"运用"以上水平的目标,要另加一个成分。其基本模式是"知识＋认知过程＋对象"。例如,李静的目标 2:知识是"叙事类文章六要素"(即文章结构图式),认知过程是"概括",认知加工的对象是"文章的主要内容";目标 3.2:知识是"适当的词语"(词语概念辨析),认知过程是"概括",认知加工对象是"'我'的心情的变化";目标 4:知识是"两条规则"(联系上下文和联系生活实际),认知过程是"说明",认知加工对象是"自己对'启示'的理解";目标 5:知识是"'事理结合'的文章写作方法",认知过程是"构思",认知加工对象是"文章提纲或初稿"。

李静老师的后 4 个目标,真正体现了叶圣陶关于"语文课文无非是例子"的思想。在目标 2 中真正要学习与运用的知识是"文章结构图式","钓鱼的故事"是"文章结构图式"的例子。例子可以忘记,图式不能忘。目标 3.2 中,真正要掌握和运用的知识是"适当的词语"(如得意、委屈、乞求、依依不舍等词义的辨析,即概念差异),运用的例子(情景)是作者的心情变化。这些词语的概念差异不能忘,例子可以忘。目标 4:真正要学习与运用知识是"两条规则"(联系上下文和联系生活实际),要"说明"的例子是课文中的"启示语"。两条规则不能忘,"启示语"能记住最好,即使忘了,也可自己创作出来。目标 5:要学习的知识是"'事理结合'的文章写作方法",认知过程是"构思",认知加工对象是"文章提纲或初稿"。提纲或初稿是运用规则创作例子。规则不能忘,例子可以忘。

再看网上的 A 教案,目标 1:动词是"理解"、"读懂"、"提高";教学内容是"课文内容"、"启示语"、"抵制'鱼'的诱惑"。目标 2:动词是"体会"、"概括";教学内容是"父亲的心理活动"、"我的心理变化过程"。目标 3:动词是"朗读"、"培养";教学内容是"课文"、"学习习惯"。两相比较,运用科学方法陈述的目标,既要教语文规律性知识,又要教这些语文知识在新学课文和已学课文,以及日常生活情景中运用。相反,用传统方法陈述的目标,由于缺乏语文规律性知识,学生很可能只记住课文内容、例子,难以学到语文技能。

2. 如何避免将"启示类"课文教成思想品德课? 认真研究李静设计的《钓鱼的启示》教案,可以得到很大启发。

(1)目标陈述。

用科学取向的教学论陈述的目标	用传统方法陈述的目标
1. 能运用"抓六要素"的方法,概括叙事类文章的主要内容。	1. 理解课文内容,读懂"我"从钓鱼这件事中所获得的启示,懂得从小接受严格教育的重要,并从中获得道德实践的勇气和力量,提高抵制"鱼"的诱惑的能力。
2. 能用适当的词语概括"我"心情的变化。	2. 体会"我"和"父亲"的心理活动,并能概括"我"的心理变化过程。

用科学取向的教学论陈述的目标	用传统方法陈述的目标
3. 能结合上下文以及生活实际说明自己对"启示"(或"含义深刻的句子")的理解。	3. 通过这个故事使学生受到一些启示,懂得在生活中我们要做一个有道德的人。
4. 能运用"事理结合"的文章写作方法构思作文。	4. 看完这个故事你有什么想法? 把你的真实想法写下来

　　用科学方法陈述的目标,把语文教学内容放在明处。在《钓鱼的启示》中,李静的教学内容除了生字新词在明处之外,还有"抓六要素"的方法、反映心情的变化的词语、理解"启示"的两条规则和"事理结合"的文章写作方法,都明明白白地呈现在目标中。这些教学内容都属于概念性知识(或规律性知识),不仅要运用于对新课文的理解、分析,也要运用于已学课文和日常生活之中,最后使之转化为语文读写技能。反之,用传统方法陈述的目标,把课文的教学内容、价值观放在明处而且作为教学的重点难点,而把语文知识(字词除外)放在暗处,结果学生记住了一些事实性知识、例子,但是很难学会读写技能。

　　(2)教学过程:确保语文知识向语文技能转化。

　　目标清楚了,下一步是"过程与方法"。因为义务教育阶段学生学习语文的目的主要是获得语文技能(包括动作技能、智慧技能和特殊的智慧技能,即认知策略),技能的学习一般要经历三阶段:规则习得阶段——变式练习阶段——在新情境中运用和迁移阶段。习得阶段的教学方法通常是"例—规"法(从例子中提炼规则)或"规—例"法(先呈现规则,后举例说明规则);在知识向技能转化阶段,教学方法通常是变式练习,即习得的规则不变,但例子不断变化(包括正、反例的变化);在测量与评价阶段,要求学生将习得的"规律性知识"在未经学习过的新情境中运用。

　　李静老师的《钓鱼的启示》第二课时的教学"过程与方法"的设计基本符合这一"学与教"的原理。为了实现第4个目标,运用"规—例"法,先出示"启示类"文章的两种学习方法(联系上下文、结合生活实际),然后列举实例说两种方法。实例可以是课文上的,也可以是学生日常生活中的。在此基础上,及时引导学生认识"先写事情,后说明启示"("事理结合")的课文的写作特点:一般由两部分组成,由文章所得到的启示可在文章开头、中间、最后。这种写法就是"事理结合法"。这样就很自然地过渡到实现第5个目标的教学。

　　目标5的教学方法与目标4的相同,也是用"规—例"法说明"事理结合"的课文写作特点,接着进行两种练习,即连线练习和生成练习。

　　最后布置两道作业,分别巩固目标4和目标5的学习结果。

　　尽管李静的单篇课文第二课时的教学设计体现了"一课一得"的精神,但是由于单篇课文的局限,"启示类"文章的学习不可能"毕其功于一域"。随着年级升高,这类文章的学习内容与结果还应螺旋式上升,所以,语文教师需要有全局观。

(皮连生)

案例四：《晏子使楚》第二课时

执教教师：广州市花都区新华街第二小学　徐淑妍　执教年级：五年级

第二课时

【学习目标】

1. 能找出并记住楚王三次侮辱晏子以及晏子回击侮辱的相关句子，能说明晏子反击语言的妙处。

2. 能用适当词语概括晏子的性格特点。

3. 能运用"通过语言描写刻画人物性格特点"的表达方式进行拓展性阅读，分析人物品质。

【任务分析】

目标1：晏子精妙语言的理解、记忆与分析。需要充分理解课文结构、内容和必要的逻辑知识。

目标2：课文的理解。属于综合能力学习，需要知道课文的写作背景、课文内容和作者的价值观，以及适当描述人物性格、品质的词汇。

目标3："通过语言描写刻画人物性格特点"的写作规则的运用。

【教学过程】

一、复习导入

1. 请学生用故事结构图式（事情的起因、经过、结果）概括地说一说课文内容。

生：晏子出使楚国。楚王想侮辱晏子，显显楚国的威风（起因）；楚国的国王三次侮辱晏子，晏子都给予了有力的反驳（经过）；使楚王不敢不尊重他（结果）。

2. 楚王想方设法侮辱晏子，但最终的结果却是——从这以后，楚王不敢不尊重晏子了。这是为什么呢？我们来看看晏子与楚王的三次交锋，感受晏子的语言艺术的魅力。

二、第一次交锋

（一）学习要求：自由读第三至五自然段

1. 用"——"划出楚王三次侮辱晏子的句子，再用"～～～"划出晏子回击楚王的句子。

2. 想想晏子的语言妙在哪里，并圈出他们说话时描写神态、动作的词语。

（二）教师示范分析第一次交锋

我们能从一个人所说的话中，了解他的智慧和性格特点。我们先来看看，晏子在第一次回击楚王的侮辱时说了些什么？你觉得他的语言妙在哪里？

<table>
<tr>
<td>
楚王的言行:
＊知道晏子身材矮小,派人在城门旁开了一个五尺来高的洞;
＊叫人把城门关了,让晏子从这个洞进去。
＊只好吩咐大开城门,迎接晏子。
</td>
<td>
晏子的反击:
晏子看了看,对接待的人说:"这是个狗洞,不是城门。只有访问'狗国',才从狗洞进去。我在这里等一会儿。你们先去问个明白,楚国到底是个什么国家?"
</td>
</tr>
</table>

教师示范分析:通过楚王与晏子言行对比,你能从晏子的话、晏子说话的神态中看出他是一个什么样的人?

1. 从楚王的言行看楚王的品格:
＊想乘机侮辱晏子,显示楚国威风。
＊故意刁难,侮辱他人人格,有损他人国格

2. 从晏子的反击看晏子的品格:
"看了看"——**胸有成竹;冷静应对**
"只有……才……"
"先去问个明白,楚国到底是个什么国家?"
——**善用逻辑推理**

结果:楚王当然不敢承认楚国是"狗国",自然认输,开城门迎接晏子。

三、第二次交锋

1. 分角色朗读:

晏子进了城门,见了楚王,楚王又是怎样对待他的呢? 请同桌之间自由合作,分角色读读晏子和楚王之间的第二次交锋的课文。

2. 仿照上面的方式,将楚王与晏子言行对照。

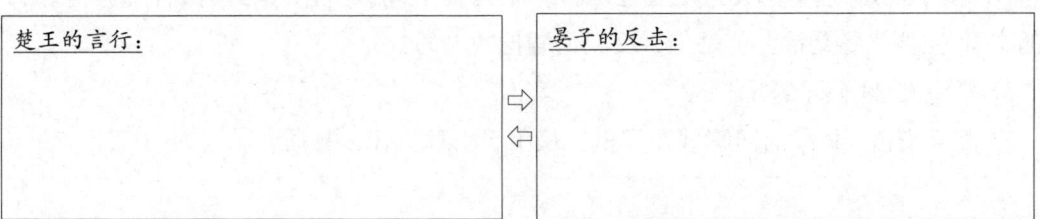

<table>
<tr>
<td>楚王的言行:</td>
<td>晏子的反击:</td>
</tr>
</table>

分析:

1. 从楚王"瞅他一眼"、"冷笑一声"和连提两个问题,说明什么?(瞧不起晏子,步步紧逼)

2. 晏子反击时的神态、动作说明什么?(以"严肃"应对"冷笑");他的回答巧妙之处何在?(我最不中用,所以派到这儿来了:先贬低自己,然后达到贬低对手的目的)

3. 比照古文原文:

齐之临淄三百闾,张袂成阴,挥汗成雨,比肩继踵而在,何为无人?

理解并记住三个成语:张袂成阴,挥汗成雨,比肩继踵。

四、第三次交锋

楚王想方设法地想侮辱晏子,已经连败了两次,但他还不死心,第三次侮辱晏子,而晏子巧妙地用了一个例子回击了楚王。请同学们默读第五自然段,仿照上面的方式将楚王与晏子言行对照。

楚王及其手下的言行:	晏子的反击:

分析:

1. 楚王令其手下在酒宴期间演出齐国人"爱干偷盗之事"的滑稽剧,说明什么?（精心设计、故意损坏齐国形象）

2. 晏子用什么道理驳倒了楚王?（用自然界的例子:同一种植物在不同环境下,结出的果实不同;以此类比,人的德行也会受社会环境影响）

3. 理解并记住古文原文:"橘生淮南则为橘,生于淮北则为枳。"

4. 出示课文最后一句:从这以后,楚王不敢不尊重晏子了。

思考讨论:这个句子中的"不敢不"能不能替换成"不得不"?

五、拓展性学习

运用"通过语言描写刻画人物性格特点"的表达方式阅读《鞋匠的儿子》:

1.《晏子使楚》这篇课文正是通过语言来刻画晏子"能言善辩、聪明机智"的特点的。下面的文章,主要人物是谁? 他是怎么反驳侮辱他的人的?

2. 学生阅读《鞋匠的儿子》。

3. 相互交流:林肯的回答妙在哪里? 从中看出林肯什么品质?

六、总结

谢谢同学们的分享。语言是一门艺术,不同的表达方式,就会有不同的表达效果。希望我们能像晏子一样,学好语文、用好语言!

【板书】

11. 晏子使楚

能言善辩

聪明机智

晏子　不卑不亢

……

《晏子使楚》是一篇小学经典课文,大体类似于王荣生教授说的"定篇"。这篇课文有六个生字,两个成语"面不改色"、"安居乐业"。小学五年级下学期的学生完全读懂这篇课文,需要一些中国古代历史知识,知道"春秋末期"、"楚国"、"齐国"、"淮南"、"淮北"、"楚王"、"大夫"等词语的含义。所以在学习这篇课文前,教师需要对课文产生的历史背景做一些介绍,使学生知道本篇课文是晏子去世多年后,齐国人根据历史资料和民间传说写成的文学故事,而不是真实的历史事实。

《晏子使楚》中的三个故事之所流传了两千多年,因为其中人文精神和写作技巧上有值得后人称颂和仿效的元素。就人文精神来看,晏子虽然身材矮小,但是他遇事沉着冷静,足智多谋,能言善辩,在强国的刁难面前不卑不亢,被赞誉为:"一人之辩,重于九鼎之宝;三寸之舌,强于百万之师"。在写作技巧上,三个故事中的人物主要通过语言进行争针锋相对的斗争。例如:张袂成阴、挥汗成雨、比肩继踵、橘生淮南则为橘,生于淮北则为枳等成语均出自《晏子使楚》古文原文。可见其语言的精辟富于哲理。

徐淑妍老师设计的第二课时抓住三个小故事中两个主要人物的言行对比,揭示了两个人物的不同品格。楚王的傲慢、刁难、居心不良反衬了晏子的冷静机智、能言善辩、不卑不亢的品格。在教学方法上,采用"教、扶、放"的策略:教师先对第一个故事中的人物言行进行分析,给学生提供示范,然后让学生仿照教师的"样例",对第二个和第三个故事中的人物言行进行分析,以培养学生的分析能力。同时要求学生记住流传至今的成语和进行拓展性阅读。《晏子使楚》第二课时的教学设计符合"一课一得"的精神,所以其设计符合科学取向教学论。

（皮连生）

案例五：《将相和》第一课时

执教教师：广州市花都区新华街棠澍小学　刘建新　执教年级：五年级

【教学目标】

1. 能认读"和氏璧、允诺、召集、胆怯、鼓瑟"等几个词语;能正确听写"璧、诺、怯、瑟、拒、诸、荆"几个字。

2. 能分析课文的主要内容与结构。

（1）能用文中的关键词给三个故事拟写小标题。

（2）借助故事结构概括文章主要内容。

3. 说明三个故事之间的联系。

【任务分析】

目标1：字词音、形记忆,学习条件是重复感知。

目标2：（1）综合能力,需要理解课文内容与结构;（2）故事结构图式的运用,需要掌握课文结构图式,和读懂课文内容。

目标3：综合能力,需要对课文内容与结构的理解。

第一课时

教学过程	师生互动的方式、方法和效果	专家评析
一、谈话导入 1. 提问，激发学生的学习兴趣。 2. 告知目标。	同学们，你们喜欢阅读吗？我来考考大家，我说一个人物或者一个故事，你们说它们出自哪本书。 （出示） 孙悟空——《西游记》 武松打虎——《水浒传》 三顾茅庐——《三国演义》 林黛玉——《红楼梦》 同学们，刚才说的就是我国的四大名著。其实，我们国家还有许许多多的文学、历史名著。它们讲述了引人入胜的故事，刻画了众多栩栩如生的人物。今天，我们要学习的课文《将相和》，选自汉代史学家司马迁的历史著作《史记》。 （板书：将相和） 过渡语：预习是一种很好的学习方法，下面请同学们来汇报一下你们预习的情况。	单篇课文教学设计的前两步，符合科学取向教学论原理：告知目标与激发学生的学习兴趣。
二、检查预习情况 1. 生字。 2. 课文作者与背景。	1. 四人小组汇报生字词的预习情况。 (1) 提醒同学容易读错的字词。 (2) 提醒同学容易写错的字。 补充"乘机"的"乘"读作"chéng"，全班齐读两遍。 师示范"荆"的写法，强调"左右结构、左宽右窄"，生用生字本认真书写。 2. 四人小组汇报搜集的资料。 (1) "将相和"故事发生的背景。 (2) 作者司马迁。 (3)《史记》。 3. 齐读资料： 司马迁是我国西汉时期伟大的史学家和文学家。他因为得罪了汉武帝，被处以残酷的宫刑。他忍辱负重，用了13年时间，写成了名震中外的辉煌巨著《史记》。 《史记》既是一部很有价值的历史著作，又是一部杰出的文学著作，被鲁迅先生称为"史家之绝唱，无韵之离骚"。	单篇课文教学设计的这一步，进行生字新词教学与课文作者、背景介绍，目的是为新材料的学习准备好原有知识。
三、理解课文主要内容与结构 1. 释题质疑。 2. 学拟标题。	1. 释题质疑，相机板书： 　将(廉颇)————————相(蔺相如) 　　　　　　和好 过渡语：有和好，就必有不和。（板书：不和）将相为什么不和，又为什么和好呢？让我们来读读故事。想想：课文一共讲了几个故事？请为每个故事拟一个小标题。 2. 回顾旧知，学拟标题： (1) 回顾： 拟写小标题是概括故事主要内容的一种方法。我们以前就学习过，出示课件示例： 《钓鱼的启示》：钓鱼　放鱼　启示 《落花生》：种花生　吃花生　议花生	新课文的学习从审题、理解题意开始。 把教会学生读懂课文内容和结构作为一种高级技能来教。通过本篇课文的学习，学生不仅知道了本篇课文的结构和内容，而且练习了两种概括课文的结

教学过程	师生互动的方式、方法和效果	专家评析
	《狼牙山五壮士》 接受任务　诱敌上山　引上绝路　顶峰歼敌　英勇跳崖 (2) 小结方法。 师：同学们观察,你发现这些小标题有什么特点? 生：语言简洁,句式是"做什么"。 师补充：小标题的关键词一般在文中可以找到,极有可能出现在文章的总结句(段)里面。 出示课件: 　　　　　　　　如何拟小标题 划出结尾段(句)。 提取关键词。 语言要简洁,格式：做什么 (3) 练习运用： 师：下面请同学们快速浏览课文,划出每个故事的结尾段(句)。 生：回答每个故事的结尾句,师出示课件：结尾句(段) 这就是《完璧归赵》的故事。蔺相如立了功,赵王封他做上大夫。 蔺相如在渑池会上又立了功。赵王封蔺相如为上卿,职位比廉颇高。 蔺相如见廉颇来负荆请罪,连忙热情地出来迎接。从此以后,他俩成了好朋友,同心协力保卫赵国。 师：同学们,把结尾段(句)齐读一遍,你能提取关键词来做小标题吗? 根据学生回答相机完善板书： 　　完璧归赵　渑池会见　负荆请罪 　　　　　　　　不和 将(廉颇)——————相(蔺相如) 　　　　　　　　和好	构和内容的方法： 1. 通过给课文拟小标题来分析课文的结构和内容。其教学达到分析水平。 教学方法是采用"举三反一"的方法。
3. 练习概述。	把握整体,练习概述 1. 回顾： 师：拟小标题是把握文章结构的一种方法,如果是叙事性的文章,我们还可以通过把握事件的起因、经过、结果来把握课文主要内容。同学们请看： 出示课件示例： 例一：《钓鱼的启示》的主要内容： 34 年前,鲈鱼捕捞开放日的前一个傍晚,"我"和父亲去钓鱼(**起因**),"我"好不容易钓着了一条大鲈鱼,父亲让"我"把鲈鱼放回湖里(**经过**),"我"从中获得终生的启示(**结果**)。 例二：《晏子使楚》的主要内容： 春秋末期,齐王派大夫晏子去访问楚国。楚王想侮辱晏子,显显楚国的威风(**起因**)。楚王三次侮辱晏子,晏子巧妙回击(**经过**),从这以后,楚王不敢不尊重晏子了(**结果**)。	2. 通过运用故事结构来概括文章主要内容。 教学方法仍然是"举三反一"的方法。

教学过程	师生互动的方式、方法和效果	专家评析
	2. 小结方法： 师：你们发现了什么？ 生答，师小结：语言要简洁。要说清楚起因、经过、结果。 师：小结概括主要内容的要求和方法。 (出示) 说说故事的主要内容要求和方法。 要求： 要有起因、经过、结果。 语言要简洁。 将对话改为叙述。 突出主要事件。(谁做什么) 3. 练习运用： 师：同学们再打开课本第50页《晏子使楚》，快速浏览课文的开头和结尾，再对照屏幕上的主要内容，你又发现了什么？ 生浏览、思考、回答：文章的开头和结尾段就交待了故事的起因和结果。 以"完璧归赵"为例： 浏览"完璧归赵"故事，找到开头段(句)，划出起因和结果。 练写"完璧归赵"主要内容。 生汇报"完璧归赵"的主要内容，相机评价。 教师示例"完璧归赵"的主要内容： 有一回，赵王得到一块和氏璧，秦王说愿意拿十五座城去换(**起因**)。赵王于是派蔺相如带着和氏璧出使秦国。可秦王丝毫没有拿城换璧的诚意，蔺相如于是用计拿回和氏璧，送回了赵国(**经过**)。蔺相如立了功，赵王封他做上大夫(**结果**)。 练说"渑池会见"、"负荆请罪"的主要内容： 师：请同学们用刚才的方法，说说"渑池会见"、"负荆请罪"的主要内容。第一、二大组说"渑池会见"，第三、四大组说"负荆请罪"。 (1) 生默读课文，划出起因和结果，口头概括经过。 (2) 四人小组内练说并修改。 (3) 小组推荐汇报，师生评价。 (4) 同学们，你们对三个故事的概括非常好，既抓住了重点，又简洁明了。现在请同学们把三个故事的主要内容连起来读一遍。 "渑池之会"主要内容： 过了几年，秦王约赵王在渑池会见(**起因**)。秦王借机侮辱赵王，让赵王鼓瑟，并叫人记录下来。蔺相如以死相拼，逼秦王为赵王击缶，秦王没有占到便宜(**经过**)。蔺相如又立了功，赵王封他做上卿(**结果**)。 "负荆请罪"主要内容： 蔺相如的职位比廉颇高(**起因**)。廉颇不服气，想为难蔺相如，蔺相如为了国家利益，躲着廉颇。后来廉颇知道自己错了，于是来蔺相如家负荆请罪(**经过**)。从此，他俩成了好朋友，同心协力保卫赵国(**结果**)。	

教学过程	师生互动的方式、方法和效果	专家评析
4.理清联系	师：三个故事情节独立，既有起因、经过、结果，又相互有紧密的联系，请同学借助拟的三个小标题，用"因为……所以……"的句式来说说。 同桌互说，交流汇报。 生齐读并填空： 因为蔺相如（完璧归赵）立了功，封为（上大夫）；在（渑池会见）又立了功，封为（上卿），职位比廉颇高，廉颇（很不服气），所以将相不和。后来，廉颇听蔺相如说，他所以避着自己，为的是（国家的利益），很受感动，就（负荆请罪），两人又和好了。	引导学生思考三个故事之间的联系。这样，学生对整篇课文的文脉有清晰的了解。
四、课堂小结，拓展延伸	小结：渑池之会是完璧归赵的发展，渑池之会、完璧归赵的结果又是负荆请罪的起因。三个故事合起来构成"将相和"这一完整曲折的故事。 拓展：司马迁非常擅于讲故事，而通过讲故事来记录历史，也正是《史记》这本书最大的特点。《史记》当中还有许多像《将相和》这样精彩的故事，如：大禹治水三过家门而不入，项羽霸王别姬，越王勾践卧薪尝胆等。同学们有兴趣去读读《史记》这本书。	

评析

　　给文章正确地分段，为段落拟小标题与概括大意，是评价学生阅读能力的重要指标。这种能力属于综合阅读能力。学习者需要运用字、词、句、标点的知识，写作背景知识，文章内容和结构知识对课文的整体结构、段落、层次做深入分析，并在分析的基础上进行概括。小学语文教学从三年级开始，就需要注意培养这种能力。本节课的教学设计是培养这种能力的一个典型例子。据听课的老师反映，学生的学习效果很好。原因是本课的教学设计抓住了课文的特点：课文由三个故事构成、故事结构相同；每个故事结尾有中心句，中心句中有说明中心思想的关键词。这样的课文易于采用"举三反一"和"举一反三"的教学方法。此外，给文章分段、拟小标题、归纳段落大意适合五年级学生阅读训练。著名小学语文特级教师丁有宽在教五年级的课文《十里长街送总理》时，也进行了类似的训练（参阅丁有宽著：《丁有宽小学语文读写结合法》，山东教育出版社1999年版，第112—119页。）

　　从单篇课文教学的第一课时的教学常规来看，第一课时的教学任务通常是：检查预习，教生字、新词，指导课文初读，课文分段，概括段落大意。其目的是使学生读懂课文的结构和内容，为第二课时深入分析、评价（品读、鉴赏）文章的表达方法、技巧做好准备。《将相和》第一课时的教学设计既达到了读懂课文结构与内容的目的，又培养了学生拟小标题、归纳段落大意的能力。所以在此推荐，供大家研究参考。

（皮连生）

案例六：《怀念母亲》

执教教师：北京市昌平区十三陵中心小学　周金钟　执教年级：六年级

【教学目标】

1. 生字新词：

（1）会默写"真挚、寝不安席、频来入梦、朦胧、凄凉、可见一斑、篇章"八个词语，并能够解释它们在课文中的意思。

（2）能够用"真挚"、"寝不安席"、"频来入梦"三个词语说一段话。

2. 能通过网上查阅等方式搜集反映作者季羡林生平事迹的资料。

3. 能概述课文的主要内容和作者表达的情感。

4. 能够给文章划分段落，说明文章的结构顺序和课文第三自然段在课文结构中的作用。

5. 有感情地朗读课文：能通过朗读表达作者对生身母亲和祖国母亲的真挚感情。

6. 能说明本文的文体以及材料的选择和组织的线索。

表1　课文基本技能两维目标分类框架表

教学内容	掌握水平（认知过程）					
	记忆	理解	运用	分析	评价	创造
拼音：字母 　　规则						
生字：音形 　　字义	目标1	目标1				
新词：音形、词义、组词规则			目标1			
句子：句式 　　成分						
标点：符号 　　使用规则						
课文朗读背诵		目标5				

表2　语文高级技能两维目标分类框架表

教学内容	掌握水平（认知过程）					
	记忆	理解	运用	分析	评价	创造
标题与文体		目标6				
背景知识		目标2				
文章结构层次				目标4 目标4		
课文内容（含价值标准）				目标3		
表达技巧				目标6		

【任务分析】

表 3 《怀念母亲》(六年级上)课文的教学内容的学习结果分析

语文教育 目标分类		学生的起点与新学习内容		可能的 学习结果
		学生的起点状态	新学习的内容	
语文 知识	生活经验	六年级学生对母子感情有相当经验	教学中应补充母子生离死别的情感经验,如季羡林的《赋得永久的悔》和游子思故乡的实例	增加相关言语信息
	课文内容知识		文章作者回忆怀念生母和祖国母亲的原因和具体表现	获得有关言语信息
	语文专门知识	已有抒情散文的特点一般知识	《怀念母亲》的作者、体裁、形散神不散	获得抒情散文的知识;不作考试内容
基本 技能	拼音	熟练	借助拼音技能正音,如哥廷(ting)根;怅(chang)望	读准生字的音
	字	已具备自学生字能力	生字:挚、寝、频、朦、胧、凄、斑、篇	能认读、默写、解释
	词语	已具备自学、积累词语能力	新词:真挚、避免、朦胧、凄凉、引用、强烈、思潮起伏、可见一斑等	能解释,部分能造句
	句子	已掌握汉语基本句法结构		
	标点	已掌握汉语基本标点符号用法		
高级 技能	文题和体裁	有审题技能、能识别本文文体	运用原有技能审题,识别本文文体	变式练习;识别本文文体
	文章背景	有在互联网上查找资料的技能	运用在互联网上查找资料的技能收集作者和文章背景知识	技能运用的结果,获得理解课文作者和背景的知识
	文章结构	已有"总—分"和按时间顺序等构篇的图式	运用文章结构知识对新课文分段	变式练习,理清新课文的脉络、思路
	文章内容与价值观	已具备提取适合的文章内容与价值观的综合阅读能力	运用综合阅读能力分析课文内容和价值观	锻炼综合阅读能力,能概述课文的主要内容和作者表达的情感
	表达技巧	已初步具有根据文章中心思想取舍材料的技能	运用文章立意与取材原则分析文章的构思	变式练习;加深文章立意与取材原则的认识
价值	做人和做事的是非、善恶标准	初步具有爱父母,爱祖国的意识和情感	在学生头脑里树立一个爱国爱家的老学者的崇高形象	受到文章作者爱国爱家情感的感染

【课前准备】

1. 通过网上查阅等方式了解作者的生平事迹。

2. 读熟课文,划出自己不理解的词语。

第一课时

教学过程与内容	师生互动的方式、方法	评议
一、谈话导入 1. 板书课题;解题。 2. 介绍作者。 3. 评价学生板书。	提问: 1. 我们今天要学哪一课? 2. 哪个同学能勇敢地把课题写在黑板上?(学生写板书) 3. 通过读题,你是否可以提出问题?你想知道什么? 4. 关于本文的作者,你们知道哪些情况?把你知道的介绍给大家。 5. 你是通过什么途径知道这些情况的?(鼓励学生通过各种途径搜集信息)	实现目标 2
二、学习字词 1. 我会写。 2. 解释词语意思。	1. 大屏幕出示新词,要求读准字音。 真挚　寝不安席　频来入梦　朦胧　凄凉　可见一斑　篇章 2. 学生说"真挚"、"寝不安席"、"频来入梦"的意思。 3. 看看作者是怎么用这几个词语的,读以下三句话: (1) 我对两个母亲怀着同样崇高的敬意和同样真挚的爱慕。 (2) 我痛哭了几天,食不下咽,寝不安席。我真想随母亲于地下。 (3) 后来我到德国留学,住在一座叫哥廷根的孤寂的小城,不知道为什么,母亲频来入梦。	实现目标 1 实现目标 1
三、初读课文 1. 读通顺:字正腔圆。 2. 读明白:概括课文的主要内容。	1. 检查朗读,要求读通顺,不能唱读。(学生读书,教师相机指导) 2. 大屏幕出示读书要求: 默读课文,想想课文主要写了什么内容?用一两句话概括出来。	实现目标 3
四、小组学习,明确课文结构 1. 给文章划分段落。 2. 学习过渡段,明白过渡段的作用是承上启下。	1. 小组学习:读文章开头一段和最后一段,讨论这两段在内容上有什么联系,然后给文章划分结构段。 2. 各小组派代表汇报讨论结果,在交流后明确:两段内容相似,都是概括叙述。 3. 提问:作者是按怎样的顺序安排材料的?怎么划分段落?如果把第二部分再分两层,该如何划分? 4. 读文章的第三自然段,思考这一段与前后内容之间有什么关系?它的作用是什么?	实现目标 4
五、小结 1. 梳理文章脉络。 2. 习作方法指导。	1. 全文按照概括—具体—再概括的顺序安排材料;在具体叙述部分先写对生身母亲的怀念,再写在国外时对生身母亲和祖国母亲的怀念。 2. 第三自然段使前后内容自然衔接,起到承上启下的作用。一般在划分结构段时,把过渡段划分到后一部分。	实现目标 4

教学过程与内容	师生互动的方式、方法	评议
一、复习导入 1. 复习"真挚"、"寝不安席"、"频来入梦"三个词语的用法。 2. 谈话引入课文。	1. 请用"真挚"、"寝不安席"、"频来入梦"说一段话,描述自己的母亲。 2. 评价。 3. 谈话:每个人对自己的母亲都怀有真挚的感情,对母亲充满依恋。下面我们就再次走进课文,感受作者对母亲的真挚的爱慕。	

二、研读课文,领悟作者对两个母亲深厚的感情
1. 研读第二自然段,感受对生母的怀念。
	1. 读第二自然段,说说你从哪些语句中感受到作者对生母的怀念。重点研读以下几句:
	    在我读大学二年级的时候,母亲弃养,只活了四十多岁。我痛哭了几天,食不下咽,寝不安席。我真想随母亲于地下。
	    我的愿望没能实现,从此我就成了没有母亲的孤儿。一个缺少母爱的孩子,是灵魂不全的人。我怀着不全的灵魂,抱终天之恨。一想到母亲,就泪流不止,数十年如一日。
	2. 提问:
	(1) 作者为什么会"食不下咽,寝不安席"?
	(2) 我的愿望是什么?
	(3) 让作者遗憾、悔恨的真正原因是什么?
		进一步实现目标3

2. 出示补充资料《赋得永久的悔》片段节选,感受作者的"终天之恨"。	3. 下面是季老先生在《赋得永久的悔》一文中写到怀念母亲时的一段,读下面这段文字,然后谈自己的感受。 我不忍想象母亲临终时思念爱子的情况,一想到,我就会心肝俱裂,眼泪盈眶。当我从北平赶回济南,又从济南赶回清平奔丧的时候,看到了母亲的棺材,看到那简陋的屋子,我真想一头撞死在棺材上,随母亲于地下。我后悔,我真后悔,我千不该万不该离开了母亲。世界上无论什么名誉,什么地位,什么幸福,什么尊荣,都比不上待在母亲身边,即使她一字也不识,即使整天吃"红的"。 提问:第二段作者想告诉我们的是什么? 如果用一个词语来概括,你想用哪个? (悔恨)	
3. 出示自学要求:自学"异国思母"。	4. 谈话:作者是那样的怀念母亲,数十年如一日。24岁那年,作者离开了祖国,来到德国一座孤寂的小城——哥廷根。距离并不能割断作者心中的怀念,相反,这怀念又增添了更重的分量。 5. 出示自学提示:请默读作者摘录的日记,选择自己感受最深的一则深情地读一读,然后说说自己的感受。重点体会下列句子表达的感情: ① 我的祖国母亲,我是第一次离开她。不知道为什么,我这个母亲也频来入梦。 ② 然而这凄凉并不同普通的凄凉一样,是甜蜜的,浓浓的,有说不出的味道,浓浓地糊在心头。 ③ 我怅望灰天,在泪光里,幻出母亲的面影。	进一步实现目标3
4. 总结梳理,升华感情。	谈话:作者对生身母亲的怀念时刻伴随着对祖国母亲的怀念,两位母亲在作者心中是如此的伟大,地位是如此之重要。这种思念一直萦绕在作者的心中。 6. 齐读课文最后一段。	

教学过程与内容	师生互动的方式、方法	评议
三、回归课题，领悟散文特点：形散神聚	7. 读题目,回顾课文内容,想想本篇课文与以前学过的课文在内容和写法上有什么不同? 8. 结合课文内容,明白本文是抒情散文,以对生身母亲和祖国母亲的怀念为主线,把材料连接在一起,这就是散文的特点。	实现目标6
四、作业设计	1. 坚持每天为母亲做一件事。 2. 摘录文中描写对祖国母亲梦牵魂绕的句子。	

【板书】

生身母亲

怀念母亲

祖国母亲

概括—具体—概括

散文：形散神聚

评析

一、教学目标

这是一篇怀念母亲和祖国的抒情散文。一般认为,散文的结构不够严密,故被形容为"形散"。然而此文结构很严密。文章开头作者说自己有两个母亲,对两个母亲都怀着崇高的敬意和真挚的爱慕;最后以"怀念"两个母亲结尾。中间按时间顺序展开回忆。先写对生母的亏欠和怀念;然后回忆到欧洲留学,离开祖国母亲,便有对两个母亲的怀念。因为怀念情感写在日记上和散文中,所以作者按时间顺序呈现了六个例子。字里行间流露出他对生母和祖国的强烈的爱,数年如一日,对两位母亲的怀念不曾中断。

对于这样的散文,六年级学生在语文课上学习什么呢?回答这个问题涉及单篇课文的教学目标定位。在互联网上查到,有的教案设置如下"三维目标"。

1. 基础知识:会写8个生字;会写真挚、避免、朦胧、凄凉、引用、强烈、思潮起伏、可见一斑等词语。

评:字词学习中有知识成分,但学习的结果是用于听、说、读、写,所以应该把字词学习作为技能学习,而且这样的技能的执行应该自动化。

2. 方法与能力:有感情地朗读课文,理解课文内容。

评:学生能有感情地朗读课文,其中暗含两种能力:一是朗读技能,此系学生的原有技能;二是学生理解了课文作者所表达的感情,需要语文综合能力,这也是学生的已有能力。所以从这个教学目标,别人看不出设计者要教的"方法和能力"是什么。

3. 感情与思想:揣摩重点语句,感受作者对两个母亲同样崇高的敬意和爱慕之情。

评:"揣摩重点语句"的说法来自语文课程标准和语文教材。"重点语句"的提法有待商榷。"重点"不能离开教学目标。如果目的是教课文的结构,那么本课的第三自然段的两句话就是重点语句;如果是教课文的首尾照应,那么开头的两句和结尾的一段都是重点语句。语文课标和教材似乎只把"重点"放在文章内容和情感上。如果是这样来看"重点",那么本篇全文差不多都是重点语句,找不胜找。

我查阅了其他教案,发现他们的教学目标大都雷同。都把教学重点放在"引导学生抓住文中的关键语句,通过朗读感悟作者对两个母亲的同样敬意和真挚的爱慕"上。

周金钟老师的教案与网上的教案在目标设置上有所不同,该教案设 6 个目标。

6 个目标都是用"动词+名词"陈述的。名词表示要学习的内容,动词表示掌握的水平。例如,目标 1 中的动词是"默写"和"解释",代表记忆和理解水平;学习内容是生字新词的音、形、义。将"动词+名词"陈述的目标放置到两维目标分类框架表的单元格中,目标中暗含的学习结果类型和掌握水平就一目了然。从两维目标分类表可见,目标 1 和目标 5 属于基本技能学习,其掌握水平分别为记忆、理解和运用。目标 2、3、4、6 为高级技能,其掌握水平分别为理解和分析。该两维目标分类表也表明,本课的教学重点是语文高级技能。

二、任务分析

课堂教学的任务除了将教学目标置于基本技能和高级技能的两维目标分类表的单元格中之外,还要分析学生的起点能力和每个教学目标的学习条件,为教学方法的选择提供依据。人们说,"数学教学清清楚楚一条线,语文教学模模糊糊一大片"。从表 3 可见,在语文学习中,学生有多个起点,大多数学习内容不是全新的,而是在新情境下的变式练习。这是因为,语文课文是高级技能学习的例子。通过学习新课文,原先学习过的高级技能在新课文中运用,从而理解新课文,培养阅读能力。通过表 3 这个框架,将学生的起点能力、语文教学内容和学习结果相对照加以分析,语文教学已经不是模模糊糊一大片,而是明明白白多条线。

三、教学过程

本课分两课时完成。第一课时完成目标 1、2、4 的教学任务。其步骤如下:

第一步,在课前预习的基础上,进行审题,交流有关作者和文章背景方面的知识(学生课前已查找过相关资料)。

第二步,字词教学,实现目标 1。

第三步,初读课文,大体了解课文内容,部分完成目标 3 的教学任务。

第四步,分小组学习,给课文分段,理清文章脉络、思路。教案中提出的问题能引导学生深入阅读;通过阅读,自己解决文章的分段与分层的问题,从而实现目标 4。

第五步,本节课小结,引导学生回到课文的结构上。这样学生就对文章的结构有一个完整的认识。从而在文章结构上,进行了一次新的变式练习,使学生的原有文章结构图式得到深化或扩展。

当下网上流行的教案几乎无人关心文章结构的教学,周老师的教案同流行的教案形成鲜明的对照。

第二课时除了开头的词语复习之外,其余教学步骤都是围绕目标 3 展开的,因为本课的课文内容不同于记叙文或说明文。记叙文以事实性知识的描述为主。说明文需要摆事实讲道理,所提供的是有组织的言语信息。而抒情散文很少提供事实性知识,也很少给人讲道理,而是借助某种人、事、物的线索,抒发作者的思想和感情。在本节课,教师依据课文顺序引导学生逐段研读课文,领悟作者对两个母亲的深厚感情。

主要方法是:

1. 教师提示:你从哪些语句感受作者崇敬和真挚的爱。

2. 学生带着问题自读课文。

3. 抓住重点语、句谈体会。

4. 有感情地朗读课文,通过朗读表达自己对课文内容和情感的理解。

5. 最后回到课文标题,总结抒情散文的特点与学习方法。

　　阅读能力是一种综合能力。本教案设计者依据读懂并能鉴赏一篇抒情散文所需要的能力,设置 6 个目标。这 6 个目标除生字新词之外,其余目标基本上是原有技能在新情境中的运用。这样设置单篇课文的教学目标,完全符合叶圣陶先生关于"语文课文无非是例子"的思想。依照科学取向教学论,学生的能力主要来自学生掌握规律性知识并使之变成技能,而且越到高年级,单篇课文中暗含的支配高级技能的规则已经不是新的。但课文作为一个例子,这个例子是新的。阅读教学的主要目的不是把新的例子背得烂熟,而是用它来学习一类文章的规律性知识。在新课程理念指导下所编的语文课程标准与教材,"淡化知识",不用教材这个例子去教授读写规律性知识,而是把重点放在"感受作者对两个母亲同样崇高的敬意和爱慕之情"。这样就导致许多《怀念母亲》教案只有字词和情感教育两个目标,放弃了其余的教学目标。

（皮连生）

案例七:《匆匆》

执教教师： 广州市花都区新雅街云峰小学　李　静　执教年级： 六年级

第一课时

【教学目标】

1. 正确认读 7 个"我会认"的生字,能正确默写 8 个"我会写"的字。

2. 能有感情地朗读课文,能说出文章的主要内容。

3. 能结合生活体验,谈作者对时间"匆匆"的理解。

【任务分析】

目标 1:生字音、形记忆,需要重复练习。

目标 2:"能有感情地朗读课文",需要理解课文内容和作者表达的情感;"能说出文章的主要内容"需要理解和记忆课文内容。

目标 3:课文内容的理解和作者的情感与价值观。需要了解课文的背景知识和有一定的生活经验。

第二课时

【教学目标】

1. 能说明使用"叠词"表达思想的优点,并能读出叠词的美感。

2. 能运用"把抽象的事物具体化"的写法,写抽象的事物"风"。

【任务分析】

目标 1 属于基本技能,知道使用叠词增添节律感,并能读出这种美感。条件是学生已经有较多的叠词积累,知道叠词构造的特点和所表达的意思,并掌握了一定的朗读技巧。

目标 2 属于高级技能,能运用"把抽象的事物具体化"的写法练习写话。条件是学生能分辨出文本中的"时间"是抽象的概念,而我们日常做的事情是实实在在的,并且学生已经掌握了一些基本的修辞方法。能把抽象和具体两者产生联系。

【教学重点】能运用"把抽象的事物具体化"的写法,练习写话。

【教学难点】如何把抽象事物与具体事物联系起来。

【教学准备】PPT

【教学过程】

一、体会叠词的节奏感,读出美感

(一) 回顾旧知,引出新知

1. 师:通过上节课的学习,我们了解了作者对于时间的感觉是什么? 能用一个词语回答吗?(生:匆匆)

2. 读三遍这个词语:匆匆。这是个什么词?(生:叠词)什么意思?(生:很匆忙的意思)

3. 师点拨:"匆"表示匆忙,"匆匆"是非常匆忙。意思是有差别的,读的时候节奏也不一样,要稍微读得轻、快一点,请全班练读。

(二) 发现对比,朗读感悟

1. 发现课文中其他的叠词现象。

师:我们汉语当中有很多叠词,读起来非常优美,很有节奏感。课文中还有这样的词吗?(生:头涔涔、泪潸潸……)

2. 了解"涔"和"潸"分别是什么意思?(生:"涔"的意思是流汗;"潸"的意思是流泪)

3. 引导对比,感受叠词之美。

师:按照这么说,我把"头涔涔"和"泪潸潸"说成"头上流汗,眼里流泪",美吗?(生:不美)那"头涔涔"、"泪潸潸"美吗?(生:美!)为什么你觉得用上这样的词美?(生:简约而且有节奏感)

4. 再找文中还有哪些这样的叠词?(生汇报,师点拨)

(1) 斜斜、茫茫然——

师:如果我说"斜的太阳"和"斜斜的太阳",哪个更美?

(2) "赤裸裸"——

师:"赤裸"优雅吗?(生笑)"赤裸裸"呢?(生又笑)"裸"也要"裸"得优雅一点,不是吗?

(3) "轻轻"、"悄悄"——

师:(点拨)你念得不够"轻",不够"悄";

生:(轻柔地读)轻轻、悄悄;

师:太阳挪移的时候轻轻的、悄悄的,让人仿佛看到了它的样子和姿态。仿佛听到它挪移的声音。(请把"姿态"、"节奏"两个词写下来)

(4) "白白"——

师:这句话如果不用叠词会怎么说?(为什么偏要白走这一遭啊?)你觉得有什么不一样?

生:感情不一样。

师：意思是这一遭走得太不甘心，什么都没有留下来。有强烈的自责、愧疚、后悔之意。请再读读这个句子。

（三）小结

大家看，叠词多美啊！美在它的姿态、美在它的节奏、美在它的情感。这篇五六百字的文章中有十五六个叠词，朗读时有种节奏的美感。现在请同学们拿起课文，自己朗读吧！

【自评】在学生发现文本叠词之多的现象后，引导学生对比思考，再通过读，感受叠词的节奏美感和其中蕴含的情感。对于六年级的学生，不仅要求学生朗读感悟作品之美，还要教给学生鉴赏的方法与路径，再好的词语，如果没有在学生的心里留下深刻的印迹，都不会化为学生的言语养料，就谈不上真正的理解。

二、感悟语言的形象之美，"举三反一"练习写法

（一）引导发现"时间流"，感受时间的形象，朗读感悟

1. 学习第三自然段，找出文中的"时间流"。

师：时间本来是看不见摸不着的东西，但朱自清先生却把时间写得有模有样，让我们感觉到时间匆匆的脚步。请齐读第三自然段，一起感受日子过得匆匆的过程。（师点拨：从早上起床、洗手、吃饭、默默、遮挽到睡觉，时间就像流水一样流过，称作"时间流"）

2. 找出一连串描写日子脚步的词语。（生汇报：挪移、过去、过去、过去、过去、跨过、飞去、闪过）

3. 从这些词中你发现了什么？（生：时间过得飞快；时间的脚步越来越快）

（二）迁移想象，加深理解

1. 师生对话，引导迁移想象。

师：写字时——

生：日子在笔尖上过去。

师：唱歌时——

生：日子从音符上流去了。日子从我们的歌声里飘过了……

师：弹琴时——

生：日子从舞动的手指间过去了。日子从跳动的琴键里过去了……

2. 师：（小结写法）这就是把抽象的时间写得形象了、具体了，看得见、摸得着、感觉得到。时间本来是看不见、摸不着的东西，现在让我们仿佛眼睁睁地看着时间流逝，没有任何挽留的机会。让我们陷入无奈和哀伤中。这就是这篇散文的独到之处！

3. 文中还有哪些地方形象地描写时间？（学生自由回答）

师补充：作者之所以能把时间这抽象的实物写具体，是恰当地运用了比喻和拟人的修辞方法。

【自评】本文之所以把抽象的时间写得栩栩如生，正是作者对时间的形象做出深刻的生活化解读，语言的形象就是时间的形象。因此，抓住文中第三自然段，让学生感受作者是怎

样写"一个日子"过得匆匆的。捕捉形象的时间,让我们陷入无奈和哀伤中。这就是这篇散文的独到之处。而把时间这抽象的事物写具体的,正是恰当地运用了比喻、拟人等修辞方法。

(三)再举课内和课外的例子,总结写法规则。

1. 举课内例子。

师:让我们回忆六年级上册学过的课文《索溪峪的"野"》中,为了表现张家界索溪峪这个地方的"野"的特点,作者是怎么把这种看不见、摸不着的"野"写得形象生动的? 我们看这个句子:

水是野的。索溪像一个从深山中蹦跳而出的野孩子,一会儿绕着山奔跑,一会儿撅着屁股,堵着气又自个儿闹去了。它尤其爱跟山路哥哥闹着玩:一会儿手牵手,并肩而行;一会儿横铲一脚,将山路拦腰截断。山路哥哥倒不觉得这有什么了不起,它请树木大叔帮忙,几棵大树往索溪身上一搭,反从它身上跨过去了。

学生品读,谈体会。(老师点拨:这里用拟人手法,把索溪峪的水写成一个淘气、天真烂漫的"野"孩子)

2. 再举课外例子。请看著名诗人余光中的《乡愁》,按理说思乡愁绪也是看不见、摸不着的,作者是如何写得清清楚楚,让我们感受到的呢?

小时候/乡愁是一枚小小的邮票/我在这头/母亲在那头

长大后/乡愁是一张窄窄的船票/我在这头/新娘在那头

后来啊/乡愁是一方矮矮的坟墓/我在外头/母亲在里头

而现在/乡愁是一湾浅浅的海峡/我在这头/大陆在那头

学生品读,谈体会。(老师点拨:这首诗使用了暗喻的手法,把乡愁比作邮票、船票、坟墓、海峡,形象地表达出作者从小到大对故乡的思念日益之重)

3. 通过三个例子,师生共同归纳写法:要把抽象的观念(如时间、野性、乡愁)写具体,必须借助一些形象的东西,采用适当的修辞手法来表现其特点。

【自评】现代科学取向教学论告诉我们,要让程序性知识形成技能,必须通过"举三反一"的过程才能真正掌握规律,这里呈现三个(含课文例子)具有相同写法的例子,得出本文的写作方法,为后续的写作训练打下良好的基础。科学课堂理论改变了语文教学读写割裂的现状,在阅读中讲规则,在写作中运用规则,使两者无缝对接,提高学生读写的质量。

三、运用规则,实现读写结合

(一)出示写话任务

请运用"把抽象的事物写具体"的方法,把"风"(可以是春风、秋风、狂风、微风等)写得具体形象。提示:可借助的形象事物,如:树叶、树木、水波、山梁、大自然中的声音、人的感受等。

(二)课内或课外评析学生作品

要点:是否使用了比喻或拟人的手法写出"风"的形象。

【自评】从"举三反一"到"举一反三",很好地实现了语文知识到语文技能的转化,这样的语文教学,走出了跟着课文"教课文"的怪圈,真正把教学的中心转移到了语言文字的学习上来,实现了语文教学的华丽转身。

【板书】

2. 匆匆
珍惜时间
来————→去
把抽象的事物写具体

【检测】

1. 小组内赛读课文,互相评议是否读出叠词的韵律美。
2. 小组内互评小作文《风》,说出小作者是如何把抽象的风写具体的。

案例八:《匆匆》教学实录与评析(全国特等奖)

执教教师:赵 昭 执教年级:六年级 评析:郑 丹 刘 颖 靳 然

一、风趣识记,自然无痕导课

师:同学们,很高兴见到你们,在上课前,我先教你们背一首小诗,小诗有三节,每节有四句,我一次说一节,说完就请你们来背诵,你们敢接受这个考验听力、记忆力和勇气的挑战吗?

生:敢!

师:我先来说第一节:"早晨是上眼睑(肢体语言辅助,示意"睑"为眼皮),晚上是下眼睑,两眼一眨,就是一天。"谁想来背诵?(一生背诵)

师:正确! 你不仅有勇气,还很聪明! 谁再来背?

生:早晨是上眼睑,晚上是下眼睑,两眼一闭,就是一天。(众笑)

师:不是"一闭",而是"一眨",眼睛闭上没关系,只要还能再睁开就好! 请你再背一次。(生再背)

师:第二节:"正月是左脚板,腊月是右脚板,两脚一跨……(学生接:就是一年)"谁能背?(一生背诵)

师:真不错! 现在我来说第三节:"人生如此短暂,人人都是利箭(做射箭动作),在追求的箭靶上,你射中了几环?"(一生背诵)

师:这么难背的一节你都能一次背对,你真是个聪明的孩子! 谁来说说这首小诗告诉了我们什么道理?

生:时间过得很快。

师:那我们应该怎么做呢?

生：我们应该珍惜时间。

师：把这两句话连起来说。

生：时间过得很快，我们应该珍惜时间。

师：说得对！现在就让我们来一起有感情地背诵这首小诗，记不住的同学可以看屏幕。（多媒体出示整首诗）（生齐背诵）

评析

在与学生沟通的这个环节中，赵老师充分展示了其幽默的语言风貌、机敏的教育智慧与高超的沟通技巧。更可贵的是他把互动交流的内容与本节课的教学内容有机结合在一起，为下一步教学做好了情感渲染和内容铺垫。

二、奇思巧引，连珠妙语解题

师：这首小诗的名字叫做什么？

生：人生。

师：那"人生"的名字叫做什么？（生茫然）

师：人生的名字叫做遥远，遥远的名字叫做等待，等待的名字叫做岁月，岁月的名字叫做——匆匆。（板书：匆匆）

评析

交流环节与课堂教学无缝融合。

师：这个字读什么？（板书：勿）

生：勿。

师：这个字读什么？（板书：匆）

生：匆。

师：这两个字的字形就差这么一点，同学们写"匆"字时，请勿匆忙，这一长点要贯穿两撇。请同学们齐读课题——

生：（齐）匆匆。

师：春去秋来，季节是匆匆的；踏上行程，脚步是匆匆的；斗转星移，岁月是匆匆的。

三、限时速记，了解作者背景

师：这次又是哪位作家以"匆匆"为题写了这篇文章呢？

生：朱自清。

师：我们一起来了解一下这位作家（多媒体出示朱自清的简介），我只给同学们 30 秒的时间，请你们仔细阅读，快速记忆。（学生在钟表滴答滴答的倒计时背景中快速记忆）

师：时间到！30 秒匆匆而过。谁来说说你记住了哪些内容？

生 1：朱自清原名朱自华。

生 2：他的散文语言简练。

生 3：他的代表作有《荷塘月色》。

评析

倒计时的设计使学生沉浸在紧张的氛围中，初步直观地感受到了时间片刻不停的"匆匆"的特质，紧迫感油然而生。"匆匆"二字的深意也自然而然地由书面走进了现实。

四、初读全文，按需识写字词

师：同学们记得又快又准！朱自清匆匆的一生只走过了短暂的 50 年，现在就让我们走进他的这篇《匆匆》。请大家自由读课文，要读准字音、读通句子（生读课文）

师：你认为哪些句子不容易读顺或者是不好理解需要提醒大家一下？

生："我不禁头涔涔而泪潸潸了。"

师：我们一起来读读这个句子。（生齐读）

师："涔"和"潸"都是什么偏旁？

生："三点水"旁。

师：那说明"涔"和"潸"都和什么有关？

生：和水有关。

师：那"头涔涔而泪潸潸了"的意思就是——

生：头上的汗水和眼里的泪水一起向下流的样子。

师：整句话的意思就是——

生：我禁不住头上的汗和眼里的泪一起流了下来。

师：很好！还有哪句不好读？

生："太阳他有脚啊，轻轻悄悄地挪移了。"

师：什么叫"挪移"？

生：移动。

师：那么我们能说马路上飞驰的汽车在挪移吗？

生：不能。

师："挪移"在这里的意思是——

生：慢慢地移动。

师：说对了！现在请同学们观察这个"挪"字，怎样才能把它写得正确、美观呢？可以在方格中先试写两个。（生写字）

师：请同学们注意书写姿势，要做到头正、背直、脚平。

师：说说你写"挪"字时注意了什么？是怎样写美观的？

生：写这个字的时候上下不平齐，左、中、右三部分要写得同样宽。

师：观察得很仔细，请同学们按照他说的方法再写两个。

（生写字）

师：还有哪句不好读需要提醒大家？

生："过去的日子如轻烟，被微风吹散了，如薄雾，被初阳蒸融了。"

师："蒸"就是——

生：蒸发。

师："融"就是——

生：融化。

师："蒸融"就是——

生：蒸发融化。

师：什么被蒸发融化了？

生：过去的日子，像轻烟一样被蒸发融化了。

师：对！同学们再看这个"蒸"字，你们先在方格里试写一下。想一想，写的时候应该格外注意哪一笔呢？

生：应该注意"四点底"上面的那个短横，不要落下。

师：说得好！请同学们在方格里再写两个"蒸"字，同时还要注意"草字头"与"四点底"要写得同样宽。（生写字）

评 析

　　从怎样把难句子读顺的指导到对生字新词的释疑，再到对写字的训练，学生完全是从自己的实际出发，这是有针对性地高效学习。

五、了解文体，明确品悟方法

师：同学们，我们学会了生字新词，又读通了句子，现在回想一下课文，谁能说说这篇课文究竟在写什么"匆匆"？

生：时间的流逝是匆匆的。

师：回答得非常好！有人知道这篇文章是什么体裁吗？

生：散文。

师：散文，顾名思义，就是一种形式松散，但所表达的主旨却不散的文体，这也是散文最突出的一个特点,叫"形散而神不散"!

师:面对这样一篇写于 90 多年前的抒情散文,你们有什么办法读懂它吗?

生:可以仔细读,体会作者表达的情感。

师:说得非常好!我们可以一边品味作者表达的情感,一边感悟文章蕴含的道理!(板书:品情悟理)

师:请同学们看"品读助手"(出示"品读助手"),谁来为大家读一读?

生:(读)

1. 找出描写时间匆匆流逝的词、句,仔细读一读。

2. 从这些词、句中你品味出了什么? 在书上批注。

3. 把你的感受与同学们交流、分享,用朗读展示。

师:这里的"什么",既可以是你品味出的情感、感悟出的道理,也可以是你发现的文章的表达方法、修辞手法。你可以把这些发现简单地写在课文旁边,也可以概括成词或短语写在黑板上。给大家 5 分钟时间,要求真读、真想、真思考,不装样子。

(生读课文,一生板书:惋惜 悲伤 无奈 时间一去不复返 珍惜时光)

(师小结板书,略)

评 析

"品读助手"与板书的运用,对于帮助学生理解课文的情感、梳理课文的脉络、习得写作的方法起到了至关重要的作用。

六、感悟写法,省时高效巧背

师:其他同学也有收获吗?

生:有!

师:那大家分享一下吧。我们尊重作者的写作顺序,谁先和大家交流一下第一自然段?

生:"燕子去了……一去不复返呢?"燕子、杨柳、桃花都可以再次轮回,只有时间不能。作者用排比的句式强调了这一点。

师:你的感悟真深刻,排比句式的确强调了这种对比。在能够再次轮回的事物中,作者先写了……又写了……再写了……(屏幕出示关键词)你能根据这些提示试着把这段优美的语言背下来吗?

(生根据屏幕提示背诵第一自然段)

师:为什么你能如此迅速地背出这一自然段呢?

生:因为记住了这个排比句式。

师:看来,文章中的特殊句式可以帮助我们记忆和背诵,大家学会这种背诵方法了吗?

生:学会了!

七、品词析句,融情入境朗读

师:正所谓"花有重开日,人无再少年",那么接下来,作者又是怎样表达自己怎样的情感的呢?谁来和大家交流一下第二自然段?

生:"在默默里算着……我不禁头涔涔而泪潸潸了。"这是一个比喻句,表达出了作者因为留不住时间而感到非常伤心。

师:这句中把什么比喻成了什么?

生:把"日子"比喻成了"一滴水"。

师:那么又是多少日子和什么样的一滴水呢?

生:"八千多日子"和"针尖上的一滴水"。

师:(PPT 展示"针尖上的一滴水"的图片)这就是针尖上的一滴水,你觉得这八千多日子留得住吗?

生:留不住!

师:如果这滴水滴在这样波涛汹涌的大海里,还能听见声,看见影吗?(播放一滴水滴到大海里的视频)

生:不能!

师:这个比喻形象、恰当吗?

生:形象、恰当。

(师范读第二自然段,生齐读第二自然段)

八、连句成诗,凸显语言运用

师:"去的尽管去了……怎样地匆匆呢?"谁来和大家交流一下第三自然段?

生:"洗手的时候……从眼前过去"让我觉得无论我们做什么,时间都会匆匆地滑过。

师:这样的事也发生在你们身上吗? 你们能用这样的句式结合自己的生活实际说句话吗? 也可以根据这些提示来说话。

师：请同学们把刚才说的连成完整的一句话。我们来作一首小诗！

生：写字的时候，日子从笔尖上过去，岁月是匆匆的。

玩耍的时候，日子从嬉笑中过去，回音是匆匆的。

奋斗的时候，日子从汗水中过去，成长是匆匆的。

阅读的时候，日子从思考中过去，时间是匆匆的。

师：写诗难吗？

生：不难！

师：只要我们联系生活实际，体会作者表达感悟的不同方法，就能学好语文，这也是本单元我们学习的重点！

> **评 析**
>
> 运用课文的句式"_____的时候，日子从_____过去，_____是匆匆的"，联系生活实际训练学生说一段完整优美的话，再把学生自创的句子连成一首精美的小诗，这样的教学设计体现了一种不拘一格的教育智慧。

九、止于追问，亲历时光匆匆

师：课文学到这里，我们不禁会想，面对时间的匆匆流逝，我们能做的难道只是匆匆吗？只是徘徊吗？面对作者在第四、第五两个自然段中一连提出的 7 个问题，我们又应该怎样作答呢？这些，只能留待我们下节课去继续探寻答案了。因为，时光如流水啊！

师：（PPT 展示出以瀑布为背景的巨大的钟表画面）请同学们看着我的表一分钟！在公元 2012 年 11 月 14 日下午 5 点前的一分钟，我曾和你们在一起，因为你们，我会记得这一分钟，从这一刻起，咱们就是一分钟的朋友！这是事实，你改变不了，因为它已经完成了，因为时光就是这样的——匆匆！

> **评 析**
>
> 屏幕上倾泻的瀑布伴着一分一秒从不停歇的时钟再次诠释了"时光如流水"的真意。意境之美，妙不可言。

> **总 评**
>
> 综观赵昭老师的这节课，赵老师不仅出色地完成了教学任务，更在高年级识字教学、多媒体课件运用及学生语言文字运用能力的提升等方面突破了思维定式，为进一步实践创新打开了思路。
>
> 1. 设计巧妙，突出实效
>
> （1）教学环节丝丝入扣。本节课赵老师对教学内容的串联和教学环节的设计十分巧妙。从

课前以教背诵主题为"珍惜时间"的小诗《人生》自然过渡到新课;从以学生为主体的初读课文,到顺学而导、寻难而教,充分体现了高年级识字特点的教学;从突出学生自学感悟的"品情"、"悟理",到当堂背诵、感情朗读和综合运用,环环相扣、循序渐进,真是匠心独运,省时高效。

(2) 教学意境深邃幽远。《匆匆》作为抒情散文的典范,其语言的优美,寓意的深远,都是应该让学生有所体悟的。赵老师不仅引导学生了解这种文体的特点,而且还创设情境,让学生真切感受时光的流逝,明白惜时如金。

(3) 教学方法合理高效。本节课赵老师灵活恰当地运用了多种教学方法,如初读课文时的以学定教,字词教学中的讲练结合,精读课文里的自学批注,品情悟理后学生的自主板书等,使教学效果最大化。

2. 风格鲜明,文韵飞扬

赵老师的文学功底深厚,精通诗词歌赋,不经意的一句话也常流淌着美感,体现出他"奇谐流美,文韵飞扬"的教学风格。本节课,就有多处这样的痕迹。如从交流沟通向新课过渡的富含哲思的四句话:"人生的名字叫做遥远……岁月的名字叫做——匆匆";再如意境深远的瀑布背景与巨大钟表下发人深省、催人奋进的结语。如果说这些都是他在用自己诗一样优美的语言激发着学生的学习热情的话,那么第三自然段的教学中让学生参照课文,结合自己的感受,一步步由易到难,由浅入深,渐入佳境的连词成句,连句成诗的神来之笔,则是赵老师在用自己的诗意启迪着学生的诗意,用自己的文采点燃着学生的文采。

(作者单位:黑龙江牡丹江市教育教学研究院/黑龙江省教育学院)

附文:

《匆匆》的"同课异构"研究

当今语文学科流行"同课异构"的研究。由于语文课文只是例子,用课文教什么,可以有不同解读,于是语文学科就出现了所谓"同课异构"的研究。

在编辑本书的后期,我发现六年级单篇课文教学案例少,便请"科学课堂"实验学校李静老师补充设计《匆匆》的第二课时的教学。在评析李老师的教案时,我在网上发现赵昭老师获得全国特等奖的《匆匆》教学实录与评析。虽然前者是第二课时,后者是第一课时,但是,二者重复的内容很多,故而能做同课异构研究。

在"科学课堂"实验学校,单篇课文如果按两课时教学,第一课时完成常规教学任务,一般不做"同课异构"研究,因为教师对于单篇课文第一课时教什么,是比较明确的,没什么分歧。然而通过第一课时,学生除了学会生字新词以外,在教师指导下,还读懂了课文的结构和内容(散文的内容主要是作者在文中表达的情感)的条件下,第二课时教什么,不仅普通教师吃不准,有时连特级教师也有很大分歧。我们的长期研究表明,第二课时教学要获得成功,最好是从知识教学转入单项(或专项)技能教学。教师的功力在于能选准"知识点",如李静选择的两个知识点："叠词的节奏美感"和"通过形象化手法把抽象的事物或观念写具体"。一旦知识点找对了，教学方法就是把"例—规"法和"规—例"法相结合，使知识转化为技能。其教学效果一般很好，立竿见影。通过短期培训，普通教师都能掌握这种方法。

从第二个案例的原评可知，执教教师"文学功底深厚，精通诗词歌赋，不经意一句话也能流出美感。"所以他的教学体现出"奇谐流美，文韵飞扬"的风格。但是评价一节课的优劣，不在于教师有什么文采和风格，而是看他教的是什么和如何教的。《〈匆匆〉教学实录》全文大约 4000 字，从课题导入到第三步"限时速记，了解作者背景"，实录大约 1000 字，除 30 秒用于速记有关作者的背景知识之外，未教实质性内容。接着第四步"初读课文，按需识字"，教了"涔涔、潸潸、挪移、蒸融"四个词。第五步"了解文体，明确品悟方法"要求学生按如下三步品读课文(无新知识)：

1. 找出描写时间匆匆流逝的词、句，仔细读一读。

2. 从这些词、句中你品味出了什么？在书上批注。

3. 把你的感受与同学们交流、分享，用朗读展示。

从第六步"感悟写法"开始，逐段分析课文。在第一自然段(第六步)抓了排比句；第二自然段(第七步)抓了比喻句；第三自然段(第八步)抓了排比句，而且在教师帮助下，仿照课文中的句式，学生连造由四个句子组成的排比句(课本练习中有此要求)：

写字的时候，日子从笔尖上过去，岁月是匆匆的。

玩耍的时候，日子从嬉笑中过去，回音是匆匆的。

奋斗的时候，日子从汗水中过去，成长是匆匆的。

阅读的时候，日子从思考中过去，时间是匆匆的。

整个品读侧重于文章内容和作者所表达的感情。例如，屏幕上演示针尖上一滴水滴入大海无声无影；师生看着手表走一分钟，感受"时光如流水"。这些能很好地活跃课堂气氛，但也只能起到理解课文内容的作用。教学的方法主要是一问一答。教师的提问与学生的回答"无缝对接"，使人感到表演的味道较浓。

原评析者从传统语文教学论认为："综观赵昭老师的这节课，不仅出色地完成了教学任务，更在高年级识字教学、多媒体课件运用及学生语言文字运用能力的提升等方面突破了思维定式，为进一步实践创新打开了思路。"从科学取向教学论来看，教师为这节课花费了很多心思，动了很多脑筋，但在"学生语言文字运用能力的提升方面并未"突破思维定式"。同李静的教学设计相比，李静找到两个知识点："叠词的节奏美感"和"通过形象化手法把抽象的事物或观念写具体"。第一个知识点以鉴赏为目的；第二个知识点要转化为技能。因为只有概念性知识和程序性知识才能转化为技能，李静将第二个知识点概括为"通过形象化手法把抽象的事物或观念写具体"。这是一条原理，也可称之为规则。要使该规则支配学生的读写行为，必须经历"六步三段"教学过程。李静的第二个知识点是按这一教学过程模式设计的。相比较而言，赵老师未找到新知识点，比喻、排比句式不是新知识点，所以教学重点落实在体会作者情感和价值观上。

(皮连生)

案例九：《卖火柴的小女孩》第二课时

执教教师：北京市昌平区十三陵中心小学　周新杰　执教年级：六年级

【教学目标】

1. 学生能够流利有感情地朗读课文。

2. 能够从文章中找出描写种种幻象的语句，并能说出幻象与现实相结合（虚实结合）的好处。

3. 能在具体的情境下适当加上虚写的内容，使文章更加生动、具体。

学习结果类型分析，学习条件分析（内，外部条件）：

目标1属于基本智慧技能学习。

目标2属于概念的学习与运用，区分"虚"与"实"。

目标3属于写作规则的学习，能够加上虚写内容。

内部条件：掌握规则所包含的概念；对于概念正反例的辨析。

外部条件：老师的讲解，学生间的相互启发，以及老师提供的文字材料。

教学过程与内容	师生互动的方式、方法	设计意图
一、复习导入 词语 《你别问，这是为什么》	1. 出示词语让学生认读 又冷又黑　赤着脚走　又冷又饿　哆哆嗦嗦　两腮通红 暖和的火炉　喷香的烤鹅　美丽的圣诞树　慈爱的奶奶 师：每个词语都是鲜活的，带着你对词语的理解，读出这些词语的味道来。（引导学生有感情地读词语） 2. 导入：文中光这些词语就给了我们很大的想象空间，难怪九岁的刘倩倩在读完这篇童话后写下了这样一首小诗。（出示《你别问，这是为什么》引入） 师：善良的刘倩倩想给小女孩送去温暖，送去食物和快乐，小女孩的命运是悲惨的，新年的脚步临近，而小女孩的结局呢？	复习课文中的词语，为新授内容做好准备。 激发兴趣，导入新课。 由此导入，学习文本，直奔教学重点。
二、新授精读 最后一段 课文第二部分 最后的一段 读课文第二部分 虚写语段一	1. 出示课文最后一段： 第二天清晨…… 谁也不知道她曾经看到过多么美丽的东西，她曾经多么幸福，跟着她奶奶一起走向新年的幸福中去。 2. 引导：可怜的小女孩又是幸福的，她所获得的幸福是因为她在临死前看到了那么多美丽的东西。读读课文第二部分，要求：边读边划出小女孩曾经看到过的美丽的东西。划、批后进行学习汇报，指导朗读。 语段一：小女孩觉得自己好像坐在一个大火炉前面，火炉装着闪亮的铜脚和铜把手，烧得旺旺的，暖烘烘的，多么舒服啊！	

教学过程与内容	师生互动的方式、方法	设计意图
虚写语段二 虚写语段三 虚写语段四 实写语段	语段二：桌上铺着雪白的台布，摆着精致的盘子和碗，肚子里填满了苹果和梅子的烤鹅正冒着香气。更妙的是这只鹅从盘子里跳下来，背上插着刀和叉，摇摇摆摆地在地板上走着，一直向这个穷苦的小女孩走来。 语段三：这一回，她坐在美丽的圣诞树下。这棵圣诞树，比她去年圣诞节透过富商家的玻璃门看到的还要大，还要美。翠绿的树枝上点着几千支明晃晃的蜡烛，许多幅美丽的彩色画片，跟挂在商店橱窗里的一个样，在向她眨眼睛。 语段四：奶奶出现在亮光里，是那么温和，那么慈爱。 师小结：暖和的火炉，喷香的烤鹅，美丽的圣诞树，慈祥的奶奶是小女孩在一次次擦燃火柴时所看到的幻象，是小女孩想象出来的情景，并不是生活中实实在在存在的，这在写作方法上被称为虚写。 引导：我们一起再来看一看文中第一部分的文字，看看这段文字是虚写的吗？ 学习反例：出示课文中的语段 天冷极了，下着雪，又快黑了。这是一年的最后一天——大年夜。在这又冷又黑的晚上，一个乖巧的小女孩，赤着脚在街上走着。她从家里出来的时候还穿着一双拖鞋，但是有什么用呢？那是一双很大的拖鞋——那么大，一向是她妈妈穿的。她穿过马路的时候，两辆马车飞快地冲过来，吓得她把鞋都跑掉了。一只怎么也找不着，另一只叫一个男孩捡起来拿着跑了。他说，将来他有了孩子可以拿它当摇篮。 3. 体会虚写的好处。 (1) 与虚相对的词是什么？介绍这篇文章最大的特点就是虚实结合。 (2) 提问：虚写的内容是想象出来的，为什么小女孩想到的是这些而不是别的呢？（理解想象的内容要依赖于现实而存在） (3) 提问：小女孩的生活是悲惨的，直接描写怎样悲惨不就行了，为什么安徒生爷爷写了那么多美好的虚幻的景象呢？（体会虚实结合写法的好处，有利于主题的深化。）	利用"例—规"法学习新知识，进一步理解虚写的内容，同时在老师的启发下能有感情地读出来，为体会虚写的好处作好铺垫。 介绍虚写，明确写作方法。 反例的学习，加强了对比，使学生进一步体会到虚实结合的表达效果。 通过提问，引发学生思考，体会虚写的好处。
三、课堂小结 四、拓展练习，达到运用	1. 出示作品，让学生找到写虚、写实的内容，再一次体会好处。 2. 文章的虚写拓展：如果小女孩来到我们中间，你会对她说什么？做什么？（先口头说一说，然后写下来） 再一次强调学习重点，并提示学生注意应用。	通过练习达到学习的深化。

板书设计
卖火柴的小女孩 暖和的火炉　　又冷又黑 喷香的烤鹅　　又冷又饿 美丽的圣诞树　哆哆嗦嗦 慈爱的奶奶　　两腮通红 虚＿＿＿＿＿＿＿实

本教学设计与以往或其他教学设计相比的特点
这篇课文是丹麦作家安徒生的一篇著名童话,讲述了一个卖火柴的小女孩大年夜冻死在街头的故事。写实和写虚交替进行,美丽的幻象和残酷的现实更迭出现,是这篇童话的特点,也是这个凄美的故事最打动人心的地方。 　　对于写虚的部分学生以前接触过,但老师没有给予直接的指出。本节课教学中,老师以文中写虚的内容为主展开教学,过"例一规"法的学习方法使学生感受到这部分的内容使文章内容更加丰满、生动。同时通过练习,使学生得到训练,目的是让学生能有意识地在今后的作文中有所体现,使自己的文章更加生动感人。

评　析

　　这是六年级下学期单篇课文第二课时教学设计。本课时教学目标集中,属于单项能力教学。实际上大多数中高年级单篇课文第二课时的教学都可以根据课文特点,抓住重点,进行单项高级技能教学。教学步骤都可以根据"六步三段"教学模型进行。本教案设计是成功的,它抓住了哪些是"虚写",哪些是"实写"进行思考和讨论。

　　"虚写"和"实写"是两个意思相反的概念,引导学生找出文章中"虚写"文段,是"虚写"概念的运用。引导学生讨论"写虚"的好处(虚实结合,有利于主题的深化),目的是得出写作规则。因为本文同时呈现了多处虚写和实写的文段,所以教学中可以先集中呈现四个"虚写"的例子,然后呈现一个反例——"实写"语段,引导学生讨论。最后引导学生总结,归纳什么是"虚写"(概念的运用),"虚实结合"的好处(规则的运用)。整堂课思路清晰。这就是上海市著名特级教师陆继椿所提倡的"一课一得"的语文教学实例。

(皮连生)

案例十:《一夜的工作》的两种教学方案

执教教师: 广州市花都区新华街棠澍小学　白文蓬　执教年级: 六年级

方案一: 常规的教学方法(一课时)

【教学目标】

1. 能读写"审阅、陈设、及其、隔壁、思索、转椅、热腾腾"等生字、新词;能用自己的话解释"浏览"、"审阅"、"咨询"等词在课文中的意思。

2. 能读懂课文内容与结构: 能从两方面概括周总理的一夜的工作。

3. 能正确、流利、有感情地朗读课文。

4. 基于细腻的动作描写对表达人物特点作用的原理,找出本文使你感动的细腻的动作描写词语,并说明它们的表达效果。

5. 尝试练笔:请你写一段话,用适当的动词描述你熟悉的人物工作时的情景。

【任务分析】

目标1:认读与默写属于文字符号的记忆,词语解释主要涉及具体概念学习。前者的学习条件是重复练习,后者是联系上下文学习。

目标2:属于课文内容与结构的理解,需要综合阅读能力。

目标3:属于动作技能,正确、流利朗读其学习条件是重复练习,感情朗读涉及课文内容理解。

目标4:属于细腻的动作描写策略学习,达到运用和分析水平。

学习条件:(1)能理解课文内容;(2)知道刻画人物需要进行动作描写。

目标5:细腻的动作描写策略的运用。

【教学过程】

一、揭题导入

1. 板书课题,你知道这是写谁的故事吗?

2. (出示周总理的照片)这位和蔼可亲的老人就是周恩来总理。学生交流课前准备的有关周总理的资料。

3. 为了中华民族的独立与富强,为了世界的和平与安宁,他日理万机、鞠躬尽瘁,直到生命的最后一刻。

那么,他每天是怎样工作的呢?

二、整体感知

1. 出示自读提示:

(1)自由读课文,读准字音,读通句子。

(2)边读边思考:课文讲了一件什么事情?

2. 生汇报生字词:请一个小组上台汇报。

审阅　陈设　及其　隔壁　思索　转椅　热腾腾

注意"索"的读音,多音字"转"和"热腾腾"的轻声读法。

交流"隔"的书写,"审阅"、"陈设"两词的意思。

学习过程中,教师和其他学生进行补充。

3. 课文讲了一件什么事?("我"亲眼目睹周总理审阅稿子,看到了周总理一夜的工作)一生简要回答,师补充。

三、精读课文

1. 文章作者何其芳亲眼目睹了我们敬爱的总理一夜的工作以后,忍不住发出了感叹,你能在文中找出来吗?

（1）出示句子。

"这就是我们的总理。我看见了他一夜的工作。他是多么辛苦,多么简朴!"

"看啊,这就是我们中华人民共和国的总理。我看见了他一夜的工作。他每个夜晚都是这样工作的。你们见过这样的总理吗?"

（2）指导朗读,读出对周总理的崇敬和爱戴。

（3）句中哪个词感动了你?（板书:生活简朴　工作辛苦）

2. 深入读读课文,从哪些地方看出周总理生活的简朴、工作的辛苦?

（1）学习有关生活简朴的句子:

那是一间高大的宫殿式的房子,室内陈设极其简单,一张不大的写字台,两把小转椅,一盏台灯,如此而已。

学生抓住重点词语汇报,一个小组同学谈感受。

【预设】

① "极其简单"是简单到不能再简单的意思。"极其"不能换成"相当"、"很"、"如此而已"是仅仅这几样,再没别的东西了的意思。

② 我从"极其简单"这个词想到了周总理可是新中国的总理啊!室内陈设却简单得不能再简单了,一张不大的写字台,两把小转椅,一盏台灯,如此而已。

一张　两把　一盏　如此而已

③ 我从"高大的、宫殿似的"知道,周总理办公的地方以前是清朝最后一个皇帝溥仪的摄政王的屋子,里面曾经摆满了珠宝玉器、名人字画,还有琳琅满目的古董文物、金银器皿。但是这间曾是如此金碧辉煌的屋子,现在成了我们敬爱的总理的办公室,我们只见到一张不大的写字台,两把小转椅,一盏台灯,如此而已。

师补充:什么都没有,简单吗?（简单）但是,我们分明能感受到一种"极其不简单"的东西在我们的心中涌动,是什么让你感受到极其不简单?（艰苦朴素的作风,不辞劳苦的工作,认真负责的态度）

再次把你的感动用朗读告诉老师。

这时候,值班室的同志送来两杯热腾腾的绿茶,一小碟花生米,放在写字台上。总理让我跟他一起喝茶,吃花生米。花生米并不多,可以数得清颗数,好像并没有因为多了一个人而增加分量。

学生汇报:

① 一国之总理应该吃些什么呢? 是啊,以我的生活体验,周总理应该吃山珍海味、美味佳肴,但我怎么也没有想到,他吃的竟然是花生米,而且还数得清颗数。

② 这应该是两个人的分量,但是却数得清,说明平时只有周总理的时候,食物的分量更少。

③ 周总理不图个人享受,严于律己,与人民同甘共苦,一心一意为人民服务的精神深深

感动了我。

（师点拨朗读）

（2）学习有关工作劳苦的句子。

总理见了我，指着写字台上一尺来高的一叠文件，说："我今晚要批这些文件。你们送来的稿子，我放在最后。你到隔壁值班室去睡一觉，到时候叫你。"

【预设】

① "一尺来高"、"一叠"、"今晚"说明文件多，工作繁重，工作紧张，十分辛苦。

② 工作这么多，周总理今晚又要工作整整一夜了，如果用一个四字词来概括，那是（通宵达旦，日以继夜，废寝忘食）

③ "你到隔壁值班室去睡一觉，到时候叫你"，说明了总理自己工作那么劳苦，却不忘记关心别人。

④ 指导朗读。

他一句一句地审阅，看完一句就用笔在那一句后面画上一个小圆圈。他不是浏览一遍就算了，而是一边看一边思索，有时停笔想一想，有时问我一两句。夜很静，经过相当长的时间总理才审阅完，把稿子给我。

学生汇报：

① "审阅"是仔细地审查阅读的意思，"浏览"是粗略地看的意思，周总理不是普通的浏览，而是仔细地审查阅读，让我感受到一位做事一丝不苟的好总理。

② 我从"思索"感受到建国初期，新中国百废待兴，人民会遇到各种各样的困难，周总理正在认真地思索怎样为人民解决问题。

③ 我找出表现总理审稿过程的动词，这些动词说明了周总理工作仔细、认真、负责的精神，所有这些都是为了保证文件准确无误，可见工作量之大，十分辛苦。

四、学习人物"动作描写"的技能

1. 过渡：通过"画、思索、想、问"这些动词，我们感受到了周总理工作仔细、认真负责的精神，以前学习过的一些课文，里面有关人物动作的细腻描写也让我们感受到了人物丰富的内涵。

2. 课件出示《狼牙山五壮士》、《背影》里面的句子谈感受。

副班长葛振林打一枪就大吼一声，好像细小的枪口喷不完他的满腔怒火。战士宋学义扔手榴弹总要把胳膊抡一个圈，好使出浑身的力气。胡德林和胡福才这两个小战士把脸绷得紧紧的，全神贯注地瞄准敌人射击。

——选自人教版五年级上册《狼牙山五壮士》

他用两手攀着上面，两脚再向上缩；他肥胖的身子向左微倾，显出努力的样子，这时我看见他的背影，我的泪很快地流下来了。我赶紧拭干了泪，怕他看见，也怕别人看见。我再向外看时，他已抱了朱红的橘子往回走了。过铁道时，他先将橘子散放在地上，自己慢慢爬下，再抱起橘子走。到这边时，我赶紧去搀他。他和我走到车上，将橘子一股脑儿放在我的皮大衣上。于是扑扑衣上的泥土，心里很轻松似的……

——选自人教版八年级上册《背影》

学生试着找出句段中的动词，谈感受："我从_____这些动词中感受到_____。"（体会文章的用词准确，对人物形象的逼真刻画）

3. 对比《一夜的工作》《狼牙山五壮士》《背影》。

学生归纳规则：通过使用恰当的动词进行细致动作描写使人物形象更鲜明、丰富。

4. 出示画面（三爷挑瓜），试填动词。感受动词的变化与精妙。

三爷真不愧为种瓜能手。你看他不紧不慢地在瓜地里穿梭，挑着好瓜，瞧，他用手轻轻托起一个黄绿相间的大西瓜，用手拍了拍，又用指肚摸了摸，然后用食指和中指有节奏地敲着，瓜便发出"嘭嘭"的声音。他满意地点点头，用手一掐瓜柄，瓜便离蔓到手了。他把瓜放到了筐里。他脸上带着笑容，微微张开的口里露出不齐全的牙齿。接着，又挑起别的瓜来。

5. 课外拓展：在我们身边也有许多辛勤工作、默默奉献的人，如环卫工人、建筑工人、警察、老师……他们当中谁最让你感动？请你写一段话描述他们工作时的情景。

6. 学生练写。（PPT展示"小锦囊"：通过使用恰当的动词进行细致的动作描写，使人物形象更鲜明、丰富）

7. 展示点评。

五、作业布置

1. 阅读关于周总理的生平故事。

2. 抄写生字词语，巩固熟记。

3. 读了本课，你想对总理说什么？写在小作文本上。

【板书】

13. 一夜的工作

生活简朴 ┐受人
工作劳苦 ┘爱戴

生动细致的动作描写——→人物形象鲜明丰富

方案二：非常规的教学方法（一课时）

【备课思考】

人教版语文教材在每个单元都安排了略读课文，目的自然是培养学生的独立阅读、理解的能力，对于略读课文教学的现状是，教师要么把它们作为课文用正常的课堂教学方式进行，要么是把它们完全交给学生，不是收得过紧，就是放得太开，对于学生阅读能力的提高没有多少实际用处。希望通过这节课作为例子，在"讲读"和"独立"二者之间找到一个平衡点，让高年级学生真正掌握阅读的真谛，感受阅读收获的愉悦。

【教学目标】

1. 正确、流利、有感情地朗读课文。

2. 能说出总理一夜工作的情景，从中感受到周总理的伟大人格。

3. 知道课文运用了"对比"的手法表现人物品格，并能分析出运用了"对比"手法的文段想要表达的主题意思。

【任务分析】

1. 把"本课时的教学目标"放进"两维目标分类框架表"中。

教学内容与认知过程两维目标分类框架表

教学内容 （知识维度）	掌握水平（认知过程维度）					
	记忆	理解	运用	分析	评价	创造
拼音						
字						
词						
句子						
标点						
课文朗读、背诵		目标1				
标题、体裁						
写作背景						
课文结构						
课文内容（含价值观）		目标2				
表达技巧		目标3	目标3			
学习方法						

（注：表中分三个区域，用不同阴影加以区分：无色区表示学习的结果是知识；浅阴影区表示学习的结果是基本技能；深阴影区表示学习的结果是高级技能）

2. 分析目标学习的条件

目标1（略）。

目标2需要运用记叙文的结构图式，并理解课文内容。

目标3需要掌握表达技巧中的"对比"的写作方法。条件是学生能分清哪两种或者哪几种事物进行对比，两者之间如何产生联系。

【教学重点】知道课文运用了"对比"的手法表现人物品格，并尝试用这种写作方法构思作文。

【教学难点】指导选择能为主题服务的可对比的事物。

【教学准备】PPT

【教学过程】

一、谈话导入

提起周恩来总理,大家都不陌生,同学们知道吗?周恩来总理生前最喜欢在胸前佩戴一枚"为人民服务"的纪念章,并用自己的行动实践着"为人民服务"的思想,他是为人民服务的楷模。今天,我们将跟着作家何其芳一起去目睹周总理一夜的工作,(板书课题)去感受他这种为人民服务的精神。

二、自主阅读,交流感受

1. 自由读文,课文主要讲了一件什么事?总理给你留下怎样的印象?文章是怎样概括的?(出示文章中心句"他是多么劳苦,多么简朴!")

2. 把使你感动的语句画下来,多读读,做一些简单的批注,准备把自己的感受讲给同学听。

(1)学生结合课文具体语句和资料袋内容从多方面谈一谈自己的感受。

(2)把学生的感受通过朗读体现出来,学生自读感受深的重点段落。

教师点拨:同学们在交流的过程中,善于抓住文中印象深的场景、人物或细节,说出自己的感受;善于通过重点词语体会它们在表达方面的作用,非常好,说明大家会运用方法来读书。

三、找出"对比"写法,凸显人物精神

过渡:这篇文章语言朴实,却能使读者产生强烈的情感触动,作者何其芳在写作时埋下了一个"秘密",看看同学们能不能发现它。

1. 请读左边的语句,从课文中找出与之对立的意思或与之有关的不同方面的语句,并想想这样写的好处是什么?(先自读再小组讨论)

2. 语句,并想想这样写的好处是什么?(先自读再小组讨论)

总理宫殿式的房子,　　　不大的写字台、两把小转椅、一盏台灯(简单的陈设)

周总理一夜不休息,　　　　　　　作者"揉揉蒙眬的睡眼"

工作量如此之大,　　　〈对比〉　夜餐如此简单

总理高标准的工作要求,　　　　　低标准的生活条件

叫别人睡一觉,　　　　　　　　　自己却在工作

工作如此繁重,　　　　　　　　　休息时间如此之少

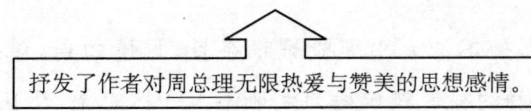

抒发了作者对周总理无限热爱与赞美的思想感情。

3. 小结。俗话说:"不比不知道,一比见分晓。"作者正是运用了"对比"的写作手法,使周总理工作劳苦、生活简朴这一形象更加鲜明,使读者感受更加强烈。许多作家都善用这种方法……

四、举三反一识方法,运用方法懂鉴赏

1. 回忆我们学过的课文——《匆匆》。

燕子去了,有再来的时候;杨柳枯了,有再青的时候;桃花谢了,有再开的时候。但是,聪明的你告诉我,我们的日子为什么一去不复返呢?

作者通过燕子,柳树,桃花都可再生的事物与我们的日子却一去不复返作对比,使相反或相对事物的特征或本质凸现出来,突出表现时间的珍贵。

2. 再看作家丰子恺的《白鹅》中对鹅与鸭、狗的对比描写:

鹅的叫声,音调严肃郑重,似厉声呵斥。它的旧主人告诉我:养鹅等于养狗,它也能看守门户。后来我看到果然如此:凡有生客进来,鹅必然厉声叫嚣;甚至篱笆外有人走路,它也要引吭大叫,不亚于狗的狂吠。

鹅的步态,更是傲慢了。大体上与鸭相似,但鸭的步调急速,有局促不安之相;鹅的步调从容,大模大样的,颇像京剧里的净角出场。它常傲然地站着,看见人走来也毫不相让;有时非但不让,竟伸过颈子来咬你一口。

这样从容不迫地吃饭,必须有一个人在旁侍候,像饭馆里的堂倌一样。因为附近的狗,都知道我们这位鹅老爷的脾气,每逢它吃饭的时候,狗就躲在篱边窥伺。等它吃过一口饭,踏着方步去喝水、吃泥、吃草的当儿,狗就敏捷地跑过来,努力地吃它的饭。鹅老爷偶然早归,伸颈去咬狗,并且厉声叫骂,狗立刻逃往篱边,蹲着静候;看它再吃了一口饭,再走开去喝水、吃草、吃泥的时候,狗又敏捷地跑上来,把它的饭吃完,扬长而去。等到鹅再来吃饭的时候,饭罐已经空空如也。鹅便昂首大叫,似乎责备人们供养不周。这时我们便替它添饭,并且站着侍候。因为邻近狗很多,一狗方去,一狗又来蹲着窥伺了。

作者通过对比,细致地刻画鹅的叫声、步态和吃相等方面的特征,表现出鹅的"傲慢"风范和彰显鹅的老爷派头,让读者如见其形,如闻其声,字里行间流露着作者对鹅的喜爱之情。

3. 归纳方法:把不同的事物或者事物不同的方面进行对比,可以使所写的事物大放异彩,给人以深刻印象。

4. 说说下面的文段中采用了将什么和什么对比,表现了什么主题?

(1) 和蜂鸟相比,啄木鸟的个头就大多了,啄木鸟不但在体型上比蜂鸟占据优势,在养儿育女方面也比蜂鸟强得多,蜂鸟每天不辞辛苦,四处采蜜,也最多只能喂饱两只雏鸟,而啄木鸟只需要在自己的鸟窝前用它那斧锯般的嘴在树木之间啄来啄去,就可轻而易举地得到食物了。上文通过_____和_____的对比,表现了_____
_____。

(2) 月亮的光芒是柔和的,她不似太阳那般耀眼夺目,热情四射,但她的宁静之美却深深地吸引着我。她总是在寂静的夜晚默默地为大地添上一抹光亮,让在外的人们能够看清回家的路,她也总会给人们的心头添上一抹温馨之感。上文通过_____和_____的对比,表现了_____。

(3) 少年闰土是一个"十一二岁的少年","我"第一次和他见面,闰土"正在厨房里,紫色的圆脸,头戴一顶小毡帽,颈上套个明晃晃的银项圈"。二十年后,"我"回到故乡,再见闰土时,他"先前紫色的圆脸,已经变作灰黄,而且加上了很深的皱纹","他头上是一顶旧毡帽,身上只一件极薄的棉衣,浑身瑟缩着","那手也不是我记得的红活圆实的手,却又粗又笨而且开裂,像是松树皮了。上文通过描写闰土_____和_____外貌方面的对比,表现了_____。

5. 师小结:同学们,我们读文章,不仅要读出内容,更要读出写法,知其写什么,更要知其怎么写,这样你才能获得阅读的真谛。下课!

评 析

对于同一篇课文,白老师设计了一、二两个教学方案。方案一是常规的,方案二是非常规的。从方案一可见,其教学步骤是:揭示课题;整体通读课文并教生字新词;精读课文以把握文章的内容与结构;最后引导学生学习人物"动作描写"的技能。

方案二强调学生在教师的问题指引下自学课文。问题涉及课文的内容("讲了一件什么事?")与结构("文章是怎样概括说的?")在学生读懂课文内容与结构之后,要求学生有感情地朗读课文和谈感受。最后教师重点教了"把不同的事物或者事物不同的方面进行对比,可以使所写的事物大放异彩,给人以深刻印象"这样一条写作规则。

哪个方案更好呢? 我认为,方案一在学生自读课文的这一步,教师讲得过多、过细。因为阅读能力属于综合能力,综合能力必须靠学生自己练,自己悟。教师的作用是提问与检查学生能否通过阅读正确回答问题。高年级学生必须学会如何读懂课文内容与结构。例如,《一夜的工作》全文分两部分:前面五段叙事(记叙周总理一夜的工作),后面两段抒情。叙事的部分又有两条线索:明的是时间顺序;暗的是"生活简朴"和"工作劳苦"两个方面。有关课文的内容与结构的问题,高年级学生必须通过阅读来回答。教师讲得过细,学生失去了锻炼的机会。与方案一相反,方案二在学生自主阅读前有问题指引,所涉及问题回绕课文内容与结构的理解。这样学生有整块的时间进行阅读。

有关写作技巧方面的知识,如第二个方案中的"对比描写"的效果,学生很难悟出来。对于这样的知识,教师可以运用课文做例子,采用"举三反一"和"举一反三"的方法,使知识转化为技能。这样单篇课文教学就转入单项技能教学。两个方案都采用了这种教学模式。

(皮连生)

第三部分
单元整组课文的教学设计与实施

　　根据科学取向的教学论,只有与篇章有关的高级技能才需要将若干篇课文组合起来,进行单元整组课文教学设计。然而,人教版教材和"部编本"新教材的单元基本上是按照人文主题组织的,只有极少数课文单元可以按高级技能整合进行单元设计。这里呈现三个单元,其中四年级课文两个单元,教师基本上是根据原有单元课文进行设计的;五年级单元的课文内容与习作和口语交际的内容,教师做了适当调整,在四年级描写人物的单元后,还呈现了一个教师根据学生实际需要,自行开发的习作单元。这部分的教学目标、教学内容是教师自己开发的,属于课程水平的教学设计;其教学过程与方法是教师依据教学目标和内容自行设计的,属于课程水平的教学设计。

第九章　描写领袖人物的单元

（人教版五年级上册第八单元）

执教教师：浙江省象山县唐懋龙（特级教师）　执教年级：五年级

第一节　教学分析

一、单元终点目标与学习类型分析

（一）单元终点目标

1. 能写一篇文章或一部影视作品的故事梗概。

2. 能推荐一个英雄人物的故事，讲清作品名称、故事梗概、精彩情节、自己的感想。

3. 能按时间顺序写一次活动，按场面描写的要求把场景写具体、清楚。

（二）学习类型分析

终点目标 1：属于综合语文能力学习，需要对课文结构和内容作深入分析和概括。

终点目标 2：属于综合语文能力学习，需要在目标 1 的基础上补充细节、进行评价并产生新作品（达到创造水平）。

终点目标 3：属于综合语文能力学习，需要综合运用文章内容知识、结构知识和写作策略进行创造。

二、单篇课文教学目标与学习类型分析
第 26 课《开国大典》

【教材分析】

本文主要通过对开国大典一个个场面描写来表达中国人民对新中国的诞生无比自豪、激动的感情，展现了毛泽东的领袖风采。这也是本组课文学习主题"感受伟人风采和凡人情怀"的具体体现。在教学中宜把握以下几个方面的特点。

（一）结构清晰，条理清楚

课文按开国大典进行的时间顺序叙述，全文十五个自然段可分为四段。第一段（第一至第四自然段）写大会开始前会场上的情况。先概括交代举行开国大典的时间、地点、参加典礼的成员和人数，然后分别描述会场的布置和群众队伍的场面。第二段（第五至第十自然段）主要写了三件事：毛主席宣布中华人民共和国成立了；升五星红旗；毛主席宣读公告。这是开国大典的重要部分。第三段（第十一至十三自然段）写阅兵式的盛况。写了三层意思：

阅兵式开始的情况。各兵种通过天安门。群众看到检阅部队后的激动情景。第四段(第十四至十五自然段)写群众队伍游行的情况。

(二)场景描写

课文用点面结合的方法突出了场面描写,在这些描写中,既有主要人物的重点描写,又有庄严的场面气氛和人们激动、自豪心情的描绘,生动形象地再现了开国大典的盛况。如毛泽东出现在城楼上、按电钮升国旗、宣读公告等场面中的动作、人民群众的反映以及会场上的气氛,真实再现了当时的盛况。在这些场面描写中,对毛泽东的直接描写虽然不多,但很典型,例如,当毛泽东出现在主席台上时,会场上"爆发出一阵排山倒海的掌声",三十万人的目光"一齐投向主席台",表达了人民群众对领袖和新中国的无限热爱之情。

(三)记叙详实、用词准确

课文结合场面描写,用了一系列精当的语句,表达出人民群众激动、崇仰的感情。如当毛泽东宣布"中华人民共和国中央人民政府在今天成立了"之后,课文用了"这庄严的宣告,这雄壮的声音……"这样两个长句子,表达了全场三十万人以及全中国人民为新中国的诞生而欢欣鼓舞的心情。

【教学目标与目标分析】

单篇课文目标为实现终点目标服务。对基本技能目标,大家已经比较明确,此处不做陈述与分析,仅陈述与分析高级技能目标。

(1)能通过举例说明、比较、辨别等方式掌握场面描写的主要特点和方法。(分析:写作策略中的概念与规则学习,达到理解、运用水平)

(2)能把握课文的感情基调,读出庄严、激动、自豪等思想感情,感受毛泽东的伟人风采。(分析:通过阅读对课文内容达到理解和记忆水平)

(3)能按时间顺序将文章分段并概括段意。(此目标暗含在教学中)分析:通过阅读对课文内容和结构掌握达到分析水平。

第 27 课《青山处处埋忠骨》

【教材分析】

《青山处处埋忠骨》是一篇略读课文,主要讲了毛泽东惊悉爱子毛岸英在抗美援朝战争中不幸光荣殉职的噩耗后极度痛苦的心情,以及对岸英遗体归葬何处的抉择过程,表现了毛泽东常人的情感和胸怀。纵观全文,大致有两个鲜明的特色。

(一)鲜明的选材特色

文章选取了最能表现人精神境界的一个片段,反映出人物的崇高境界。全文以毛泽东的思想感情变化为线索,重点写了毛泽东的矛盾心理。课文先写彭德怀从朝鲜发来的有关毛岸英牺牲的电报内容和毛泽东收到电报后的巨大悲痛;再写彭司令要求送回岸英遗体,而金日成首相要求把岸英葬在朝鲜的意见分歧,面对这两种抉择,毛泽东的心情十分复杂和矛盾,最终,他凭着坚强的意志和超人的胸怀做出了将爱子葬于朝鲜的艰难、痛楚的决定,在电报上写下了"青山处处埋忠骨,何须马革裹尸还"的批示。

2. 通过细节描写和心理刻画突出人物鲜明的性格特点,真实再现了毛主席当时的复杂心情

（1）通过动作、语言、神态的描写表现出毛主席的常人情怀。如主席情不自禁地"喃喃"地念着儿子的名字"岸英! 岸英!""用食指按着紧锁的眉头""整整一天没说一句话,只是一支又一支地吸着烟""桌子上的饭菜已经热了几遍,还是原封不动地放在那里"等。

（2）通过心理、神态描写来突出毛泽东超人的胸怀和崇高的品质。如"主席仰起头望着天花板,强忍着心中的悲痛,目光中流露出无限的眷恋。""那一次次的分离,岸英不都平平安安回到自己的身边来了吗! 这次怎么会……""儿子活着不能相见,就让我见见遗体吧!"

本课教学宜让学生自学感知课文内容,通过朗读感悟毛泽东痛失爱子的悲痛心情。在此基础上重点进行细节描写的教学,体会课文是怎样写出毛泽东的常人情怀和超人胸怀的。

【教学目标与目标分析】

（1）能有感情地朗读课文,感受毛泽东失去爱子的悲痛和岸英忠骨归葬何处的艰难抉择。（分析:通过阅读对课文内容掌握达到理解和记忆水平）

（2）能从细节描写对表达毛泽东的常人情怀和超人胸怀的作用。学习细节描写人物的方法。（分析:写作策略中的概念规则学习,达到理解、运用水平）

第 28 课《毛主席在花山》

【教材分析】

这是一篇略读课文。文章记叙了毛主席 1948 年春夏之交住在花山村时的几件事,表现了毛主席热爱群众、关心群众和群众打成一片的革命情怀。文章依次记叙了三件事:让警卫员把到别处碾米的群众请回来;派警卫员给碾米群众送去茶水;毛主席来到碾米群众中交谈并帮群众推碾子。表现了领袖毛泽东深入群众和群众打成一片的作风。

善于抓住细节,善于通过细微之处来表现毛泽东普通人的情怀,是本文的又一特色。例如"一边推,一边用笤帚往碾盘里扫碾出来的玉米碎粒"等细节描写,直接反映了领袖毛泽东不仅心怀群众,而且能做、会做普通群众做的生活小事。

本课教学重点是在体会细节描写的基础上练习概括课文主要内容。

【教学目标与目标分析】

（1）能抓住细节描写的语句,领悟作者通过具体事例表现毛泽东凡人情怀的表达方式。（分析:写作策略中的概念规则学习,达到理解、运用水平）

（2）能概括课文的主要内容,初步认识梗概的特点。（分析:通过阅读对课文内容和结构学习达到分析水平）

第八单元高级技能目标在两维目标分类框架表中的位置

教学内容		掌握水平					
		记忆	理解	运用	分析	评价	创造
基本技能	字、词	略	略	略			
	句子与标点	?	?	?			
	朗诵与背诵	略	略				

教学内容		掌握水平					
		记忆	理解	运用	分析	评价	创造
高级技能	课文结构				26课目标3 28课目标2		
	课文内容 与价值观		26课目标2 27课目标1				
	表达技巧		26课目标1 27课目标2 28课目标1	26课目标1 27课目标2			
语文综合能力					单元终点目标1	单元终点目标2	单元终点目标2；单元终点目标3

（注：（1）字、词、朗诵与背诵的教学目标一般较明确，此表中省略；（2）句子与标点教学目标是否需要，表中存疑（?）；（3）语文单项技能与高级技能不是并列关系，高级技能中也有单项技能。）

三、单篇课文目标与单元终点目标之间的关系

从目标的实现来看，一般来说，单篇课文中的目标先于单元的终点目标；单篇课文中的基本技能目标先于高级技能目标；课文内容与价值目标先于表达技能目标；认知过程水平低的目标先于认知过程水平高的目标。本单元中的第26课目标3先于目标2，目标2先于目标1；第27课目标1先于目标2；第28课中的两个目标，从掌握的水平来看，目标1应先于目标2，因为目标2处于分析水平，目标1处于理解水平。但由于目标1涉及写作技巧，也可以放在最后教。单篇课文中的目标直接为终点目标服务。第26课目标3和第28课目标2为终点目标1和2服务；第26课目标1和第26课目标3为终点目标3服务。这样先期实现的目标就成了后续目标实现的前提条件（或使能目标）。

第二节　单篇课文的教学设计

一、开国大典

课前准备：组织观看《开国大典》的影片，搜集、阅读与开国大典有关的资料。

教学安排：三课时

教学基本程序	评　析

第一课时

一、谈话导入,揭示课题

1. 结合课前搜集的资料,尝试说说中国人民从旧中国的屈辱到新中国成立的奋斗历程,在此基础上介绍背景:1949 年 10 月 1 日,是我们中华人民共和国成立的日子。从这一天起,中国人民结束了几百年被欺负、被压迫的屈辱历史,使中国开始走向强盛。

2. 揭示课题:开国大典。说说题目的意思。(理解题意——开国:建立新的国家;典:典礼,郑重举行的仪式;大典:隆重的典礼)

二、自读全文,学习积累的词语。

1. 提出要求:通读课文,难读的长句子多读几遍。遇到不理解的字词查字典,或同桌讨论。

2. 学生充分朗读课文,基本读通课文。

3. 交流,学习词语。

读准字音:擎(qíng)　　钮(niǔ)　　聂(niè)　　诞(dàn)

生字组词:檐(屋檐)　　瞻(瞻仰)　　钮(电钮)

词义理解:典礼、汇集、庄严、宣告、瞻仰……

4. 抽读课文段落(朗读难点),检测朗读的准确与通顺,落实词语的理解。

三、默读课文,理清脉络

1. 思考:课文是按什么顺序记叙开国大典的? 课文可分成几个部分?(提示思路:根据会场、典礼、阅兵式、群众游行可以分成四个部分。)

2. 学生默读课文,思考问题,划分段落。

3. 讨论交流,列出段落提纲。

第一部分(第一至四自然段):写大典开始前会场上的情况。

第二部分(第五至十自然段):写开国大典的盛况。

第三部分(第十一至十三自然段):写阅兵式的盛况。

第四部分(第十四至十五自然段):写群众队伍游行的情况。

4. 按课文内容填空(最好让学生书面练习,人人动笔):

课文按照开国大典进行的_____顺序,先描写了典礼前的_____,然后写典礼的主体部分:_____,接着写_____的盛况,最后写_____。

5. 反馈交流,注意语言通顺、用词准确。

四、想象场面,感受大典

1. 作者向我们描绘了开国大典的众多场面,选择你印象最深刻的一个场面,读一读,边读边想象当时的情景,说说自己从中感受到了什么?

2. 学生各自朗读、感悟,同桌交流。

3. 全班讨论:哪个场面给你留下了最深刻的印象?

4. 教师点拨,小结。

五、作业:

1. 抄写字词。

2. 书面回答:课文是按怎样的顺序记叙开国大典的?

第二课时

一、复习课文

1. 听写词语:瞻仰　诞生　房檐　典礼　电钮　共产党　毛主席

委员　政协　外宾　嗓子

2. 说说课文是按什么顺序写开国大典的?

二、默读大典前的描写

1. 默读课文第一部分,用一个词概括对开国大典的感受。(盛大　隆重　热烈

庄严)

评析栏:

实现目标 3:

分段与概括段意的工作应尽量启发学生完成,为终点目标 1 的教学做准备。(学生需要形成庆典仪式的图式)

此作业可以视为形成性评价。

第二课时的教学重点是引导学生深入理解课文内容。

教学基本程序	评 析
2. 那课文又是怎样写出开国大典的这些特点的呢？ (1) 按课文内容填空，填不出可以看书。 开国大典于_____年_____月_____日在_____举行。会场在_____，主席台设在_____。参加开国大典的成员有中华人民共和国中央人民政府_____、_____、_____，有中国人民政治协商会议全体代表，有_____、_____、_____、机关工作人员、城防部队，总数达_____人。 (2) 引读第二自然段，让学生动笔画一画"丁字形广场"，并按书上讲的方位标上相应的位置名称。再说说各位置上的设施。结合讲解：开国大典就是在这里举行的，因此课文将天安门广场交代得十分清楚。 (3) 朗读第四自然段，在教师引导下画出并说说最能表现开国大典热烈、盛大、隆重的气氛，以及参加典礼的人们那种激动、兴奋、急切的语句。如： 早上六点钟起，就有群众的队伍入场了。 他们清早到了北京车站，一下火车就直奔会场。 郊区的农民是五更天摸着黑起床，步行四五十里路赶来的。 到了正午，天安门广场已经成了人的海洋，红旗翻动，像海上的波浪。 3. 指名分节读课文。读出庄严、隆重、热烈的气氛。 三、精读大典部分，感受伟人风采 1. 默读写开国大典的盛况的语段(第五至十自然段)，画出课文中描写毛主席的动作和群众的反映的语句。 2. 自由读文，每次人们是在什么情况下欢呼起来的？这表达了人们怎样的思想感情？划出反映人们心情的句子，感受人民群众在典礼中激动、兴奋、喜悦的心情。如： 毛泽东出现在主席台上时，三十万人的目光一齐投向主席台。 他读到"选举了毛泽东为中央人民政府主席"这一句的时候，广场上的人们热爱领袖的心情融成一阵热烈的欢呼。观礼台上同时响起一阵掌声。 3. 背诵第七自然段，体会课文的表达效果。 四、分角色朗读阅兵式部分，感受场面描写的气势 1. 默读课文，找出参加阅兵式有哪些兵种。 2. 提出合作朗读要求：学生分组，分别读海军、步兵、炮兵、战车师、骑兵师和空军的语句。其中第6句"以上部队全都以相等的距离和相等的速度经过主席台前"全班齐读。最后写毛主席挥手和群众反映的语句由教师和学生合作朗读。 3. 先分工，然后让学生各自找到并读好有关语句，最后全班一起合作朗读，读出感情，读出气势。 五、学习结尾段落，体会游行场面的热闹气氛 1. 默读课文第十四至十五自然段，概括各段段意。 2. 学生交流段意。 3. 读结尾两句，领会句子的深刻含义。 提示："两股红流"指什么？这样比喻写出了什么？"光明"指什么？象征什么？ 4. 有感情地朗读第十四至十五自然段，检测学生对文本主题的理解和情感的把握。 六、作业 1. 背诵、抄写第七自然段。 2. 摘录描写毛主席的动作和群众反映的句子。	实现目标 2 实现目标 2

教学基本程序	评　析
第三课时	实现目标3
一、生活案例导入,学习场面描写	
1. 回忆学校升国旗的场景。提示：按时间顺序回忆、想象。先说说当时升国旗的场面情况,再说说升旗手的升旗动作,再说说同学们的动作、眼神和心情等表现,以及当时场面上的气氛。	回忆先前知识,便于理解新概念："场面"； 先给出"点""面"的定义,再举例说明。
2. 揭示场面描写的基本特点：场面描写的主要特点是"有点有面,点面结合"。"点"就是主要人物的描写,"面"就是其他人物的描写和场上人们动作、语言等表现出来的气氛和情感。如：升旗手的升旗动作描写是场面描写的"点",师生们在升旗过程中的立正、敬礼、注目等动作构成的整个场面是场面描写的"面",当时操场上的庄重肃穆的情景形成的是场面描写的气氛和情感。	
3. 学习"升旗仪式"的场面描写：	通过正例、反例教场面描写方法
(1) 朗读升国旗的段落。分别找出描写"点"、"面"与"气氛与情感"语句(第八一九自然段)。	
(2) 读读议议,揭示要点：	
点：毛主席亲自按动连通电动旗杆的电钮,新中国的国旗——五星红旗徐徐上升。	正例一："升旗仪式"的场面描写。
面：三十万人一齐脱帽肃立,一齐抬起头,瞻仰这鲜红的国旗。 　　升旗的时候,礼炮响起来了……	
情：五星红旗升起来了,表明中国人民从此站起来了。 　　每一声礼炮后,全场就响起一阵雷鸣般的掌声。	
(3) 比较异同,体会特点：	
① 与我们平时的升旗仪式相比,开国大典的升旗仪式更庄严、隆重,因此在升国旗时还有礼炮的描写。	
② 带着这种体会朗读这两段话,要读出应有的感情。	
二、自读课文,深入领悟场面描写	
1. 课文中,作者向我们描绘了开国大典的众多场面,请选择一个印象最难忘的场面,读一读,展开想象,当时是怎样的情景,自己从中感受到了什么？再找出场面描写的三个要素：点、面、气氛或感情。	
2. 学生各自朗读、想象体会。	
下列程序根据学情灵活调整。	
▲ 会场的场面描写：	
(1) 比较默读第二自然段和第四自然段,对照上述要求,说说哪个是场面描写。举例说出场面描写的特点。	反例：会场的场面描写。
(2) 第二自然段说明了天安门广场的特点,有特定的地点和景物,但没有人物的活动,也没写出气氛或感情,因此不是场面描写。(是环境描写)	
(3) 第四自然段,是场面描写,有特定的地点：丁字形广场；有人物活动：从四面八方赶来的群众队伍,工人队伍中,有从老远赶来的铁路工人,还有郊区赶来的农民；表达了当时的气氛和感情：人的海洋,红旗翻动,像海上的波浪。表达了人们的感情。	
▲ 典礼的场面描写：	
第五自然段,是场面描写：	
点：毛泽东出现在主席台上。	正例二：典礼的场面描写。
面：会场上爆发出一阵排山倒海的掌声。三十万人的目光一齐投向主席台。	
情：从"爆发出排山倒海的掌声。""三十万人的目光一齐投向主席台。"表达了人们对毛主席的无限热爱和敬仰的感情。	
▲ 比较阅兵式与群众游行两个场面描写的特点：	
(1) 阅兵式的场面描写：	正例三：阅兵式的场面描写。
面：海军两个排,步兵一个师,炮兵一个师,战车师,骑兵师,空军。	

第九章　描写领袖人物的单元

教学基本程序	评　析
点：毛主席首先向空中招手。 面：群众把……抛上天，欢呼声。 部队的雄伟气势和群众的激情欢呼表达了赞美和自豪的感情。 （2）群众游行的场面描写： 面：群众游行。 点：毛主席不断向群众高呼，不断地高呼"人民万岁！""同志们万岁！" 点面结合的场面描写再现了毛泽东深受人民爱戴的感人气氛。 情："天上……，地上……，"两股红流……，光明充满……"也表达了人民群众对新中国成立的激动情感。 三、归纳要点，学写场面描写 1. 回顾全文，归纳场面描写的写作特点。	正例四：群众游行的场面描写。 通过辨别、比较、抽象，最后概括出四个场面描写的共同特点。

场面描写	写作特点
会场的场面描写	有点有面，突出了会场气氛和人民群众对领袖无限热爱的激动、兴奋的感情。
典礼的场面描写	点面结合，突出人民群众对毛主席的热爱和为新中国的诞生而激动的情感。
阅兵仪式	点面结合，突出表达了群众对新中国人民军队的赞美和自豪的感情。
群众游行	点面结合，突出群众对毛主席、新中国的热爱，再现了毛泽东的伟人风采。

教学基本程序	评　析
2. 指导学生仿照本课的写法学写升旗仪式的场面。 （1）仿照课文第二自然段写好升旗仪式前的环境。指导要点。 （2）根据学校升国旗的实际情景写好场面描写。 （3）同桌交流，互评。是否符合场面描写的要求。	这里是习得的规则的运用，起教学评价作用。

评析：这是一个"例—规"法教学的典型教例；设计巧妙，指导到位。学习条件是教师提供规则的正、反例与反馈；学生的心理过程是：辨别、假设、抽象和概括。

二、青山处处埋忠骨

课前准备：搜集、阅读毛泽东一家为了中国革命胜利而牺牲的六位烈士资料。

教学安排：两课时

教学基本程序	评　析
第一课时 一、谈话导入，揭示课题 1. 引导学生谈谈毛泽东一家为了中国革命胜利而牺牲的六位烈士的事迹，以及朝鲜战争中中国志愿军作出的巨大牺牲：约有 12 万志愿军战士长眠在了朝鲜土地上，其中有一位战士就是我们伟大领袖毛泽东的长子——毛岸英。	第一课时完成了目标 1（基本技能）和目标 2（理解课文内容），为实现第三个目标作好了准备。

教学基本程序	评　析
2. 出示课题,青山处处埋忠骨。说说与"青山埋忠骨"有什么不同? (学生回答不清可待学了课文再理解。) 二、自学课文,整体感知主要内容 1. 提出自学要求: (1) 自主阅读,读通全文。理解生字新词。 (2) 思考课文讲了一件什么事。(简要回答) 2. 检查自学效果: (1) 朗读课文,反馈矫正。 (2) 词语学习: 读文解词:殉职(比较"殉职"与"牺牲"的异同) 踌躇,找出近义词:犹豫、迟疑。 勋鉴(书面语,写信的敬语,勋,功德,功劳。鉴,审查,看;勋鉴,写给有功德之人专用的称呼,一般用于政界和军界的人士。) (3) 简要写出课文中三份电报的内容(人人动笔): 彭德怀来电:＿＿＿＿＿＿＿＿＿＿＿＿ 金日成来电:＿＿＿＿＿＿＿＿＿＿＿＿ 毛泽东回电:＿＿＿＿＿＿＿＿＿＿＿＿ 3. 概括课文主要内容。 这篇课文主要记叙了毛主席从彭德怀来电中获悉爱子毛岸英在抗美援朝的战争中不幸殉职的噩耗,内心极度悲痛,金日成首相来电又要求将毛岸英的遗体归葬朝鲜,毛泽东最后做出了将爱子归葬朝鲜的艰难、痛楚的决定,并写下了"青山处处埋忠骨,何须马革裹尸还"的批示。 4. 理解诗句:青山处处埋忠骨,何须马革裹尸还。 (1) 词语理解:"忠骨"指忠臣的遗骸;"马革裹尸"就是用战马的皮把尸体包裹起来;"何须"指为什么一定要(马革裹尸)。 (2) 出示资料,讲解:"青山处处埋忠骨,何须马革裹尸还"是清代龚自珍《己亥杂诗之一》中的名句。其中"马革裹尸"出自《后汉书·马援传》,东汉名将马援曾说"男儿要当死于边野,以马革裹尸还葬耳。" (3) 结合课文理解毛主席这句批示的含义。 理解:青山连绵,哪里都是安葬忠勇之士的好地方。革命者既然把整个身心都献给了祖国,死后又何必一定要把尸体运回家乡呢? 讲解:这里表明了毛主席对儿子遗体安葬何处的态度:尊重朝鲜人民的意愿,将毛岸英遗体安葬于朝鲜,充分显示了毛主席的博大胸怀。 5. 有感情地朗读课文。引导学生谈谈读了课文后的体会和感受。	
第二课时 一、研读课文,体会细节描写的作用,感悟毛主席的常人情怀。 1. 默读课文,说说课文是怎样写毛泽东得知自己的爱子不幸殉职时的悲痛心情的。(学生交流) 2. 出示语例,比较朗读,体会不同写法的不同表达效果: ① 从收到这封电报起,毛泽东整整一天没说一句话,只是一支一支地吸着烟。桌子上的饭菜已经热了几次,还是原封不动地放在那里。 ② 从收到这封电报起,毛泽东悲痛万分,整整一天没说一句话。 ③ 收到这封电报,毛泽东悲痛万分。 (1) 这3句话的意思一样吗?读了哪一句话能在头脑中出现毛泽东收到不幸电报时的神情动作,具体感受到毛主席失去爱子的悲痛心情?(从第①句中能够想象出毛泽东沉浸在深深的丧子之痛中的情景。第③句没有这样的效果。第	这里要教的写作规则是"通过人物神态、动作、语言、心理活动等细节描写刻画人物思想品质"。对于五年级学生来说这不是全新的知识。本课时只是教了细节描写的一个新例子。

教学基本程序	评　析
②句只能知道毛泽东心情悲痛,没有说话。) (2) 想象、讨论:第二句中的"整整一天没说一句话,只是一支一支地吸着烟。桌子上的饭菜已经热了几次,还是原封不动地放在那里"。你在生活中见到过类似的情景吗? 一般是在什么情况下会有这样的情景? 启发学生举例说明:一个人遇到不幸的大事、天大的难事时,才会见到这样的情景。 (3) 讲解:这就是细节描写,通过具体的动作描写,使人读了如临其境,具体形象地感受毛泽东当时的悲痛心情,表现出毛泽东的常人情怀。 (4) 有感情地朗读,感受毛泽东悲痛万分的感情。体会细节描写作用。	教学时,教师设计正、反例句,通过比较,让学生感悟规则。
3. 想象当时毛主席神态和语言的细节描写,出示例句: ① "岸英! 岸英!"主席用食指按着紧锁的眉头,情不自禁地喃喃着。 ② 主席悲痛地轻声呼唤着儿子的名字。 (1) 上述两句话哪一句的表达效果好? 说说理由。 第①句中"用食指按着紧缩的眉头"、"喃喃"等神态描写能使人展开想象,再现毛主席当时的神态和语言,使人具体感受到他当时悲痛的心情和对爱子的无限怀念之情。第②句是叙述,想象不出毛泽东当时的神情动作。 (2) 有感情地朗读,边读边想象毛主席当时的神情动作,体会毛主席内心的痛苦和对儿子的呼唤。	这里的细节描写的例句,正例来自课文,反例由教师提供。通过正、反例比较,让学生感悟。
4. 小结:上述的动作、语言、神态等细节描写,也是平常人遇到这种情况都会有的表现。课文就用这些细节描写写出了毛主席的常人情怀。然而,毛主席又具有一般人所没有的超人胸怀。课文又是怎样表现的呢? 二、研读课文,领悟细节描写的作用,感受毛主席的超人情怀。 1. 研读:主席仰起头望着天花板,强忍着心中的悲痛,目光中流露出无限的眷恋。 (1) 如何理解"眷恋"? (这个词的重点是后边的"恋",有难以割舍的依恋留恋之情) (2) 这里毛主席是眷恋什么呢? 联系上下文理解,这是毛主席收到金日成首相的电报后产生的复杂的心情。"儿子活着不能相见,就让我见见遗体吧!"然而,这种想法很快被打消了。…… (3) 思考:"仰头望着"、"强忍"、"流露"这些词语表达了毛主席怎样的心情呢? 写出了毛主席已有意将岸英遗骨安葬朝鲜的葬朝鲜的念头,表现了毛主席的超人情怀。而"仰头望着""强忍"又真实地写出毛泽东的凡人情怀:内心的痛苦。	在研究过例子之后,要学生感悟什么,教师必须把结论明明白白告诉学生(当然也可让学生发现)。那种只讲感悟而不讲感悟什么的教学理论是误人子弟之说。
2. 研读下面两句,说说体会到毛主席当时是怎样的心情? (1) 秘书将电报记录稿交主席签字的一瞬间,主席下意识地踌躇了一会儿,那神情分明在说,岸英难道真的不在了? 父子真的不能相见了? (2) 主席黯然的目光转向窗外,右手指指写字台,示意秘书将电报稿放在上面。 3. 读读议议: 第一句中的"下意识地踌躇了一会儿"再一次写出了毛主席的犹豫和爱子之情,因为这意味着岸英将永远留在了异国他乡,自己永远也见不到了。 第二句中的"转"、"指"、"示意",三个简简单单的动作,表现出主席用强大自制力控制着自己无限悲痛的情感,无声胜有声地再次表现出毛泽东的超人意志。 4. 小结:这一处的细节描写给人以真实而深刻的印象:毛泽东既是一位伟人,也是一个凡人。 三、课堂练笔和作业 1. 小练笔:仿照课文的细节描写的方法,写出一个人物的某种感情。 (1) 选材:选择一个自己熟悉的人,回忆他的音容笑貌,挑选你印象最深刻的某一个感情瞬间,如兴奋、难过、痛苦、忧郁等。	注意:写作策略学习不能通过简单模仿。这里的练习的目的是检查规则是否习得,起教学评估作用,因为学生要完成该项任务,必须运用已经习得的规则。

教学基本程序	评 析
(2) 形象：回想他当时的具体动作、神情、语言等表现,在头脑中形成清晰的画面。再选出最能表现某一种感情特征的言行表现。可模仿演一演。 (3) 练写：仿照课文的细节描写方法,写几句话表现他的某种感情。 (4) 互评：从同桌的描写中是否能感受到某种感情。 (5) 修改。 2. 预习《毛主席在花山》。 读通课文,思考课文主要写了毛主席在花山的哪些事情。	
评析：本课的写作技能教学与第26课相同,都是通过例子来教规则,并在学习规则之后,通过运用规则的练习来检验规则掌握情况。	

三、毛主席在花山

教学安排：一课时

教学基本程序	评 析
一、谈话导入,检查预习 1. 通过本组几篇课文的学习,我们领略了毛泽东的伟人风采,也知道了毛泽东像普通人一样具有凡人的情怀。今天要学的课文是《毛主席在华山》,这篇课文是表现毛泽东的伟人风采还是凡人情怀? 要说出理由。 2. 认读生字,口头组词： 簸箕 俺 舀 沏 旮旯(方言,指角落,文中指狭小偏僻的地方) 碾(碾米、碾盘) 吱(吱吱扭扭) 笤(笤帚) 瓷(瓷器) 3. 学生朗读课文,同桌互相纠正读音。 二、默读课文,感知内容 1. 说说课文主要写了毛主席在花山的哪些事情? (1) 毛主席让警卫员把到别处碾米的群众请回来。 (2) 毛主席给碾米的群众送茶水。 (3) 毛主席帮群众推碾子。 2. 出示思考题：毛主席"夜以继日地为解放全中国的事业操劳着",可他为什么还为"碾米"、"送茶"这些小事操心? 找出并划出课文中的有关语句来理解。 3. 学生按思考题默读课文,思考问题,作批注。教师巡视辅导。 (1) 引读：主席说："你想过没有? 我们如果没有老百姓的支持,能有今天这样的局面吗? 我们吃的穿的,哪一样能离开老百姓的支持? ……" (2) 说说这一段话里有几层意思? 依靠群众——革命战争离不开老百姓的支持。 关心群众——革命战争的目的是为老百姓谋求幸福。 同甘共苦——教育警卫员不要把他摆在特殊位置上。 4. 课文的最后一句话,"这位首长,好像在哪儿见过。在哪儿呢?"这句话里包含着几个意思? 你怎样理解这句话? 毛主席的身份没有公开,碾米的老人虽然似曾相识,但又不能确认。	课上到这里,学生完成了字词目标,理解了课文内容。

教学基本程序	评　析
毛泽东的一句一行与普通老百姓一样,老人感到很熟悉,很亲近。 三、阅读重点语段,感悟细节描写的表达作用 1. 引语:课文从一些平凡的小事中,让我们看到了一个热爱群众、关心群众、和群众打成一片的毛主席。认真读一读,课文中哪些语句的描写给你留下了深刻的印象。(学生自读自悟,互相交流) 2. 学习语例,提出要求: (1)先写出这些语段的主要意思,再与原文比较,品读、感悟细节描写的作用。 (2)同桌讨论,再全班交流。 出示语例: 一天早晨,毛主席正在看地图,忽然抬起头,问警卫员:"昨天这个时候,门口花椒树下的碾子有碾米声,现在又到了碾米的时候,怎么没动静了呢?" 主要意思:一天早晨,毛主席在看地图时,忽然问警卫员门口的碾米声怎么没动静了。 比较:通过细致的语言描写,表达了毛主席十分关心民情,心里惦记着群众碾米的时间,发现没动静感到奇怪。概括后的语句就没有这样的情味了。 3. 用刚才的学习方法,学习、体会课文中其他语段的细节描写。 4. 学生自主读读议议,教师巡视,指导。 四、练习概括语义,比较体会不同表达方式的效果 刚才的学习实际上已涉及两种表达方式,一种是细节描写,一种是概括叙述。细节描写通过对人物语言、动作的细致描写,使人物形象生动具体。但有时需要把人物语言动作的细致描写概括成简明的叙述性的话。这两种不同的语文能力,都应该掌握。 (1)出示例句,毛主席舀了两碗茶水送到她们母女手里,说:"你们俩歇会儿吧!"然后对警卫员说:"来,咱俩试试,半年多不推这玩意儿了。"毛主席推碾子还挺在行,一边推,一边还用笤帚往碾盘里扫玉米碎粒。 (2)读一读,议一议,从概括的要求看,这段话里哪些词句是主要的,要保留;哪些词语是次要的,可以删去?(学生讨论) (3)下面三句话,与课文原句在表达方式上有什么不同? 哪一句概括程度最高。要说出理由。 出示: ① 毛主席舀了两碗茶水送到她们母女手里,让母女俩歇会儿,然后与警卫员帮助她们推碾子,一边推,一边还用笤帚往碾盘里扫玉米碎粒。 ② 毛主席让母女俩歇会儿,然后与警卫员帮助她们推碾子。一边推,一边还用笤帚往碾盘里扫玉米碎粒。 ③ 毛主席让母女俩歇会儿,然后与警卫员帮助她们推碾子。 (4)学生交流,教师点评、小结。 五、练习概括课文主要内容 1. 练习分清课文的主次。 课文的哪些内容是主要的? 哪些内容是次要的? (碾米、送茶和替母女俩推碾子是主要内容。这些内容突出了毛主席关心群众、处处为群众着想的思想品质。毛主席夜以继日的为解放全中国的事业操劳是次要的内容,课文中一带而过。) 2. 概括毛主席在花山的三件事。 毛主席叫警卫员将乡亲们请到自己屋外的碾子上碾米。 毛主席让警卫员沏茶给碾米的乡亲们喝。 毛主席帮助乡亲们推碾子碾米。 3. 把这三句话连接成一段语句通顺的话,该怎么连? 学生书面练笔。 <u>毛主席为了不影响乡亲们的工作,叫警卫员将到别处去碾米的乡亲们请回来。</u> <u>毛主席还拿出自己舍不得喝的茶叶,让警卫员沏给碾米的乡亲们喝。后来,毛主席来到了群众中,与群众交谈,帮助乡亲们推碾子碾米。</u>	细节描写是第27课的教学重点,这里教师提供学的样例,让学生自学完成细节描写学习目标。 练习概括是本节课教学重点。 提出学习目标。 先提供概括的语句的正、反例。 "概括",这里被定义为分清主要与次要内容,所以是分析水平的学习。 教师提供的概括课文内容的一例。

评析：本篇课文只安排一课时，细节描写是上一课学习的继续，让学生自己完成；本节课重点放在"写课文内容的概括语"上。表面看来，概括课文内容主要是综合心理过程，但从教师的实际教学情形来看，教师所教的主要是课文分析，分清文章的主要内容以及作者为什么要写这些主要内容。（参见：皮连生译：《布卢姆认知目标分类学修订版》，华东师范大学出版社 2008 年版，第 70—71 页中关于"分析"的解释。）

第三节　综合能力教学

（口语交际·习作八）

一、教学分析

（一）教材内容分析

本次口语交际和习作的内容安排有点特殊。口语交际的主题与本单元的主题相同：从看过的有关毛泽东或其他革命领袖、英雄人物的电影、电视剧中选一部印象最深的推荐给大家。要求是讲清作品的名称、主要人物、故事梗概、精彩情节、观（读、听）后感想。而习作则安排了两个内容供选择，一是练习场面描写，二是学写阅读文本后的故事梗概。再看本组课文的语文教学要求，是"体会作者的思想感情，领悟描写人物的一些基本方法"。本组课文的安排突出的是场面描写和表现人物的细节描写，单元要求和口语交际与习作缺乏有机的联系，这给教师的实际教学带来了很大麻烦。

根据本组课文特点，结合上述内容和要求，本设计对口语交际和习作的内容重新作了调整：

（1）口语交际与写故事梗概整合，因口语交际中有一项要求是讲清"故事梗概"，与习作要求有关联，因此予以整合。内容的选择可以是电影、电视剧，也可以是文本故事，以适应不同地区、不同学校的需要。具体安排是先写故事梗概，再进行口语交际，使学生既练习了写故事梗概，又有助于提高口语交际的质量和效率。本组课文已多次安排了概括课文内容的练习，为写故事梗概作了铺垫。

（2）习作的重点是练习场面描写，兼顾细节描写，以适应不同学生的兴趣和能力差异。本组课文的教学设计在《开国大典》第三课时已作了场面描写的铺垫。在《青山处处埋忠骨》一课中对细节描写也作了相应的安排。

> **评析**
>
> 根据两维目标分类理论，口语交际和写作都不是目标。必须明确规定"说什么"和"写什么"，并规定达到何种水平才能成为目标。根据读写结合的原则，读与写的教学内容必须一致。这里的一致不是指文章内容一致，如都是关于读书的故事或关于毛泽东的故事，而是指所涉及的语文高级技能是一致的。由于教材编者在编制语文教材单元时，往往是以文章内容为基本线索的，语

文能力线索不清晰,语文交际能力和写作能力教学难免与课文教学脱节。唐老师调整了教学内容,明确提出了本单元口语交际和写作的目标(单元终点目标),它们基于单篇课文的目标,又是单项能力的综合运用。这样对于交际什么和写什么,教师和学生都很明白,而且评价的标准也很明确。这样就可以避免表面热闹、华而不实的课堂教学。

(二)课前准备

观看有关毛泽东或革命者的电影、电视,阅读并携带课外读物等相关资料。

(三)教学时间:四课时。

二、教学实施

教学基本程序	教学调整
第一课时　写故事梗概 一、谈话导入,明确要求 1. 这次口语交际的内容是有关毛泽东或其他革命领袖、英雄人物的电影、电视剧、故事。其中有一项要求是说清故事的梗概。 2. 出示导语中的一句话:"向同学推荐时,要讲清影视作品的名称,主要讲的是谁,讲的是什么事。有哪些印象深刻的情节,还可以谈谈自己的感想。"其中"主要讲的是谁,讲的是什么事",这个要求就是说清故事的梗概。(注:"有哪些印象深刻的情节"属于细节描写) 二、了解程序,学习概括方法 1. 什么是故事梗概? 默读习作八写故事梗概的部分:"写梗概,就是把读过的一篇文章或一本书最主要的内容用简略的语言写下来。"提示:注意两个关键词——"主要内容"、"简略的语言"。 有时看了电影、电视后也可用故事梗概的方法将影视的主要内容写下来。 2. 学写故事梗概有什么作用? 随着年级的增高,阅读的文章或课外读物会越来越长,读完了可能很快就会忘记。学会写故事梗概,不但能记住主要内容,还能培养分析概括能力,提高自己的写作水平。 举例:《开国大典》的梗概(附在课后)。速读,与课文比较。 3. 怎样写故事梗概? 出示要求: (1) 选取一篇自己最近读过而且喜欢的文章再读一读,形成整体印象。 (2) 理清文章的写作思路,知道每一部分写了什么,确定重点内容。 (3) 分析文章的结构,写出每个段落的段意。 (4) 把每个段落的段意连成一段通顺、连贯的话。 (5) 读一读自己写的梗概,检查概括的内容是否准确完整,有没有错别字或不通顺的地方。 提示:写文章的梗概要尊重原文,不能改变原文的意思。 4. 练习概括,为写"梗概"做好准备。 (1) 把对人物语言的描写概括成叙述性的话; 原句: 毛主席舀了两碗茶水送到她们母女手里,说:"你们俩歇会儿吧!" 然后对警卫员说:"来,咱俩试试,半年多不推这玩意儿了。"毛主席推碾子还挺在行,一边推,一边还用笤帚往碾盘里扫玉米碎粒。	告知学习目标 先出示定义 告知做事的程序 通过例子,先练习语段内容概括

教学基本程序	教学调整
概括:_____(毛主席让母女俩歇会儿,然后与警卫员帮助她们推碾子。) (2) 将动作描写进行筛选后,概括成简明的叙述性语言: 原句: 从收到这封电报起,毛泽东整整一天没说一句话,只是一支一支地吸着烟。桌子上的饭菜已经热了几次,还是原封不动地放在那里。 概括:_____(收到电报,毛泽东悲痛万分。) 三、习作 1. 指导选材:选择自己看过的一部影视作品或者一本书,回忆故事的具体内容和情节。 2. 分项导写,提出两个要求: (1) 先确定这个故事分几个部分,每一部分写什么? (2) 用简要的语言将每一部分的内容写清楚。 3. 学生练写,教师巡视,指导修改。 4. 组段成篇:将几个部分的内容连成一段话,注意语段和语段之间要连贯。 5. 学生写作,完成初稿。 四、讲评修改	再练习短篇的内容概括。
  第二课时　口语交际 一、创设情景,引发动机 1. 上节课大家选择了自己喜欢的革命英雄故事,写了故事梗概,这节课是口语交流课,学习怎样推荐自己喜欢的读物。 2. 根据上课的需要,全班分成几个小组活动,每个组8人,选出一名组长。组长负责组织小组成员积极发言。然后每组选出一名代表,在全班交流。(学生分组,明确各自的要求) 二、辨别概念,明确要求 1. 默读教材的口语交际,说说本次口语交际有什么特点和要求。 2. 辨别概念:"介绍"和"推荐"的意思一样吗? 有什么区别? 介绍:讲清作品的内容和特点,主要是故事梗概。 推荐:除了介绍内容和特点外,还要讲出自己的感想和推荐的理由,能打动别人,使别人能接受你的推荐。 3. 确定口语交际的内容和要求。 (1) 内容:推荐一部印象最深的英雄人物的故事。 (2) 推荐:根据"推荐"的特点,需要有推荐者和听众两部分人,开展互动式的口语交际活动。每个同学都要明确推荐者和听众的要求。其中推荐者在讲的时候,除了一般的要求外(如清楚而有条理地表达自己的意思),还要符合以下四点要求: ① 讲清影视作品的名称。 ② 主要讲的是谁,讲的是什么事?(故事梗概) ③ 有哪些印象深刻的情节。(精彩片段,类似于习作中的细节描写) ④ 自己的感受。(推荐的目的:使对方接受自己的推荐) (3) 听的要求主要有以下三点: ① 认真听,能抓住要点。 ② 不清楚的地方可以询问。如果自己也看过,可以补充相关情节或谈谈自己的感想。 ③ 评价对方的推荐是否符合要求,自己是否被打动了。 (4) 同桌互相复述上述要求,不明白的提出来讨论。 (5) 小组成员作好分工:人人推荐一部影视片,听的同学作出评价和反应。	四点要求综合运用写故事梗概、细节描写和评价三方面的能力,所以是创造水平的目标。教学成功与否的关键是先练好单项能力。

教学基本程序	教学调整

三、案例分析,辨别正误

1. 教师按下列提示,将附件中《鸡毛信》推荐材料的内容分别组合成四种不同的形式,作口语交际的演示。四种不同形式提示如下:

(1) 讲《鸡毛信》的作品名称和故事梗概;

(2) 讲《鸡毛信》的作品名称和自己的感受。

(3) 讲《鸡毛信》的作品名称和细节描写。

(4) 讲《鸡毛信》的作品名称、故事梗概、细节描写和自己的感受。

2. 根据推荐的口语交际要求,判断教师的四次推荐演示中哪一个符合要求,不符合要求的主要问题是什么?

四、分小组练习

1. 每个学生选择一部自己印象最深的影视作品,按下列提纲准备:

影视作品名称: _____。

故事梗概: _____。

印象深刻的情节: _____。

自己的真切感受: _____。

2. 对照要求,同桌交流,互相反馈。每组推荐一名代表参加全班交流。

3. 指名学生试讲,师生合作点评。随机出示评价要点:

(1) 讲解者是否符合推荐的口语交际要求。

(2) 自己是否接受推荐,是否产生想看这部影视片的愿望。

4. 各组代表在全班交流,学生评价。

5. 教师总结。

附: 推荐《鸡毛信》

1. 作品名称:今天我给大家推荐一部精彩的抗日小英雄的影片,题目叫《鸡毛信》。

2. 故事梗概:

　　在抗日战争时,华北抗日根据地龙门村有一对父子,父亲老赵是民兵中队长,儿子海娃是儿童团团长。一天,父亲得到鬼子要进山抢粮的消息,便让海娃送一封有关攻打敌人炮楼的鸡毛信给八路军。

　　海娃以放羊作掩护,携信上路。不料途中遭遇鬼子,海娃急中生智,将信藏在了头羊的大尾巴下面。晚上,海娃乘敌人熟睡时,取信逃跑。途中,信一度失而复得,但海娃却再次被敌人抓住。机智勇敢的海娃故意把敌人引入歧途,敌人发现中计,拔枪打伤海娃的手。在这千钧一发的时刻,八路军赶来搭救,全歼了敌兵。海娃完成送信任务后晕倒了,八路军根据鸡毛信里提供的情报,炸毁了敌人的炮楼,并活捉了猫眼司令。

3. 精彩片段:这部电影中有好多精彩的地方。如:

(1) 海娃口袋里装着鸡毛信,赶着羊群给八路军送去。不料在大山口外面遇到了一队抢粮的鬼子。鬼子越来越近。海娃着急了,把鸡毛信往哪里藏呢? 他看着胖乎乎的羊尾巴,心头一动,就抢到前面抱着那只带头的老绵羊,把它尾巴根的长毛拧成两根细毛绳,把鸡毛信折起来,绑在尾巴底下。这下海娃什么也不怕了,他把羊鞭甩得响响的,朝着鬼子赶过去。"站住!"一个鬼子吆喝起来,哗啦一声举起枪,对着海娃的小脑袋。一个穿黑军装的歪嘴黑狗跑过来,一把抓住海娃的脖子,把他拉到一个长着小胡子的鬼子面前。海娃一点也不怕,他故意歪着脑袋,张大嘴巴,傻愣愣地望着小胡子。小胡子说声"搜",那个歪嘴黑狗马上动起手来,摸补丁,掏窟窿,把海娃周身都搜遍了,连两只破鞋也没放过,结果什么也没搜着。小胡子只得干瞪着眼,冲着海娃喊:"滚开! 滚开!"

(2) 一个叫歪嘴黑狗的汉奸叫海娃把羊赶进牲口圈里,然后把海娃拉进屋里。鬼子和黑狗们抱着枪睡在干草上,把海娃挤在尽里头。海娃睡不着,他想:"鬼子明天还要宰羊,要是今晚跑不掉,鸡毛信可就完了。"他不住埋怨自己:"海娃,海娃,你怎么搞的,连一封鸡毛信都不会送啊!"忽然听见外面的哨兵吼了一声:

教学基本程序	教学调整

"哪一个?"有人回答:"喂牲口的!"哨兵不吭气了。不一会儿,远处传来一阵鸡叫。海娃发现鬼子哨兵正在打瞌睡。就悄悄地站了起来,踮着左脚把歪嘴黑狗的胳膊轻轻拨开,从小胡子身边跳过去,闪到了门边,又轻轻地迈过哨兵的大腿,溜到了村边的路上。"哪一个?"街头遇到鬼子的哨兵了,"喂牲口的!"海娃机智地装着大人的声音骗过了那个哨兵。走进牲口圈后,从那只老绵羊尾巴底下的鸡毛信解下来,揣进口袋里,撒开两腿一口气跑上了庄后的山梁。

4. 自己的感想:这部电影的情节很精彩,看的时候也特别紧张,海娃跑出来时我高兴地鼓起掌来了。接下来的故事情节更精彩,如海娃后来不小心把信给弄丢了,等他好不容易找到时,又被鬼子发现抓住了。当然,最后海娃还是脱险了。大家有兴趣可以去看一看。

第三课时　习作指导

一、复习导入,激发动机

1. 回忆单元学习内容,说说本单元学到了哪些习作技能?(场面描写、细节描写、故事梗概)

2. 默读课文,说说本次习作要用到上述哪些技能?(场面描写和细节描写,重点是场面描写)

二、复习写作方法

复习场面描写的概念:举例说说场面描写和细节描写的一些特点。

(1) 场面描写的一个主要特点是"有点有面,点面结合"。包括主要人物的描写,其他人物的描写和场上人们动作、语言等表现出来的气氛和情感,如兴奋、悲伤、紧张、刺激等。

如:一个运动员的比赛动作描写是场面描写的"点",其他运动员与旁边同学们的表现构成的整个场面是场面描写的"面",观赛同学的呼喊声形成的是场面描写的气氛。

(2) 读下面的片段,讨论点评:

……

球入网的那一刹那,"噢……"的一声,整个足球场都沸腾了。输球的一方懊丧极了。有的脸涨得通红地叫喊着,脖子上还冒出了青筋;有的紧握拳头,用脚使劲地踩地。仿佛想把满腔怨气踩进地底去……赢球的一方兴奋得手舞足蹈。有的扬着双手使劲地奔跑,有的仰天大笑,笑得全身发颤。特别是那个踢球入网的运动员,脚下像装了一根弹簧,兴奋地不停地往上跳,还一连翻了好几个跟头。

观众场上更热闹了,每个人都扯着喉咙朝赛场大喊大叫。有的使劲挥舞着大彩旗,嘴上"嗷嗷嗷"地直叫嚷;有的情不自禁地把头上的帽子向空中抛去。有的大骂守门员愚笨,还脱下鞋子向球场扔去。兴奋的、愤怒的、尖嗓子的、粗嗓门的,各种声音混杂在一起,充斥在空气中的每一个角落。如山呼海啸,震耳欲聋。……

点评:这段话将场面描写和细节描写结合在一起,真实地再现了当时的激动场面。如作者紧紧扣住"沸腾的"这个关键词,先写球入网时足球场上的热闹场面。具体描写了输球、赢球两方球迷各自的表情与行为;再重点描写了踢球入网运动员的兴奋表现。同时还用细节描写手法将场上人们的动作、语言、神态描写得淋漓尽致。

(3) 选取某个运动比赛的场面说说当时的场景。如跑步、跳高等。先说说当时比赛的场面情况,再说说自己或同学比赛时的表现,以及旁边观看比赛同学的反应。

三、选材指导

1. 出示要求:

(1) 学习《开国大典》场面描写的方法,按时间顺序描写一个场景。

教学调整栏:

"场面"是一个难下定义的概念。在第26课中,学生接触了阅兵、群众集会等场面。现在教师提供了体育比赛场面,从而发展了学生的场面概念。应让学生知道,场面发生了变化,点和面的描写也相应变化。

教学基本程序	教学调整
(2) 要将场面描写得真实、具体、清楚。 (3) 借鉴人物描写的方法,写出重点人物的独特表现。 2. 启发学生回忆亲身经历的精彩场景,或记忆深刻的场景,如:拔河场面、菜场或集市上讨价还价的场面、节日游览的场面、赶庙会的场面、艺术节歌唱会,等等。(有条件可用多媒体出示几个学生熟悉的精彩场景;引发联想,激发表达的欲望。) 3. 指导学生选出并确定自己最喜欢的场面,提示: (1) 选的场景要比较熟悉,按时间顺序写。 (2) 把场面写具体、写清楚; (3) 写出人们的神态、动作、语言。包括观众的表现。 4. 构思:同桌或小组探讨描写场景的各种方法。 四、学生习作,教师巡视,个别指导	
第四课时:修改指导 一、出示目标,分项指导 选择好各类带有共性问题的习作(或习作片段)作为讲评修改的例文。引导学生明确本次习作讲评修改重点,分三个层次进行讲评指导。 二、判断是否场面描写 1. 出示场面描写的要求: (1) 是否把内容按时间顺序写清楚了。 (2) 是否写出了场面描写的点与面。 (3) 是否写出了场面描写特定的气氛或感情。 2. 讲评要点:习作是否切题,是否符合场面描写的要求,是否需要修改或重写。 (1) 出示几篇有代表性的习作,对照习作要求讲评。 (2) 学生对照习作要求审视自己的习作,在自己的习作要修改的地方作各种批注符号。 三、习作的基本要求 (1) 出示习作语言表达上的基本要求(基本要求根据学生的实际情况制定)。 (2) 对照语言表达要求,各自审视习作,再同桌交流。在需要修改的地方作好批注。 (3) 出示符合要求和有问题的两篇习作,讲评指导,修改示范。 (4) 学生再次审视自己的习作,确定要修改的地方,简要增删。 四、学生自主修改 1. 提示:根据本次习作要求,认真修改。同时注意语句是否通顺、连贯,可以用朗读自己习作的方法,检查语言表达方面的问题。 2. 学生对照修改要求,认真修改,或重写。教师巡视,对有困难的学生作针对性的个别指导。小组内自评自赏,互评互赏。 3. 修改好的学生轻声朗读自己的习作,语言表达上还有什么问题,进一步修改完善。 4. 评价激励:出示一篇修改得比较好的习作,引导学生作欣赏性的评议。 五、交流分享,赏析评改 1. 引导学生自我推荐自己的习作,请这几位学生分别朗读自己的习作。 2. 集体评议,分享同学的成功与快乐。提出修改建议。	

总评:所谓"场面"、场面中的"点"和"面",这些都是模糊概念。这些概念只能从例子中学。认知心理学认为,像"点面结合描写场面"这样的规则是软规则(即认知策略),只有启发作用,不能保证写作成功。唐老师的写作概念和规则教学符合认知策略学习原理:认知策略学习不能一次完成,需要反复进行。认知策略的学习必须达到反省水平,也就是学生应意识到为什么要进行场面描写,场面描写规则应用的条件。自主修改和互相评议习作可以促进反省认知的发展。

第十章　描写小动物的单元

（人教版四年级上册第四单元）

第一节　教学分析

一、单元终点目标与学习类型分析

（一）单元终点目标

能以《我喜欢的小动物》为题进行习作。习作要求：

（1）能通过描写动物的动作、声音、神态和习性等具体地写出自己熟悉动物的特点。

（2）能运用本单元课文的写法，如拟人、比喻、夸张等，写出自己对小动物的喜爱之情。

（3）能对照标准，修改自己的习作。

（4）文章句子通顺，字数在 300 字以上为合格。

课前准备：从动物的外形、脾气、进食、嬉戏、休息等方面细致观察自己喜欢的一种动物，并做好记录。

（二）学习类型分析

命题作文属于综合能力学习。首先，需要审题，根据题目要求进行写作。这需要策略性意识和知识。其次，需要篇章结构和如何写具体的规则。本单元终点目标 1 和 2 分别属于写具体和写生动的规则，贯穿整个单元，最后落实在学生的写作行为上，被转化为高级技能。目标 3 属于反省认知，对自己写作的认知。目标 4 被称为基本技能。课前准备是为写作内容作准备，使学生有内容可写。

为了达成以上目标，教师必须善用教材。因为教材提供了例子，教师用例子教规则，并通过适当练习，是规则支配学生的写作行为。

二、单篇课文教材、教学目标与学习类型分析

第 13 课　《白鹅》

【教材分析】这项工作是受传统教学理论培训的教师的强项，此处从略，下同。

【教学目标与目标分析】见单篇课文教学设计，下同。

第 14 课　《白公鹅》

【教材分析】

【教学目标与目标分析】

第 15 课　《猫》

【教材分析】

【教学目标与目标分析】

第 16 课　《母鸡》

三、单元教学计划

1. 单篇课文教学

课时顺序	教学内容		
	单篇课文第一课时常规模式	非常规教学内容	课后作业
1	《白鹅》	拟人与"明贬实褒"写法。	根据表格提示，观察喜欢的一种小动物。
2	《白公鹅》	1. 拟人与明贬实褒写法； 2. 比较《白鹅》和《白公鹅》在表达上的异同之处。	继续上述活动。
3	《猫》	选择自己喜爱的一种小动物，采用"总分"构段方式写一段话。	继续上述活动。
4	《母鸡》	1. 用了夸张、拟人的方法； 2. "先抑后扬"，体会过渡段作用； 3. 比较《猫》与《母鸡》的写法。	继续上述活动。

2. 专项技能教学

5	运用修辞写特点	1. 运用修辞手法把句子写具体； 2. 仔细观察金鱼游泳，运用恰当的修辞写一段话。
6	运用明贬实褒表达真情实感	小练笔：我家的_____是个"贪吃鬼"
7	围绕中心选材料	1. 对比：《白鹅》、《白公鹅》选择不同材料，表达相同感情； 2. 对比：三位著名作家选择不同材料写猫，表达相同感情； 3. 围绕《我家的淘气包》这个题目，示范如何选材； 4. 出示观察表，围绕中心，选择一到两个材料，说说自己喜欢的小动物。

3. 综合能力教学

8	《我喜欢的小动物》习作指导	一、激发兴趣，指导审题。 二、回顾作品，学中取法。 三、理清思路，完成初稿。 四、对照标准，评价与修改习作。

说明：单篇课文第一课时常规模式：

（1）审题、告知学习目标；

（2）检查预习情况（包括生字、新词教学）；

（3）通读、理清文脉（包括分段、归纳段意等）；

（4）采用多种形式熟读课文；

（5）品读：领会写作特点。

单篇课文第一课时非常规教学内容：例如，明贬实褒写法、先抑后扬，比较《白鹅》和《白公鹅》在表达上的异同之处等。这些知识如果要转化为技能，其教学过程需采用"六步三段"模式。

第二节　单篇课文阅读教学

第一课时
第 13 课　《白鹅》

执教教师：广州市花都区新华街第二小学　刘佩怡　执教年级：四年级

【教学目标】

1. 能认识 8 个生字，会书写 12 个生字。能解释"高傲、净角"等词语。

2. 能正确、流利、有感情地朗读课文。

3. 能找描写白鹅高傲品格的关键语句，说出作者从哪几方面写的？

4. 能学习"明贬实褒"的写法。

5. 能根据表格提示，观察一种自己喜欢的小动物，并做好记录。

【教学过程】

一、介绍作家

1. 出示几组丰子恺漫画，你看到了什么？

2. 简介作者丰子恺及写作背景。

二、检查预习

1. 认读词语：郑重、侍候、责备、脾气、窥视、蹲下、供养不周、一日三餐。

2. 读准多音字：净角、看守。

3. 指导书写：脾、餐。

4. 读四字词，找出规律：

厉声呵斥、厉声叫嚣、引吭大叫（形容叫声）

步调从容、大模大样、毫不相让（形容步态）

三眼一板、一丝不苟、从容不迫（形容吃相）

5. 根据意思，填上合适的词语。

用很严厉的声音训斥。（　　　　　）

非常严厉地大声吵闹。（　　　　　）

放开嗓子大吼大叫，意指歇斯底里地叫。（　　　　　）

迈步不慌不忙，不紧不慢的样子。（　　　　　）

形容态度傲慢，目中无人的样子。（　　　　　）

一点也不让，一点机会也不给，根本不可能让。（　　　　　）

比喻言行谨守法规，沉着而有条理。（　　　　　）

指做事认真细致，一点儿不马虎。（　　　　　）

不慌不忙，沉着镇定。（　　　　　）

三、梳理脉络

1. 这是一只怎么样的白鹅？（高傲）

2. 快速浏览课文，课文具体从哪些方面描写白鹅的高傲？（姿态、叫声、步态、吃相）

四、品读句子

1. 默读课文第三至七自然段，作者是怎么具体描写鹅的叫声、步态和吃相的高傲，画出有关句子，写出自己体会。

2. 交流、点拨

(1) 感受叫声的高傲。

① 指导朗读，理解"严肃郑重"的意思，体会作者用词的准确性。

② 如果是人，想象它"引吭大叫"时会叫出些什么话来。

(2) 感受步态的高傲。

① 看图，理解"净角"。

② 师生合作朗读，体会作者运用对比和拟人的方法突出鹅不同的特点。

③ 指导朗读，读出鹅的步态从容，大模大样。

(3) 感受吃相的高傲。

① 联系上下文，理解"三眼一板"，引导体会作者的用词准确。

② 对比"堂倌……老爷"的异同来体会鹅的高傲。

③ 想象作者"站着侍候"时，脸上会有怎样的表情，心里会想些什么？

④ 演一演，体验一下"窥伺"的感觉，指导朗读。

⑤ 想象：看到饭被偷吃，鹅会"厉声叫骂"、"昂首大叫"出些什么话来？

五、感悟写法。

1. 读句子，你发现了什么？

(1) 它常傲然地站着，看见人走来也毫不相让；有时非但不让，竟伸过颈子来咬你一口。

（2）因为附近的狗，都知道我们这位鹅老爷的脾气，每逢它吃饭的时候，狗就躲在篱边窥伺。

（3）因此鹅吃饭时，非有一个人侍候不可。真是架子十足！

2．小结：这些句子表面上是说作者不喜欢这只鹅，在说它的缺点，但语言间却流露出作者对鹅的爱意，这种手法称为"明贬实褒"。

3．课文还有哪些地方运用了这个方法，找出有关句子读一读。

六、布置作业

根据表格的提示，观察自己喜欢的一种小动物，完成填写。

小动物观察表

姓名：_____ 班别：_____

动物名称	
动物特点	
观察内容	我的发现
外形	
脾气	
进食	
嬉戏	
休息	

七、板书设计

第 13 课　白鹅

高傲 ｛ 叫声　严肃郑重 / 步态　大模大样　明贬实褒 / 吃相　三眼一板

评 析

刘佩怡老师设计的《白鹅》的第一课时，符合单篇课文教学的第一课时的常规模式。叶圣陶说课文无非是例子（意即课文是从文章中选择出来的例子）。语文课程专家和教师用例子教授文章的读写规律性知识。为此学生要熟悉单个例子。以下是适用于三年级以上的学生熟悉单个例子一般的阅读模式：

1．揭示新课题，告知学习目标；

2．检查预习情况，包括生字、新词的认读、正音、特殊字的书写等；

3．以不同形式读懂课文，了解课文内容与结构；

4．品读课文。

刘老师的设计，基本上符合上述模式。只是根据本文作者特点，简要地介绍了作者和作者的漫画，为课文的学习提供了背景知识，这属于非常规教学。

第 14 课 《白公鹅》

执教教师：广州市花都区新华街第二小学 张璐 执教年级：四年级

【教学目标】

1. 能认识 7 个生字，能解释"荣膺、慢条斯理、掂量、勾当、主宰"等词语的意思。

2. 能正确、流利、有感情地朗读课文。

3. 能找出描写白公鹅的特点句子，说说白公鹅的特点。

4. 能比较《白鹅》和《白公鹅》在表达上的异同之处，说出作者的语言特点。

【教学过程】

一、复习导入

丰子恺笔下的白鹅"架子十足"，高傲得很。俄国作家叶·诺索夫描写的鹅又是怎样呢？

二、检查预习

1. 检查生字词朗读，重点指导：涟漪、荣膺、甭想、勾当、率领、车辙凌乱、直奔。

2. 检查课文朗读。（选一个重点段，检查朗读情况）

三、交流阅读理解

1. 默读课文，准备回答问题。

（1）这只白鹅有什么特点？请用上课文中的词语概括。（派头十足、耀武扬威、威风凛凛……如果学生能按要求回答问题，表明他们读懂了课文内容）

（2）作者是怎样把白公鹅的特点写具体的？默读课文，找出你印象最深刻的句子，写出自己感受。

2. 交流点拨。

（1）出示句子一：

要是可以把军衔授给禽类的话，这只白公鹅理当荣膺海军上将衔了。它板正的姿势啦，步态啦，和别的公鹅攀谈时的腔调啦，全是海军上将的派头。

① 理解"军衔、荣膺、腔调"的意思。

② 去掉语气词"啦"，对比朗读，体会作者语言的生活化，亲切轻松。

（2）出示句子二：

落步之前，它总要先把脚掌往上抬抬，再合上掌蹼，就像收起张开的扇面一样；然后摆一会儿这个姿势，再不慌不忙地把脚掌放到地上。

① 划出动作词，表演白公鹅的步态动作。

② 指导朗读。

③ 出示《白鹅》片段对比，你有什么发现？

鹅的步态，更是傲慢了。大体上与鸭相似，但鸭的步调急速，有局促不安之相；鹅的步调从容，大模大样的，颇像京剧里的净角出场。它常傲然地站着，看见人走来也毫不相让；有时非但不让，竟伸过颈子来咬你一口。

（3）出示句子三：

有时它率领一伙公鹅横成一排，直奔鱼竿，而且还要赖在那里；有时它们在河对岸洗澡，大声叫唤，拍打翅膀，互相嬉戏。要不，它就与邻近的鹅群来上一场厮打，弄得满河里漂浮着撕咬下来的乱羽。如果赶上这么一场用以耀武扬威的乱子，你就甭想有鱼咬钩了。

① 作者喜欢这只鹅吗？你从哪里发现的？

② 指导朗读。

③ 这与《白鹅》的写法有什么相似之处？（都运用了"明贬实褒"的方式表达作者的喜爱之情）

④ 课文还有哪些地方运用了这种方式？

（4）出示句子三：

它要是知道了连它自己也属于村里的少年斯焦普卡——他愿意的话，就可以把它抓起来，交给母亲，用它和鲜白菜一起熬汤喝——那可就要大吃一惊了。

① 理解破折号的作用。

② 指导朗读，体会作者语言的幽默。

四、比较写法

1. 出示表格，小组合作完成。

课题	白鹅	白公鹅
相同点		
不同点		

2. 交流小结。

相同之处：

（1）结构上，都是先介绍特点，再进行具体描写。

（2）运用了拟人和明贬实褒来表达对鹅的喜爱之情。

不同之处：语言风格不同，语气不同。《白鹅》是漫画式的冷幽默，《白公鹅》是欣赏，调侃。

【板书】

第 14 课　白公鹅

派头十足

步态　活动

（喜爱与赞美）

第 15 课　《猫》

执教教师：广州市花都区新华街第二小学　李　怡　执教年级：四年级

【教学目标】

1. 能认识 13 个生字，能理解"古怪、尽职、屏息凝视、变化多端"等词语的意思。

2. 能正确、流利、有感情地朗读课文。

3. 能用"任凭……也……"、"非……不可……"造句。

4. 能找出描写猫性格特点的句子，知道作者是如何把特点写具体的，并表达对猫的喜爱之情。

5. 能用"总—分"式构段写一段话。

【教学过程】

一、谈话导入

哪些小朋友家里养过猫？我国著名的语言大师老舍也非常喜欢猫。他在与猫为伴的日子里，特地为猫写了一篇文章，这就是我们今天要学的课文——《猫》。

二、检查学习预习情况

1. 分组带读生字词。

重点指导读音：的、屏、折、了。

2. 指导书写：凭、贪、痒。

3. 指导理解：古怪、变化多端、闭息凝视、枝折花落。

三、梳理文章结构

自由读课文，思考：课文主要写了什么？从课文找出能概括课文内容的句子。

四、品读写作特点

1. 老猫的特点：古怪。

（1）默读第一至第三自然段，边读边想：它的古怪在哪儿？请把相关语句读出来。

（2）汇报，学生根据交流板书：

老实　贪玩　尽职

（3）猫老实，贪玩，又尽职，是多么的矛盾！作者是怎么把这些不同的特点联起来的呢？（运用关联词体现了猫古怪的特点）

（4）口头训练：用"任凭……也……"和"非……不可"说一个句子。

（5）指导朗读：把猫古怪的性格体现出来。

（6）老舍写这个句子的时候，用词很有特点，读这两个句子，你体会到什么？

① 说它贪玩,的确是的,要不,不会一天一夜不回家。

② 说它贪玩吧,的确是呀,要不,怎么会一天一夜不回家呢?

（7）小结：作者运用语气助词使语言的表达很生活化,就像和街坊邻里拉家常,亲切自然,对猫的喜爱之情跃然纸上。日后我们在写作中,也可以模仿作者的这种方法来表达自己的情感。

（8）创设情境引读：

邻居来串门了,老舍把猫抱在怀里,说——生齐读。

一位同事来做客,老舍拍拍小猫说——生齐读。

（9）猫的古怪,还表现在哪儿呢?

（10）学生汇报,板书：温柔可亲　一声不出

什么都怕　勇猛敢斗

（11）出示句子,问：小梅花可以换成小脚印吗?

它要是高兴,能比谁都温柔可亲：用身子蹭你的腿,把脖子伸出来让你抓痒,或者是在你写作的时候,跳上桌来,在稿纸上踩印几朵小梅花。

（12）把脚印比作"小梅花",让我们充分感受到老舍先生对猫的喜爱。那么,猫对主人有没有感情呢? 哪个词最能看出来?（蹭）

（13）为什么作者不用摩、擦,而用蹭?

（14）作家用词非常准确。一个"蹭"字,包含的意思可真不少。这一蹭,蹭出了人和猫之间的真情。男女生分别读第二、三自然段,读出作者对猫的喜爱之情。

（15）人爱猫,猫亲人,真是其乐融融呀! 刚刚满月的猫又是如何?

2. 小猫的特点：淘气。

（1）看图,你觉得小猫如何?

（2）作家笔下又是如何描写的? 自由读、指名读,读出小猫更可爱。

（3）无论是古怪还是淘气,猫在老舍的眼中就如自己的儿女,都是十足的可爱。这是源于他对猫怎样的一种感情?

（4）小结：因为有了爱,作者才会观察得如此细致,才能把猫写得活灵活现,才能给读者留下深刻的印象。

五、笔下生花

1. 齐读句子：

猫的性格实在有些古怪。

小猫满月的时候更可爱,腿脚还不稳,可是已经学会淘气。

作者围绕着这两个句子,通过具体事例的描写,写出了自己对猫的喜爱之情,这是"总一分"的构段方式。在我们学过的许多课文中,也有这种构段方式,下面我们回顾一下：

鹅的步态，更是傲慢了。大体上与鸭相似，但鸭的步调急速，有局促不安之相；鹅的步调从容，大模大样的，颇像京剧里的净角出场。它常傲然地站着，看见人走来也毫不相让；有时非但不让，竟伸过颈子来咬你一口。

——《白鹅》

赵州桥非常雄伟。桥长五十多米，有九米多宽，中间行车马，两旁走人。这么长的桥，全部用石头砌成，下面没有桥墩，只有一个拱形的大桥洞，横跨在三十七米多宽的河面上。大桥洞顶上的左右两边，还各有两个拱形的小桥洞。平时，河水从大桥洞流过，发大水的时候，河水还可以从四个小桥洞流过。这种设计，在建桥史上是一个创举，既减轻了流水对桥身的冲击力，使桥不容易被大水冲毁，又减轻了桥身的重量，节省了石料。

——《赵州桥》

鱼成群结队地在珊瑚丛中穿来穿去，好看极了。有的全身布满彩色的条纹；有的头上长着一簇红缨；有的周身像插着好些扇子，游动的时候飘飘摇摇；有的眼睛圆溜溜的，身上长满了刺，鼓起气来像皮球一样圆。各种各样的鱼多得数不清。正像人们说的那样，西沙群岛的海里一半是水，一半是鱼。

——《富饶的西沙群岛》

2. 运用"总—分"结构，可以让文章的结构更严谨，条理更清晰。选自己喜爱的一种小动物，采用总分构段方式写一段话，通过具体事例写出它的特点，表达出你对它的感情。

3. 小练笔：_____性格实在_____。

【板书】

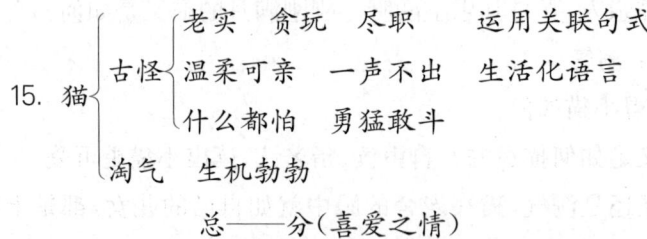

第四课时

第 16 课 《母鸡》

执教教师：广州市花都区新华街第二小学 曾燕云 执教年级：四年级

【教学目标】

1. 能读准课文中的生词，理解"颤颤巍巍、如怨如诉、警戒、鸡雏"等词语的意思。

2. 能正确、流利、有感情地朗读课文。

3. 能找出作者对母鸡态度变化的原因，初步知道"先抑后扬"的表达方法。

4. 能运用本单元表达喜爱之情的方法，改写课文段落。

【教学过程】

一、导入新课,检查预习

1. 在大作家的老舍先生的眼中,猫像一个既可爱又淘气的孩子。那么,老舍笔下的母鸡又是怎样的呢? 这节课我们继续学习老舍先生的另外一篇文章《母鸡》。

2. 认读词语:扯长、小疙瘩、毒手、凄惨、雏鸡、欺侮、颤颤巍巍、如怨如诉。

3. 认读多音字:似的、欺侮、可恶、差不多。

4. 理解词语:颤颤巍巍、如怨如诉、警戒、鸡雏。

二、初读课文,梳理脉络

1. 默读课文,作者对母鸡的态度是怎么样的? 在文中划出相关的句子。

(1) 我一向讨厌母鸡。

(2) 我不敢再讨厌母鸡了。

2. 课文哪些段落写了老舍讨厌母鸡? 哪些段落写他不敢讨厌母鸡?

三、品读句子,体会情感

1. 讨厌母鸡。

(1) 默读第一至第三自然段,找找作者讨厌母鸡的原因,划出相关句子,写出自己的感受。

(2) 汇报:我一向讨厌母鸡,是因为_____。

(3) 交流点拨:

① 听吧,它由前院嘎嘎到后院,由后院再嘎嘎到前院,没完没了,并且没有什么理由,讨厌! 有的时候,它不这样乱叫,而是细声细气的,有什么心事似的,颤颤巍巍的,顺着墙根,或沿着田坝,那么扯长了声如怨如诉,使人心中立刻结起个小疙瘩来。

抓住"没完没了、颤颤巍巍、如怨如诉"等词、体会作者如何运用拟人的写法写出母鸡无病呻吟的形象。

② 到下蛋的时候,它差不多是发了狂,恨不能让全世界都知道它这点儿成绩;就是聋子也会被他吵得受不了。

抓住"发了狂、聋子也被吵得受不了",体会作者如何用夸张的写法写出母鸡的居功炫耀。

(4) 小结:作者运用了夸张、拟人的方法让我们看到了一只无病呻吟、欺软怕硬、居功炫耀的母鸡。

2. 不再讨厌母鸡。

(1) 后来,作者却不敢再讨厌母鸡了。这是为什么呢? 默读第五至第八自然段,找出有关句子,写出自己的感受。

(2)汇报:我不敢再讨厌母鸡了,因为_____。

(3)交流点拨:

① 指导朗读:抓住"挺着脖儿、歪着头、挺着身儿"等动词体会母鸡的负责。

② 出示句子:

在夜间若有什么动静,它便放声啼叫,顶尖锐,顶凄惨,无论多么贪睡的人都得起来看看,是不是有了黄鼠狼。

这是文中第二次写叫声,这种叫声有什么不一样?顶是什么意思?

想想画面:透过"顶"字,你眼前仿佛出现了一幅怎么样的画面?

(4)小结:这一切的一切,都证明了它当之无愧是一位_____的母亲。

(5)难怪老舍先生赞叹道——生齐读:"它负责、慈爱、勇敢、辛苦,因为它有了一群鸡雏。它伟大,因为它是鸡母亲。一个母亲必定就是一位英雄。"

3.比较阅读。

《猫》与《母鸡》都是老舍的作品。同一作家,不同的动物,在写法上各有什么特点呢?

四、总结写法,读写迁移

1.从讨厌到不敢再讨厌,作者这两种截然不同的感情是怎样连接起来的?

2.齐读第四自然段,体会过渡段的作用。

3.作者对母鸡的感情由"讨厌"转变为尊敬,前后形成了鲜明的对比,这种情感变化给读者留下了深刻的印象,这种方法叫"先抑后扬"。在以后的写作中我们也可以运用这种方法来表达自己的真情实感。

【板书】

第 16 课　母鸡

讨厌 ——先抑后扬——→ 不敢再讨厌

第三节　专项技能教学

第五课时:运用修辞写特点

执教教师: 广州市花都区新华街第二小学　毕婉敏　执教年级: 四年级

【教学目标】

1.能找出描写动物特点的句子,并说出运用的修辞手法。(写作规则的理解)

2.能运用恰当的修辞手法,把动物特点写具体、生动。(写作规则的运用)

【教学过程】

一、回顾课文,相机品读,领悟写法

1. 导入:通过本单元的学习,我们感受到了作家笔下栩栩如生的动物形象,它们性格鲜明,可亲可爱。作者是怎样具体描写动物的性格特点的呢? 从课文中找出有关句子交流一下。

2. 出示学习单:

课题	特点	具体描写 (选其中一两句)	修辞手法

3. 小组合作预习,前置完成,小组代表交流汇报。

4. 相机品读句子:

(1) 鹅的步态,更是傲慢了。大体上与鸭相似,但鸭的步调急速,有局促不安之相;鹅的步调从容,大模大样的,颇像京剧里的净角出场。

——《白鹅》

(2) 它要是高兴,能比谁都温柔可亲:用身子蹭你的腿,把脖子伸出来让你给它抓痒,或是在你写作的时候,跳上桌来,在稿纸上踩印几朵小梅花。

——《猫》

5. 小结:句①写鹅的步态,作者没有把鹅当做动物来写,而是运用对比、比喻和拟人的手法,赋予了人的感情,有点夸张地把鹅"走路很慢"的特点写活了,鹅变得可爱可亲;句②对猫的动作进行了描写,并运用了比喻的修辞,淋漓尽致地表现出猫的温柔可亲,让人读起来感到非常亲切。所以,要使动物的形象特点变得生动、形象,妙用修辞就是一个很好的方法。

二、品读句子,领悟写法

1. 出示本单元课文用了修辞手法的句子,学生自由朗读,感受修辞的妙用。

(1) 它傲然地站着,看见人走来也毫不相让;有时非但不让,竟伸过脖子来咬你一口。

《白鹅》(拟人)

（2）大约这些泥和草也有各种可口的滋味。《白鹅》（拟人）

（3）这些食料并不奢侈；但它的吃法，三眼一板，一丝不苟。《白鹅》（拟人）

（4）它板正的姿势啦，步态啦，和别的公鹅攀谈时的腔调啦，全是海军上将的派头。《白公鹅》（拟人）

（5）落步之前，它总要先把脚掌往上抬抬，再合上掌蹼，就像收起张开的扇面一样；然后摆一会儿这个姿势，再不慌不忙地把脚掌放在地上。《白公鹅》（比喻、拟人）

（6）它过得无忧无虑，自由自在。《白公鹅》（拟人）

（7）可是，它听到老鼠的一点响动，又是多么尽职。《猫》（拟人）

（8）在不叫的时候，它还会咕噜咕噜地给自己解闷。《猫》（拟人）

（9）它要是高兴，能比谁都温柔可亲：用身子蹭你的腿，把脖子伸出来让你给它抓痒，或是在你写作的时候，跳上桌来，在稿纸上踩印几朵小梅花。《猫》（拟人、比喻）

（10）有的时候，它不这样乱叫，而是细声细气的，有什么心事似的，颤颤巍巍的，顺着墙根，或沿着田坝，那么扯长了声如怨如诉，使人心中立刻结起个小疙瘩来。《母鸡》（拟人）

（11）到下蛋的时候，它差不多是发了狂，恨不能让全世界都知道它这点儿成绩；就是聋子也会被它吵得受不了。

（12）结果，每一只鸡雏的肚子都圆圆地下垂，像刚装了一两个汤圆儿似的，它自己却消瘦了许多。《母鸡》（比喻）

2. 引导学生发现这些句子都是用了修辞手法，这样能使动物的特点更加鲜明，使句子更加生动、形象。

3. 归纳小结：要具体写出动物的特点，有三个小妙招：

（1）明确动物的特点。

（2）展开丰富的联想。

（3）根据所要表达的情感，选择合适的修辞手法，把内容写具体、生动。

三、依法运用，形成技能

1. 运用修辞手法把句子写具体。（可选其中两句完成）

（1）这是一个男孩子，乌黑的眼珠滴溜溜地乱转。（改成比喻句）

（2）从他们的房前屋后走过，肯定会瞧见一只母鸡，带着一群小鸡，在竹林中觅食。（改成拟人句）

（3）海底的动物千姿百态。（改成排比句）

2. 修辞手法真是太神奇了。请仔细观察金鱼游泳，运用恰当的修辞写一段话。

小金鱼真_____！（神气、帅气、优雅、可爱……）

我在网上查到如下语文阅读教学的点评：

"阅读教学应该引领学生经历'感受—理解—积累—运用'的语言学习过程。课文是读与写的例子，要用好这个资源，创设由内化—外化的转换实践活动，让学生切实地学好语言和表达方法。这是提高语文能力的有效途径。"

这段点评看似正确，为什么语文教学走不出"高耗低效"的困境呢？原因正是这类貌似正确，放之四海而皆准的含糊理论不能具体指导教学实践。如果不用科学取向的教学理论指导，教师孤立地教单篇课文，如何用课文中的例子，揭示读写规律性知识，然后通过变式练习使知识转化为技能呢？在四篇课文的第一课时教学之后，毕婉敏老师将四篇课文打通，在第五、六、七课时，每节课分别教一项内容。这样目标集中，能充分"用好这个资源，创设由内化—外化的转换实践活动"。例如在第5课时，为了教"运用修辞写特点"，教师引导学生从四篇课文中找出12个运用比喻和拟人的例子，让学生"感受和理解"。接着设计有梯度的练习情境，使知识转化为技能。请大家明白，这里的学习过程不是用"积累—运用"所能概括的。语文学界总是欢喜用"积累"一词。但积累是何意？从未见到明确的解释。最后"积累"成了"记忆"的代名词。

（皮连生）

第六课时：运用明贬实褒表达真情实感

执教教师：广州市花都区新华街第二小学　毕婉敏　执教年级：四年级

【教学目标】

1. 能结合本单元的四篇课文，学习明贬实褒的表达方式。

2. 能运用明贬实褒的方式，抓住事物的特点，表达自己的真情实感。

教学目标在语文技能两维目标分类框架表中的具体分析。

【教学过程】

一、回顾单元内容

1. 导入：第四单元，我们学习了中外作家的四篇文学作品，每一篇文章的内容和表达方式都不一样，但都表达了作家对动物真正的喜爱和真诚的赞美。下面，我们一起来回顾第四单元的课文，看看作者是如何表达自己的真情实感的？

2. 出示预习单：

课题	运用什么方法表达作者的真情实感
13.《白鹅》	A. 运用拟人、比喻等修辞手法 B. 运用了对比、明贬实褒的写作手法

续　表

课题	运用什么方法表达作者的真情实感
14.《白公鹅》	A. 运用拟人、比喻等修辞手法 B. 运用了明贬实褒的写作手法
15.《猫》	A. 运用拟人、比喻等修辞手法 B. 运用了明贬实褒的写作手法
16.《母鸡》	A. 运用拟人、比喻、夸张等修辞手法 B. 运用了先抑后扬的对比写法

（1）这个单元的四篇课文,都运用了大量的拟人、比喻等修辞方法来表达自己对动物的喜爱之情。前两篇是不同作家写同一种动物,丰子恺把鹅称作"鹅老爷",突出鹅的高傲和架子十足。而叶·诺索夫说白公鹅是一副海军上将的派头,更多的是欣赏。后两篇是同一作家笔下的不同动物。《猫》通篇都在写猫的可爱,而《母鸡》则写了对母鸡由讨厌到不敢讨厌的情感变化。老舍运用了拟人的修辞方法,使笔下的猫仿佛就是一个顽皮的孩子,于字里行间渗透着对猫的喜爱之情。

（2）《母鸡》这篇课文,作者运用了先抑后扬的对比写作手法来表达自己对母鸡的喜爱之情。前半部分写了母鸡的无病呻吟、欺软怕硬和拼命炫耀,后半部分描写了母鸡的负责、慈爱、勇敢和辛苦,作者对母鸡的情感由"讨厌"转变为尊敬。

（3）在《白鹅》、《白公鹅》、《猫》三课中,作者都运用了明贬实褒的写作手法,把自己对动物浓浓的爱表露出来。

3. 揭题。今天,我们就一起来学习如何运用明贬实褒表达真情实感。

【板书】

运用明贬实褒表达

二、读中悟法

1. 出示学习单:自由读以下句子,四人小组讨论。

（1）鹅吃饭时,非有一个人侍候不可,真是架子十足!

（2）如果赶上这么一场用以耀武扬威的乱子,你就甭想有鱼咬钩了。

（3）猫的性格实在有些古怪。

我发现以上句子的共同点是:_____。

这样写的好处是:_____。

2. 小组讨论,汇报。学生带读句子。

我发现以上的句子,作者表面上好像不喜欢这些动物,可实际上却是喜欢这些动物的。作者运用了明贬实褒的方式来表达自己对动物的喜爱之情。

这样写的好处是更能突出动物的特点,表达出自己对动物的喜爱。

3. 小结:这些句子表面上表达的感情是不喜欢,心里实际上是喜欢的,却不明说出来,这种表达方式叫明贬实褒。

4. (PPT展示,生齐读)明贬实褒的表达方式有以下特点:

(1)语句中含有表示贬斥或不赞成意思的贬义词。(2)语句实际上表达的是喜爱或肯定的情感。(3)能突出事物的特点,富有幽默感,更有亲昵的味道。

过渡:实际上,表达自己的喜爱之情,有好多方法,大可不必口口声声说喜欢它。下面,请大家一起欣赏课外读物中的几个片段,体会作者是如何表达自己的真情实感的。

5. 片段赏析:

(1)我家养了两只小乌龟,一只叫"大大",另外一只叫"小小"。这两只小乌龟是名副其实的小贪吃。平时,它们总是懒洋洋的,一动不动,就连伸出个脑袋也是慢条斯理的。可每当它们闻到鲜肉的味道,会马上探出头来,把脖子伸得老长老长的,张开嘴巴狼吞虎咽起来。不一会儿,它们就会把肉块吃个精光。饱餐一顿后,它们继续呼呼大睡。"大大"和"小小"真是好吃懒动的家伙呀!

(2)我有一个淘气的妹妹,眼睛水灵灵的,高高的鼻子下有一张小小的嘴巴,可爱极了。有一天,我正在写作业,妹妹故意把牛奶弄到我头上,还弄湿了我的作业本,并假装好心地提醒我:"姐姐,你的作业本湿了。"我顿时火冒三丈高,对着她大喊:"你是不是故意和我捣乱?"这时,她狡猾地笑了起来,若无其事地说:"姐姐,我看你做作业那么久了,一定累了,想让你陪我玩一会儿。"看着她那天真甜美的笑容,我也不知好笑还是好气。我这个做姐姐的,隔三差五就会被妹妹欺负,你们说她是不是一个十足的捣蛋鬼?

(3)我有一个特能"闹"的小伙伴,每天都会准时和我打招呼。他身披一件红色的"衣服",圆圆的"身体"下面,伸出两条极短的"腿"。"小脑袋"十分光滑,"胸前"还挂着一长一短两根针。每天清早七点,他会扯着嗓子大喊一通:"快起床!快起床!时间到!时间到!"假如我不理会他,他就会没完没了地在我耳边闹个不停。小伙伴就是这样时时刻刻提醒我要珍惜时间,养成良好的生活习惯。他是我朝夕相处的知心朋友,陪伴我走在漫漫的成长道路上。

6. 小结:同学们,你们发现了吗? 以上三个片段,都运用了明贬实褒的方式来表达自己的真情实感。通常,我们在描述自己喜欢、熟悉的人或事物时,可以用这样的方法。但是,对陌生或者自己不喜欢的人和事物时,我们就不适合用这种方法了。文字的力量来自于我们的思想和情感,这样才能打动读者的心。

三、迁移运用

1. 课前,老师让大家观察自己喜欢的一种动物,可以从外形、脾气、食相、嬉戏、休息等方面去观察。现在,请你们拿起笔,当一名小作家。大家可以模仿以下的句式,运用明贬实褒的方法来表达自己对动物的喜爱之情。

小练笔:

我家的＿＿＿＿＿是个"贪吃鬼"。

2. 请个别学生读作品。

3. 总结：同样是写动物,观察角度不同,心理体验不同,运用的表达方法就不同,写出来的效果也就有所不同。今后的写作中,我们要学会运用不同的写作方法,多角度去观察,这样才能写出与众不同的文章。

【学生作品】

1. 我家有一只爱折腾的公鸡,十分令人讨厌。每天大清早就会准时叫我起床。害我天天都带着"熊猫眼"出门,人人看到我都会说:"大熊猫上街了!"这只公鸡不止爱折腾,还架子十足。走起路来昂首挺胸的,好像一个大将军一样。有一次,我的朋友想伸手去摸它,它毫不犹豫地啄了我朋友一口,它真是一个凶神恶煞的家伙呀!你们说,我家的公鸡是不是个讨厌鬼?

2. 我家养了一只小狗,名字叫小黑,它不但非常喜欢跟我搞恶作剧,还是个名副其实的吃货呢!记得有一次,我清早起来,发现拖鞋不见了,心里觉得好奇怪,明明是放床边的。我找来找去就是找不到,最后在小黑的窝里找出来了。原来是被小黑叼走了!哎,这个淘气包,真是拿它没办法。

每次我吃东西的时候,小黑总是会马上跑到我身边,摇头摆尾的,用乞求的目光看着我,好像在说:"小主人,我饿了!能给我吃一点吗?"如果我不给它吃,它就会沮丧地蹲在角落里,那样子真的是让人哭笑不得。

怎么样,你们喜欢我家的小黑吗?

3. 我的乡下养着一群鸡。每天鸡妈妈都会率领着一群小鸡到处散步。乡下的每个角落、每条巷子都能看到它们的足迹。它们是一群名副其实的淘气包,无时无刻都会发出"咯咯咯"的叫声,总是把我弄得心烦气躁的。尤其让人恼火的是,每天它们都喜欢到处大小便,屋里屋外都是它们的独特味道。

第七课时：围绕中心选材料

执教教师： 广州市花都区新华街第二小学　毕婉敏　执教年级： 四年级

【教学目标】

1. 能说出本单元《白鹅》、《白公鹅》、《猫》是从哪几个角度选择材料的。

2. 能借助课文例子,归纳选材的方法。

3. 能根据自己观察的内容,围绕中心筛选出合适的材料。

教学目标在语文技能两维目标分类框架表中的具体分析：

【教学过程】

一、回顾课文,认识中心与材料

1. 通过本单元的学习,我们感受了作家笔下动物的可爱可敬。每篇文章的内容与表达尽管都各不相同,但都表达了作者同样的感情——对动物的喜爱之情。作者的情感与态度,就是文章的中心,它是一篇文章的灵魂。

2. 出示表格请同学们思考:丰子恺的《白鹅》和叶·诺索夫的《白公鹅》分别从哪些角度写出自己对鹅的喜爱之情?

课题	表达喜爱之情
《白鹅》	
《白公鹅》	

3. 学生讨论汇报:

《白鹅》抓住"高傲"的特点,写了姿态、叫声、步态和吃相,语言风趣幽默,表达了作者的喜爱之情。

《白公鹅》通过走路的姿态和平时的活动,突出将军的"派头",用调侃的语言表达作者的喜爱之情。

4. 小结:同一种动物,两位作家观察的角度不同,选材不同,给读者留下的印象也会不一样。有目的地选择恰当的材料来表现中心,这就是选材。这样才能让文章产生最好的效果。

二、对比阅读,归纳选材方法

1. 出示片段:

满月的小猫更可爱,腿脚还不稳,可是已经学会淘气。一根鸡毛,一个线团,都是它们的好玩具,要个没完没了。一玩起来,它们不知要摔多少跟头,但是跌到了马上起来,再跑再跌。它们的头撞在门上、桌腿上,彼此的头上,撞疼了也不哭。它们的胆子越来越大,逐渐开辟新的游戏场所。它们到院子里来了,院中的花草可遭了殃。它们在花盆里摔跤,抱着花枝打秋千,所过之处,枝折花落。你见了,绝不会责打它们,它们是那么生机勃勃,天真可爱!

——老舍《猫》

它一身的白毛像雪似的,中间夹着数块墨色的细毛,黑白相间,白的显得越白,而黑的显得越发黑了。脸一半儿白,一半儿黑,两颗小电灯泡似的眼睛在脸中间闪啊闪,见我低下头看它,它也一个劲儿地盯着我。一条全黑的尾巴躺在地上,悠然自得地摇摆着。嘴张得很大,露出几颗嫩白的小齿,咪咪地叫着,那几根细鱼骨头似的白胡须,傲傲地动着。

——周而复《猫》

白玉也似的毛地上,黄黑斑错落的非常明显,当那蹲在草地上或跳掷在凤仙花从里的时候,望去真是美丽。每当附近四邻或路过的人,见了称赞说:"好猫!"的时候,妻脸上就现出一种莫可言说的矜夸,好像是养着一个好儿子或是好女儿。阿吉阿满一从学校里回来就用了带子逗它玩,或是捉迷藏似地在庭间追赶它。我也常于初秋的夕阳中坐在檐下对了这跳掷小动物作种种的遐想。

——夏丏尊《猫》

2. 这三只猫给你留下怎样的印象？

3. 三个片段，有什么异同之处？

4. 汇报：

相同：都表达了作者的喜爱之情。

不同：老舍的《猫》是通过具体的事例，形象地写出猫小时候的"淘气"，平实中透出了喜爱。

周而复的《猫》是通过猫的外貌和神情表达喜爱之情。

夏丏尊的《猫》是通过写一家人对小猫的态度来表达对猫的喜爱之情。

5. 小结：要写出动物的特点，我们可以从多个角度观察，写它的外形、脾气，也可以写它的觅食、嬉戏、休息等，但在写作的时候不能面面俱到，要学会取舍，围绕中心我们选择的材料应该是——

【板书】

有用的、新颖的、典型的

这样才能更好地表达作者的感情，才会让读者产生耳目一新的感觉。

三、围绕中心，选择合适的材料。

1. 围绕《我家的淘气包》这个题目，以下材料你觉得哪些更合适？为什么？

（1）小狗狗最喜欢和我一起玩小球，我把球一扔，它就使劲追，使劲跳，好一会儿才能接住球。因为我扔得太用力了，小狗狗累得不停地吐着舌头。

（2）放学回家，我正准备做作业，可是一回头，发现小狗狗已经在书包上玩起"笨猪跳"了，它那臭脚丫毫不留情地把漂亮的书包弄脏了，我生气地大叫"快滚下来，快滚下来！"

（3）我和小伙伴在一起玩长绳，我和姐姐负责甩绳，突然，小狗狗从家里跑了出来，像一个捣蛋鬼一样，绳一下绕在了它的身上，让我和姐姐费了九牛二虎之力才把绳子解开的。

（4）小狗狗很喜欢听音乐，音乐一响，就会随着音乐的节奏把尾巴摇过来摇过去，真像个小小音乐家在指挥着乐队！

（5）每天放学回家，小狗狗就会在家门口等我，一看到我就摇着尾巴跑过来，跳到我身上，用头蹭我，然后舔舔我的手，好像在说："欢迎主人回来。"

（6）我正在画画，忽然，听见一声"咯吱"的声音，原来它把我的蜡笔当饭吃了。我连忙跑进屋里，拿了一把扫帚，准备和它大战一场，这个机灵鬼"嗖"的一声像箭一般冲进了厨房。我紧追不舍，它一蹦，搁在橱里的鸡蛋"啪"地滚了下来，正好砸到了我的脸。我的脸立刻变成了"大花脸"。

2. 出示观察表,围绕中心,选择一到两个材料,说说自己喜欢的小动物。

小动物观察表

姓名:_____ 班别:_____

动物名称	
动物特点	
观察内容	我的发现
外形	
脾气	
进食	
嬉戏	
休息	

第四节　单元综合能力教学

第八课时:《我喜欢的小动物》习作指导

执教教师: 广州市花都区新华街第二小学　毕婉敏　执教年级: 四年级

【教学目标】

1. 能通过描写动物的动作、声音、神态和习性等具体地写出自己熟悉动物的特点。

2. 能运用本单元课文的写法,如拟人、比喻、夸张等,写出自己对小动物的喜爱之情。

3. 能对照标准,修改自己的习作。

4. 文章句子通顺,字数在300字以上为合格。

【教学过程】

一、激发兴趣,指导审题。

1. 播放有趣的动物图片。同学们,动物的世界多姿多彩,你最喜欢的小动物是什么?用句式"我最喜欢的小动物是_____,因为_____"说一说。

2. 自读题目,用符号标出写作要求。

3. 明确本次习作的具体要求。板书:抓特点　表真情

二、回顾作品,学中取法。

课题	动物特点	表达情感的方法
《白鹅》		
《白公鹅》		
《猫》		
《母鸡》		

（一）回顾名家作品。

1. 作家笔下的动物栩栩如生。下面我们整理一下本单元四篇课文的表达特点。

2. 你最欣赏哪些句子的描写？为什么？

（二）回顾学生作品。

上几节课里,我们进行了专题训练,同学们都能根据老师的要求完成了片段练习,下面我们一起读读三位同学的作品。

学生作品一：

我家养了一只小狗,名字叫小黑,它不但非常喜欢跟我搞恶作剧,还是个名副其实的吃货呢! 记得有一次,我清早起来,发现拖鞋不见了,心里觉得好奇怪,明明是放床边的。我找来找去就是找不到,最后在小黑的窝里找出来了。原来是被小黑叼走了! 哎,这个淘气包,真是拿它没办法。每次我吃东西的时候,小黑总是会马上跑到我身边,摇头摆尾的,用乞求的目光看着我,好像在说:"小主人,我饿了! 能给我吃一点吗?"如果我不给它吃,它就会沮丧地蹲在角落里,那样子真的是让人哭笑不得。

学生作品二：

小金鱼真可爱啊! 瞧它那珍珠似的眼睛,玻璃珠大小的肚子,彩带般的花尾巴。在灯光的照射下,金鱼吐出的泡泡闪闪发亮,自己身上的鱼鳞也在发亮,像穿了闪闪发亮的红衣裳。它活泼地在鱼缸里游泳,打闹,快活极了! 它有时候会躲在一个角落里,不仔细看是找不着它的;有时候游到水面上吃主人喂的食物,然后就跑去玩了;有时候一动不动,一看就知道它在睡觉;有时候用鱼鳍拍打水,像快艇一样游泳。

学生作品三：

我的小鸡叫玛丽,它的身子小巧玲珑,有一身米黄色的绒毛,摸起来又顺又滑。一双乌黑透亮的眼睛经常左看看右看看,像是在寻找着什么,再加上尖尖的、小巧的嘴巴总是一伸一缩的,仿佛无时无刻不在寻找食物,真是个吃货!

玛丽不但外形可爱,生活习性也相当有趣。它的睡姿像是个怕冷的孩子一样,缩成一团,躺在窝里一动不动的。它吃饭的时候,会低着头一上一下不停地啄着,速度非常快,动作特别敏捷,简直像动画片里的啄木鸟一样,让人看得眼睛都花了。好几次,我都没看清地上有什么,就被它吃到肚子里了。吃饱了,它就会在阳台上昂着脖子走来走去,可能是在消化食物吧,似乎把我家的阳台当成了模特秀的现场舞台,它就像一位超模一样,穿着一身米黄色的裙子在台上走着猫步。我和爸爸妈妈常常被它高傲的姿态吸引住,真担心以后每个小鸡模特团都会抢着要它。

学生读后点评: 你觉得同学们的作品如何? 好在哪里?

（三）总结写作小妙招。

1. 抓住鲜明的特点写(不用面面俱到),详略更得当。

2. 运用比喻、拟人等修辞手法,语言更生动。

3. 运用明贬实褒表达真情实感,情感更丰富。

4. 运用"总—分—总"("总—分")结构,条理更清晰。

三、理清思路,完成初稿

(1) 你打算写什么动物,从哪些方面写?

(2) 哪些内容详细写,哪些内容简略写?

(3) 学生动笔,完成时间 15 分钟。

四、对照标准,评价与修改习作

1. 出示评价表,学生自评,同位互评。

评价标准	自己评	同学评	老师评
内容具体,重点突出			
书写工整,标点正确			
语句通顺,条理清晰			
运用比喻、拟人等修辞手法			
能表达喜爱之情			

2. 全班交流:选出初稿中描写动物外形较精彩的片段,由小作者自己朗读,大家欣赏后讨论:这段好在哪里? 哪些地方需要修改?

3. 学生根据老师的评改建议,修改自己的文章并誊写。

五、板书设计

我喜欢的小动物

抓特点　表真情

【附录】学生作品展示

编者注:广州市花都区新华街第二小学毕婉敏老师完成教学设计时,学校已经放假,无法在班级试教。北京市十三陵中心小学做过类似教学实验,该校为市郊农村小学,生源多数为农民工子女,与毕婉敏老师学校属于同级或偏低的水平,故选该校学生习作供读者参考。

可爱的小狗

十三陵中心小学　四年级(2)班　翟晓涛

我家有一只可爱的小狗,它的名字叫小宝,我觉得太麻烦,就改名叫宝。

我家的宝长得特别可爱。它的毛色是黄白相间，一双炯炯有神的大眼睛像两颗黑珍珠闪闪发光。它的鼻子很灵，每当我吃东西的时候，它总是来和我抢东西吃。它的嘴更好玩，像狐狸的嘴，可没狐狸的嘴长。它的四肢很灵活，虽然跑不过我，但也差不多。它一边的胡须大约有七八根。

它有时淘气，有时老实。它要是老实，不是睡觉就是跟在我爸的后面，每当宝跟在我爸身边的时候，我就哈哈大笑，合不拢嘴，因为宝跟在我爸身边的时候，形影不离，像保护我爸的侍卫，好像在说："我一定保护好主人。"它要是淘气的时候可以一直不回来，直到你找到它为止，它才肯回家。它要是高兴，像小兔子一样活蹦乱跳，来缠着你，就好像让你跟它玩似的，看见它撒娇的样子，你绝对不忍心拒绝，只好和它玩。它要是不高兴，就绝不能靠近他，一旦离它近了，它就有一股想咬你的冲动，所以说它不高兴的时候不要靠近它。

怎么样，宝好玩吧！这就是我家可爱的小宝。

可爱又淘气的小狗
十三陵中心小学四年级(2)班 侯京冉

我们家新来的两只小狗既可爱又淘气。一只全身是黑色的，另一只是黄色的。黑色的就叫小黑，黄色的就叫小黄。

小黄和小黑的鼻子上有许多的小水珠，像绣上了水晶。眼睛是黑色的，像四颗黑宝石。耳朵像泄了气的气球。爪子下面有厚厚的肉垫。

小黑和小黄刚来时，它们在桌子腿旁转来转去，在玩迷宫。它们撞疼了也不哭。第二天它们抓住掉在半空的床单打秋千，我看了它们一下，它们知道自己犯了错，在我的身边转了转，好像在说："对不起。"

它们两个睡觉时卧在一起，像个圆圈。我找东西时把我们家的毛线团碰掉了，因此，它俩开始了一场精彩的足球赛，而我成了唯一的观众，最后，它们都成了冠军。

它们逐渐来到了院子里了。小黄踩在一个鲜橙多的大瓶子上面叫，原来，它把自己当成了一名歌星了。小黑在一个圆的小瓶口那儿转，转了一会儿，小黑就倒了下来。还有一次，它们因为一块小骨头，来了一场摔跤比赛，最后，两败俱伤，俗话说："螳螂捕蝉，黄雀在后。"不料，骨头被猫吃了。

我爱我家两只可爱的小狗！

小 金 鱼
十三陵中心小学四年级 左志强

我们家的小金鱼非常可爱。

一天，妈妈去街上买东西。回来的时候，给我买回来三条小金鱼。我高兴极了，赶紧把小金鱼放到了鱼缸里。

三条小金鱼颜色形状各异，长得都很漂亮。一条是红色的，个头稍大，长着一对透明的小泡眼。一条是金黄色的,游动的时候,身上的鳞片发出一闪一闪的光。另一条是粉色的,别看它个头最小,可最灵活。

我最喜欢那条粉色的小金鱼。它的头上长着疙瘩,眼睛圆鼓鼓的,一张小嘴不停地张开又合拢,真像一年级的小朋友在念拼音字母"O"。粉色的鳞片整整齐齐地排列着。一对薄薄的鱼鳍像两支船桨,有规律地前后划动。最引人注目的是那条粉红色的大尾巴。远看,它像是一个美丽公主身上穿着的纱裙,近看,它像是一把丝绸做成的扇子,有节奏地扇动着。正当我凑上去仔细观察它的时候,它仿佛发现了我正在注意它,朝着我吐出了小泡泡,然后就甩甩蝉翼似的尾巴跑到后面去了。

我从河边里捞出来几根水草,捡来几块彩石,放到鱼缸里。只见小金鱼快活地在水草间穿游追逐,一会儿去啃啃水草的细叶,一会儿又去闻闻缸底的溪石。看它们高兴的样子,像是回到了自己的家,我也按捺不住高兴的心情,禁不住脱口而出:"哇!好可爱的小金鱼啊!"我家的金鱼非常可爱。

第十一章　描写人物的单元

（人教版四年级下册第七单元）

执教教师：广州市花都区风神实验小学　屈太侠　执教年级：四年级

【单元目标】

1. 能准确认读 21 个生字,正确书写 23 个生字。

2. 能正确流利地朗读课文。

3. 能用自己的话讲述人物所做的事情。

4. 能找出描写人物语言、动作、神态的句子,结合句子对人物特点作出评价。

5. 能区分正面描写与侧面描写,并将方法运用到习作之中。

第一节　单篇课文阅读教学

第 25 课　《两个铁球同时着地》第一课时

【教学目标】

1. 准确认读 3 个生字,正确书写 12 个生字。

2. 正确流利地朗读课文。

3. 能用自己的话说说伽利略产生疑问后是怎么做的。

【教学过程】

一、检查预习

1. 板书课题：两个铁球同时落地

2. 认读词语：

伽利略　亚里士多德　比萨城

固执　胆大妄为　的确

3. 反义词：

信奉——怀疑　慢——快　对——错

4. 书写生字：

略：田小,靠左上；

辩：左边的"辛"字,最后一笔变为撇；

释：左边的竖,贯穿下来。

二、朗读课文

1. 自读课文。

2. 分段朗读。

思考：伽利略对亚里士多德所说的话产生了什么样的疑问？

3. 交流。

小结：他通过推理，从一个事实中却得到了两个相反的结论。

三、概括大意

1. 同桌互讲。

2. 指名发言。

3. 教师小结。

这篇课文讲述了意大利科学家伽利略在年轻时代追求真理的过程中，敢于挑战权威，对人们信奉的哲学家亚里士多德所谓的真理产生了怀疑，经过反复试验求证后，伽利略在人们的嘲讽与猜疑中走上比萨斜塔，用实验证实了真理。

四、品读人物

1. 划出描写伽利略想法、动作的语言，进行简要的批注。

2. 交流。

（1）他想：如果这句话是正确的，那么把这两个铁球拴在一起，落得慢的就会拖住落得快的，落下的速度应当比 10 磅重的铁球慢；但是，如果把拴在一起的两个铁球看作一个整体，就有 11 磅重，落下的速度应当比 10 磅重的铁球快。这样，从一个事实中却可以得出两个相反的结论，这怎么解释呢？

（2）伽利略带着这个疑问反复做了许多次试验，结果都证明亚里士多德的这句话的确说错了。

（3）他向学生们宣布了试验的结果，同时宣布要在比萨城的斜塔上做一次公开试验。

3. 教师总结。

课文赞扬了伽利略不迷信权威的独立人格和执著追求真理的精神。

第 26 课　《全神贯注》

【教学目标】

1. 能读准课文中的生词，正确流利地朗读课文。

2. 能找出课文中的关键句，串联起来，讲述课文的主要内容。

3. 能找出描写罗丹语言、动作、神态的句子，对人物作出评价。

一、导入新课

1. 板书题目,强调"贯"的写法。

2. 认识罗丹、茨威格。

二、检查预习

1. 学习生字词语。

挚友:交情深厚的朋友。

杰作:超出一般水平的好作品。

径自:直接。

莫名其妙:不能说出它的妙处。

仪态端庄:仪表和神态优美大方。

叽哩咕噜:说话不清楚。

2. 概括主要内容。

(1)法国大雕塑家罗丹邀请奥地利作家斯蒂芬·茨威格到他家里做客。饭后,罗丹带着这位挚友参观他的工作室。

(2)他立刻拿起抹刀,修改起来。茨威格怕打扰雕塑家工作,悄悄地站在一边。

(3)茨威格见罗丹工作完了,走上前去准备同他交谈。罗丹径自走出门去,随手拉上门准备上锁。

(注:读完后,用自己的话说一说)

三、重点品读

只见罗丹一会儿上前,一会儿后退,嘴里叽哩咕噜的,好像跟谁在说悄悄话;忽然眼睛闪着异样的光,似乎在跟谁激烈地争吵。他把地板踩得吱吱响,手不停地挥动……一刻钟过去了,半小时过去了,罗丹越干越有劲,情绪更加激动了。他像喝醉了酒一样,整个世界对他来讲好像已经消失了——大约过了一个小时,罗丹才停下来,对着女像痴痴地微笑,然后轻轻地吁了口气,重新把湿布披在塑像上。

1. 自读两遍:要读通顺、读准确。

2. 说一说:罗丹修改塑像时_____,因为_____。

3. 背诵。(抓住:只见、忽然、一刻钟、一个小时)

4. 作者描写得真生动,读着这一段文字,我仿佛就看到罗丹工作如痴如醉的样子。作者究竟是怎么写的呢?

妙招一：细致的动作与神态

5. 对比：

只见罗丹一会儿上前，一会儿后退，嘴里叽哩咕噜的，（　　　　）；忽然眼睛闪着异样的光，（　　　　　　）。他把地板踩得吱吱响，手不停地挥动……一刻钟过去了，半小时过去了，罗丹越干越有劲，情绪更加激动了。他像（　　　　　　）——大约过了一个小时，罗丹才停下来，对着女像痴痴地微笑，然后轻轻地吁了口气，重新把湿布披在塑像上。

妙招二：丰富的想象与联想

四、迁移运用

茨威格怕打扰雕塑家工作，悄悄地站在一边。他侧着脸，目不转睛地盯着罗丹，好像_____。

茨威格见罗丹工作完了，走上前去准备同他交谈。罗丹径自走出门去，随手拉上门准备上锁。茨威格莫名其妙，眼睛睁得圆溜溜的，似乎_____。

五、总结延伸

1. 出示：那一天下午，我在罗丹工作室里学到的，比我多年在学校里学到的还要多。因为从那时起，我知道人类的一切工作，如果值得去做，而且要做得好，就应该全神贯注。

2. 说说自己的感受。

3. 欣赏罗丹的雕塑作品。

【板书】

全神贯注

罗丹　　全神贯注　动作

茨威格　莫名其妙　神态

想象

第 27 课　《鱼游到纸上》第一课时

【教学目标】

1. 能准确认读 4 个生字，正确书写 11 个生字。

2. 能正确流利地朗读课文。

3. 能说出课文写了谁的什么事。

4. 能找出描写青年人"举止特别"的句子，并对人物作出评价。

【教学过程】

一、检查预习

1. 认读生字，扩词：罢、徽、聋、哑。

2. 读读下列词语。

罢了 厂徽 聋哑人 咯噔

举止特别 清澈见底 一丝不苟

二、朗读课文

1. 提出要求：

自读课文,注意把句子读通顺。读完后,想一想,这是一个什么样的青年?

2. 自读课文。

3. 交流收获。

三、概括大意

课文主要写青年人的什么事呢?(观鱼和画鱼)

《鱼游到了纸上》记叙的是作者在西湖玉泉看鱼时,发现了一位举止特别的青年,经过多次观察,作者不仅发现他所画的鱼活灵活现,还发现了他是一位聋哑人。

四、评价人物

1. 课文中是这样评价青年人的——就在金鱼缸边,我认识了一位举止特别的年轻人。

理解"举止特别"的意思。

2. 默读第四至第九自然段,划出描写青年人"举止特别"的句子,并在旁边作出批注。

3. 交流。

(1)说他特别……从来不说一句话。(抓住呆呆地、静静地,读出青年人的安静与专注)

(2)他有时……仿佛金鱼在纸上游动。(理解工笔细描与挥笔速写的意思,通过朗读,表现出青年人高超的绘画技艺)

(3)我仍旧去茶室喝茶……也忘记了自己。(抓住两个"忘记了",表现出青年人的执著与耐心)

4. 评价人物:你认为这是一个什么样的青年?

五、突破难点

1. 理解"游到纸上"与"游到心里"的意思。

(1)我把那个女孩说的话写给他:"鱼游到你的纸上来啦!"

(2)他接过笔在纸上又加了一句:"先游到我的心里。"

2. 说说二者之间的关系。

鱼游到了纸上

工笔细描　　　　　游到纸上

挥笔速写　　　　　游到心里

第28课　《父亲的菜园》教学设计

【教学目标】

1. 能联系上下文说出生词的意思。

2. 能正确流利地朗读课文,讲述课文写了一件什么事情。

3. 找出描写人物语言、行为的句子,说说父亲的优秀品质。

【教学过程】

一、学习字词

1. 读一读以下词语:

婴儿　气馁　红肿　贫瘠

榨干　憋尿　侍候　诱人

莴苣　豌豆　箢箕　狰狞

2. 看图理解以下词语的意思:

莴苣　豌豆　箢箕　狰狞

3. 结合文中的句子,理解加点词:

(1) 父亲没有气馁,他在坡地的边缘砌了一道矮墙,再从山脚下把土一筐一筐挑上去,盖住了那可怖的岩石。

(2) 可是,山坡菜地里那薄薄的一层泥土,已经被大雨冲了个一干二净,露出大块大块狰狞的岩石。

二、概括大意

1. 自读课文,想一想事情的起因、经过、结果是什么。

2. 同桌之间相互说一说。

3. 指名说。

4. 教师小结。

"我"家失去菜园,父亲毅然决定重新开辟菜园,开荒、填土、育肥,历尽了千辛万苦,父亲终于让贫瘠荒凉的土地变成了肥沃的黑土地,为家人开辟出一片四季常绿的菜园。

三、了解情节

1. 自读思考：父亲在开辟菜园的时候，遇到了哪些困难？他是怎么克服的？

2. 相互交流：

困难一：坡地缺少泥土　选坡地，挑黄土；

困难二：暴雨冲走泥土　砌矮墙，重挑土；

困难三：土地非常贫瘠　埋豌豆，拾粪。

四、品读人物

1. 读第三至第十自然段，划出描写父亲“言行”的句子，说说你从中读懂了什么？

2. 相互交流：

(1) 每天天还没亮，父亲就扛着锄头、挑起箢箕上山去，直到傍晚，才挑着一担柴草回家来。(辛苦、勤劳)

(2) 那天，父亲正在吃午饭，把碗一丢，抓起铁锹就冲进了暴雨中……(爱护)

(3) 父亲没有气馁，他在坡地的边缘砌了一道矮墙，再从山脚下把土一筐一筐挑上去，盖住了那可怖的岩石。父亲的双肩红肿，脚板也磨起了泡。(坚忍不拔)

(4) 父亲说：“我们不能光顾眼前。也真难为了这片荒地，它是拼了命才养出这一片豌豆来的。就这样榨干它，以后就别想吃瓜吃菜了。这一季豌豆就用来肥土吧。”(热爱土地)

3. 串读课文，读完后，问学生，父亲为什么能在贫瘠的坡地上开辟一块菜园来？

4. 总结：作者通过人物言行的描写，表现了父亲勤劳、执著的品质。

第二节　专项技能教学

第五课时

【教学目标】

1. 复习本单元的人物，讲述发生在他们身上的故事。

2. 寻找身边那些让我们“敬佩”的人，能用自己的话，讲述发生在他们身上的故事。

【教学过程】

一、说说本单元课文中描写的人

本单元的学习中，我们认识了那些人？

伽利略、罗丹、残疾青年、父亲。这些人物中，有科学家、艺术家，也有生活在我们身边的普通人。

二、讲讲他们的故事

伽利略：挑战权威亚里士多德，用实验推翻亚里士多德的观点；

罗丹：专心修改塑像,忘记前来拜访自己的朋友;

残疾青年：专心致志地画画,让鱼游到了纸上。

父亲：在贫瘠的坡地上,开辟出一块菜园。

小结：这些人物的共同点,都有明确的目标,都在进行不懈的追求。

【板书】

明确的目标,不懈的追求

三、寻找让你敬佩的人

1. 寻找：

在你的身边,也有一些让你敬佩的人,他们有明确的目标,并且不断努力,最终实现了目标,获得了成功。想一想：在学校里、在家里、在社区里,在你认识的人当中,有这样的人么?

2. 讲述：

讲一讲发生在这些人身上的故事。注意,故事和事情不是一个概念,故事是柔软的、浪漫的,所以在讲述的时候,可以根据需要,将某些细节进行调整。

第六课时 描写人物的外貌

【教学目标】

1. 能找出有关外貌描写的句子,说说它的作用。

2. 能将外貌描写和具体的环境、事情结合在一起。

【教学过程】

一、找找描写"外貌"的句子

描写人物的时候,我们有时候会描写人物的外貌。

1. 就在金鱼缸边,我认识了一位举止特别的青年。他高高的身材,长得很秀气,一对大眼睛明亮得就像玉泉的水。

2. 父亲双肩红肿,脚板也磨起了泡。看着新菜园被开出来了,父亲笑了。

3. 湖畔(pàn),到处是割草的孩子。白竹布衬衫小凉帽,绣花兜(dōu)肚彩头巾。那一张张红扑扑的脸蛋,蒙上了一层晶莹的细汗,犹如一朵朵沾满露珠的月季花。

思考：为什么有的课文有外貌描写,而有的课文却没有外貌描写?

二、如何写好外貌

仔细读读这三个句子,说说外貌描写要注意哪些问题?

1. 少而精：

要抓住人物的主要特点不要面面俱到。

2. 要和具体的环境结合：

（1）青年人清秀的外表，与他的聪慧有密切的关系；

（2）哈默的外貌描写，符合逃难者的身份，为故事的发展作好了铺垫；

（3）小孩子的描写，符合农村孩子朴实、天真、可爱的特点。

三、迁移运用

1. 写一个小伙伴的外貌，其他同学猜一猜。

2. 写一处具体环境下的外貌描写。

第七课时　正面描写

【教学目标】

1. 能说出人物的正面描写有哪些方面。

2. 能说出动物描写和神态描写的不同。

【教学过程】

一、导入

1. 一般来说，人不离事，事不离人。写人的文章，一般都会用具体的事情来写。在做事的过程中，人物会做动作，神态会变化，会说各种各样的话。对主要人物直接进行描写，这样的方法叫作正面描写。

【板书】

正面描写

2. 正面描写，一般包括人物的语言、动作、神态，甚至是心理活动等。

二、辨别

我们来判断一下，下面的语句属于什么描写？

1. 茨威格怕打扰雕塑家工作，悄悄地站在一边。只见罗丹一会儿上前，一会儿后退，嘴里叽哩咕噜的，好像跟谁在说悄悄话；忽然眼睛闪着异样的光，似乎在跟谁激烈地争吵。他把地板踩得吱吱响，手不停地挥动……一刻钟过去了，半小时过去了，罗丹越干越有劲，情绪更加激动了。他像喝醉了酒一样，整个世界对他来讲好像已经消失了——大约过了一个小时，罗丹才停下来，对着女像痴痴地微笑，然后轻轻地吁了口气，重新把湿布披在塑像上。（动作、神态描写）

2. 我挤过去一看，原来是那位青年在静静地画画。他有时工笔细描，把金鱼的每个部位一丝不苟地画下来，像姑娘绣花那样细致；有时又挥笔速写，很快地画出金鱼的动态，仿佛金鱼在纸上游动。（动作描写）

3. 就在我做着吃香喷喷的炒豌豆的美梦时，父亲却把那一片豌豆全翻在泥土里。我有些疑惑不解。父亲说："我们不能光顾眼前。也真难为了这片荒地，它是拼了命才养出这一片豌豆来的。就这样榨干它,以后就别想吃瓜吃菜了。这一季豌豆就用来肥土吧。"
(语言描写)

4. 总结。

动作描写:动作描写是描写人的动作,例如:他学习累了,站起来,轻轻地开门走到室外,做了几个深呼吸动作。

神态描写专指脸部表情,描写时要用表示表情、神态的词语,例如:哭丧着脸,专注的神情等。

三、练习

说说下列句子,哪些属于动作描写? 哪些属于神态描写?

1. 这个年轻人的目光顿时灰暗了,他的喉结上下,说:"先生,那我不能吃您的东西,我不能不劳动,就得到这些食物。"

2. 伽利略带着这个疑问反复做了许多次试验,结果都证明亚里士多德的这句话的确说错了。

3. 罗丹径自走出门去,随手拉上门准备上锁。

4. 他笑了,笑得那么甜。

第八课时　侧面描写

【教学过程】

一、导入

美术课上,老师让大家画一所房子,很多同学很快就把房子画好了。但是,画面并不美。聪明的孩子,会在房子的周围,画上花草、树木,画上小动物,画上小朋友等,这样,画面就饱满了。

写文章的时候,很多同学为字数发愁——总担心字数不够。就拿写人的文章来说,我们知道要写这个人所做的事情,也知道要写人物的语言、动作、神态等。但是,光写这些,似乎还是不够。

二、什么是侧面描写

1. 举例:

我们来读读下面几段话,说说你们有什么发现?

消息很快传开了。到了那一天,很多人来到斜塔周围,都要看看在这个问题上谁是胜利者,是古代的哲学家亚里士多德呢,还是这位年轻的数学教授伽利略? 有的说:"这个青年真是胆大妄为,竟想找亚里士多德的错处!"有的说:"等会儿他就固执不了啦,事实是无情的,会让他丢尽了脸!"

——《两个铁球同时着地》

一个星期天,我到玉泉比平时晚了一些。金鱼缸边早已挤满了人,多数是天真活泼的孩子。这些孩子穿着鲜艳的衣裳,好像和金鱼比美似的。

"哟，金鱼游到了他的纸上来啦！"一个女孩惊奇地叫起来。

——《鱼游到了纸上》

终于有一天，父亲望着饭桌上总也盛不满的菜碗，说要重新开一块菜地。全家人投去诧异的目光——要知道，在我们这里要找一块可以当菜园的地，是相当困难的。

——《父亲的菜园》

2. 探讨：

第一个片段本来是写伽利略，为什么要写其他人的反应呢？

第二个片段本来是写青年的，为什么要写小女孩的赞叹？

第三个片段本来要写父亲，为什么要写家人诧异的目光？

3. 总结：

所谓侧面描写，是指为了达到突出主体事物的目的，不直接写主体事物，而写与主体事物相关联的其他事物。

三、小试牛刀

如果要写一个孩子热爱学习，我们应该怎么运用侧面描写？

如果要写一个清洁工吃苦耐劳，我们可以怎么运用侧面描写？

第三节　单元综合能力教学

第九课时　习作

【教学目标】

1. 观察和了解身边的人，寻找他们身上值得你敬佩的地方，寻找写作素材。

2. 通过一件具体事例，让人物形象鲜活起来。

【教学过程】

一、打开思路

1. 引导：

我们今天的习作题目是——《我最敬佩的一个人》。"敬佩"就是尊敬、佩服的意思。生活中，我们有许多认识的人：同学、父母、伙伴、亲人、朋友……在你认识的人当中，你最佩服谁？

2. 交流：

我最敬佩的人是_____，因为_____。

二、完成初稿

1. 构思：你认为这篇文章中，哪些内容是必须要写的？

【板书】

简要介绍

2．提出要求：

（1）不停笔，一直写，15 分钟完成习作；

（2）遇到不会写的字，想不到的词，先空下。

3．交流初稿。

三、提升习作

1．范文引路：

我家的厨神

我的妈妈是一位家庭主妇。以前，她在广告公司上班，后来，为了照顾我，她就把工作给辞了。

过春节，家里来了许多客人，能围上一大桌子。

我说："妈妈，咱们下馆子吧！这么多人在家吃饭，洗洗刷刷，多麻烦！"妈妈笑了："没事，不就一顿饭嘛，妈妈不累！"

爸爸说："老婆，众口难调。我看，咱们还是吃饭店吧！"妈妈说："你呀，就把心放到肚子里去吧！"妈妈说完，就系上围裙，转身进了厨房。

一个小时过去，吃晚饭了，一盘盘菜端上桌来。有糖醋排骨、宫保鸡丁、水煮牛肉、麻婆豆腐……更让人想不到的是，妈妈还做了一个红烧狮子头。十六个菜，摆了满满一大桌子。看看这些菜的品相，一点也不比饭店里的逊色。哎哟，我的口水都禁不住流出来了。

亲戚朋友们，吃不停筷，赞不绝口。就连平时老挑食的表弟，也吃得肚子滚圆滚圆的。大家一致认为，妈妈已经达到了专业厨师的水准。

结果不说你也知道。半个小时不到，一桌子菜，被一扫而光。再看看盘子，比舔过的还干净。

讨论：本来是要写妈妈，为什么要写我、爸爸、还有亲戚朋友的反应呢？

2．课文片段：

（1）消息很快传开了。到了那一天，很多人来到斜塔周围，都要看看在这个问题上谁是胜利者，是古代的哲学家亚里士多德呢，还是这位年轻的数学教授伽利略？有的说："这个青年真是胆大妄为，竟想找亚里士多德的错处！"有的说："等会儿他就固执不了啦，事实是无情的，会让他丢尽了脸！"

——《两个铁球同时着地》

（2）一个星期天，我到玉泉比平时晚了一些。金鱼缸边早已挤满了人，多数是天真活泼的孩子。这些孩子穿着鲜艳的衣裳，好像和金鱼比美似的。

"哟,金鱼游到了他的纸上来啦!"一个女孩惊奇地叫起来。

——《鱼游到了纸上》

(3) 终于有一天,父亲望着饭桌上总也盛不满的菜碗,说要重新开一块菜地。全家人投去诧异的目光——要知道,在我们这里要找一块可以当菜园的地,是相当困难的。

——《父亲的菜园》

理解:什么是侧面描写。

写作方法:运用侧面描写,让人物特点更加鲜明。

3. 修改习作:

你的文章中,哪些地方可以加上别人的表现呢? 请赶快读一读,改一改。

4. 交流习作:

【板书】

我最敬佩的一个人
简要介绍
典型事例

评析

单元整组课文教学设计有两种情况:一是在没有现成教材的条件下的设计,二是在有适当教材条件下的设计。屈太侠老师的"四年级下册第七单元整体设计"属于后一情况。这个单元共四篇课文,即《两个铁球同时着地》、《全神贯注》、《鱼游到了纸上》、《父亲的菜园》和一篇作文,题目是《我敬佩的一个人》。该单元"讲的都是人们通过努力获得成功的故事。"换言之,该单元教材是"通过一件事写人"的文章。单元提示要求:"留心人物外貌、动作等方面的描写,和同学交流从故事中获得的启示。"根据教材特点和年级要求,设计单元终点目标。

一、教学终点目标的设置与陈述

小学三年级以上的语文单元教学一般要包含三个方面的目标:

1. 运用字、词、句和标点符号的知识和技能(基本技能);

2. 运用段落、篇章地读、写方法方面的知识和技能(高级技能);

3. 课文内容知识和作者在课文中表达或暗含的情感和价值观。

据此来看屈太侠老师设计的单元终点教学目标。

单元终点目标

1. 能准确认读 21 个生字,正确书写 23 个生字。

2. 能正确流利地朗读课文。

3. 能用自己的话讲述人物所作的事情。

4. 能找出描写人物语言、动作、神态的句子,结合句子对人物特点作出评价。

5. 能区分正面描写与侧面描写,并将正面描写与侧面描写方法运用到习作之中。

目标1和目标2的学习结果是语文基本技能;目标3的学习结果是课文内容知识;目标4和5需要综合运用语文高级技能与课文内容知识(包括作者情感和价值观)。由此可见,单元终点目标的设置与陈述是很准确的。

二、课时计划

整个单元分九课时完成。第1—4课时,完成四篇课文的第一课时教学;第5—8课时,专项知识和技能教学;第九课时,命题作文(综合能力训练)。

三、单篇课文第一课时的教学

单元终点目标的实现必须落实到单篇课文。下面的表一概括了四篇课文第一课时的目标和大致的教学内容。由于单篇课文的第一课时是集中教的,所以主要实现第1、2、3个终点目标。第4、5个终点目标在四篇课文的第一课时教学的后期有所涉及,但未充分展开,原因是这两个目标要留到单元的第5、6、7、8、9课时(单篇课文的第2或第3课时)去实现。

传统上单元中的一篇课文,一般是分两课时教完。此后再教第二篇、第三篇课文。课文之间往往互不联系。屈太侠老师突破传统,先集中完成四篇课文的第一课时教学。为了便于比较,发现规律,将四篇课文第一课时的教学目标、教学过程与内容放在一张表内。从表一可见,四篇课文第一课时的教学目标、教学步骤和每一步的教学内容是基本一致的。

第一步,检查预习,教授生字、新词的认读和书写

第二步,带着教师提示的问题,读课文,了解课文内容(文章说了什么)

第三步,细读课文,理清文章结构,概括大意(例如,事情的起因、经过、结果)

第四步,评价性阅读,如本单元的"品读人物"(由于是第一课时,时间有限,不可能深入展开)

阅读和写作能力是综合能力。教师能直接教授的是单项知识或技能,综合能力不能直接教授,必须通过学生自己的阅读练习去进行综合。四年级以上的单篇课文教学,必须强调学生预习。预习的要求,除了扫除生字、新词障碍之外,重点是读懂课文内容,理清文章结构。

屈老师教的四篇课文第一步,除了《全神贯注》一篇介绍罗丹和茨威格之外,其余三篇都是从检查预习开始。有了学生扎实的预习,老师再教生字新词、概括大意(或归纳主要内容),就变成了学生预习的反馈。学生由被动接受(老师讲学生听)变成选择性吸收。

表1　人教版四年级下第七单元四篇课文第一课时教学步骤与内容比较

《两个铁球同时着地》	《全神贯注》	《鱼游到了纸上》	《父亲的菜园》
单篇课文第一课时教学目标			
1. 准确认读读3个生字,正确书写12个生字。 2. 正确流利地朗读课文。 3. 能用自己的话说说,伽利略是怎么做的。	1. 能读准课文中的生词,正确流利地朗读课文。 2. 能找出课文中的关键句,串联起来,讲述课文的主要内容。 3. 能找出描写罗丹语言、动作、神态的句子,对人物作出评价。	1. 能准确认读读4个生字,正确书写11个生字。 2. 能正确流利地朗读课文。 3. 能说出课文写了谁的什么事。 4. 能找出描写青年人"举止特别"的句子,并对人物作出评价。	1. 能联系上下文说出生词的意思。 2. 能正确流利地朗读课文,讲述课文写了一件什么事情。 3. 找出描写人物语言、行为的句子,说说父亲的优秀品质。

《两个铁球同时着地》	《全神贯注》	《鱼游到了纸上》	《父亲的菜园》
教学过程与内容			
一、检查预习 1. 板书课题： 两个铁球同时落地 2. 认读词语。 3. 反义词。 4. 书写生字。	一、导入新课 1. 板书题目，强调"贯"的写法。 2. 认识罗丹、茨威格。	一、检查预习 1. 认读生字，扩词： 罢、徽、聋、哑 2. 读读下列词语。	一、学习字词 1. 读一读词语。 2. 看图理解以下词语的意思。 3. 结合文中的句子，理解加点词。
二、朗读课文 1. 自读课文。 2. 分段朗读。 思考：伽利略对亚里士多德所说的话产生了什么样的疑问？ 3. 交流。	二、检查预习 1. 学习生字词语。 2. 概括主要内容。 (1) 罗丹邀请茨威格到他家里做客 (2) 罗丹他立刻拿起抹刀 (3) 罗丹径自走出门	二、朗读课文 1. 提出要求。 2. 自读课文。 3. 交流收获。	二、概括大意 1. 自读课文，想一想事情的起因、经过、结果是什么。 2. 同桌之间相互说一说。 3. 指名说。 4. 教师小结。
三、概括大意 1. 同桌互讲。 2. 指名发言。 3. 教师小结。	三、重点品读 1. 作者究竟是怎么写的呢？ 妙招一：细致的动作与神态 2. 对比。 妙招二：丰富的想象与联想	三、概括大意 课文主要写青年人的什么事呢？（观鱼和画鱼）	三、了解情节 1. 自读思考：父亲在开辟菜园的时候，遇到了哪些困难？他是怎么克服的？ 2. 相互交流。
四、品读人物 1. 画出描写伽利略想法、动作的语言，进行简要的批注。 2. 交流。 3. 教师总结。	四、迁移运用 茨威格怕打扰雕塑家工作，悄悄地站在一边。他侧着脸，目不转睛地盯着罗丹，好像_____。 茨威格见罗丹工作完了，走上前去准备同他交谈。罗丹径自走门去，随手拉上门准备上锁。茨威格莫名其妙，眼睛睁得圆溜溜的，似乎_____。	四、评价人物 1. 课文中是这样评价青年人的： 2. 默读第四至第九自然段，画出描写青年人"举止特别"的句子。并在旁边作出简要的批注。 3. 交流。 4. 评价人物：你认为这是一个什么样的青年？	四、品读人物 1. 读第三至第十自然段，画出描写父亲"言行"的句子，说说你从中读懂了什么？ 2. 相互交流。 3. 串读课文：父亲为什么能在贫瘠的坡地上开辟一块菜园来？ 4. 总结。作者通过人物言行的描写，表现了父亲勤劳、执著的品质。
	五、总结延伸 而且要做得好，就应该全神贯注。	五、突破难点 1. 理解"游到纸上"与"游到心里"的意思。 2. 说说二者之间的关系	

四、专项知识和技能的训练

单篇课文的第一课时教学,侧重培养学生综合阅读能力。在读懂文章的内容和结构的条件下,第二课时转入专项知识和技能的教学。本单元每一课时的教学内容如下:

第五课时,说说本单元的人、讲讲他们的故事、寻找让你敬佩的人。为第九课时写作内容作准备。

第六课时,描写人物的外貌;第七课时,正面描写;第八课时,侧面描写。每课训练一项技能,做到"一课一得"。

温儒敏教授说:"不分精读略读,这是一种课型混淆。还有另一种课型的混淆,不管什么文体……全都用差不多的程序和讲法,都要讲什么作者介绍、写作背景、段落大意、主题思想、生词修辞,等等。课型没有变化,没有节奏,老是那一套,学生能不腻味?"

语文单篇课文第一课时有新的课文内容和语文知识(如生字、新词),学生一般不可能"腻味"。学生"腻味"的是第二课时。屈老师打破传统,第二课时转入专项技能教学。研究表明,这样的教学,目标明确,方法对路,学生思想高度集中,教学效果立竿见影。

单项技能的教学过程与方法,在本书前面已经有充分的论述,此处不再重复。

五、综合能力训练(第九课时:习作,写《我最敬佩的一个人》)

作文能力是综合能力。在正式写作之前,八个课时的教学都是为综合能力作准备的:

第一,学习了四个不同的人物(科学家、雕塑家、残疾人、普通农民)通过努力,获得成功的故事(习得事实性知识);在写作前,教师引导学生"寻找身边那些让我们'敬佩'的人,能用自己的话,讲述发生在他们身上的故事"。

第二,进行三种描写方法的专项训练。

第三,经过近四年的训练,学生能做到"句子通顺,段落结构和层次合理"。

学生写作的过程是综合能力逐渐形成过程。在学作中,教师很难干预。写作成品出来后,教师可以干预。能直接教的也是单项知识、技能,如纠正错别字,改正句法的错误,指出文章立意、材料取舍和组织的等方面的缺点并予以改正。

第四节　中高年级习作系列指导
——心理活动描写

执教教师: 广州市花都区风神实验小学　屈太侠

【课时安排】

第一课时:什么是心理活动　　　第六课时:从不同角度去想

第二课时:心理活动的贯穿　　　第七课时:魔鬼天使的对话

第三课时:心理活动的形式　　　第八课时:回忆往事与插叙

第四课时:人物语言的推理　　　第九课时:漫无边际的想象

第五课时:正反两方面比较　　　第十课时:环境与心理活动

第一课时：什么是心理活动

一、导入

1. 举例。句子人人都会写，但是写出来的句子，给人的感觉是不一样的。有人看到什么，就如实地写下来。

例如：我的脸刷地一下红到了脖子根。

同样是写害羞，有同学不仅把可以看到的脸上的颜色变化写下来，还把自己内心的想法写下来。

例如：我的脸刷地一下红到了脖子根。如果地上有条缝，我真想钻进去。

2. 小结。生活中，我们每当遇到一些事情的时候，心里总会产生一些想法，如果把它们写下来，写到文章里，这就是心理描写。（板书：心理描写）

二、欣赏

1. 写一个人心里很难过。你会怎么写？

2. 读读下列句子：

(1) 我的双腿，像灌了铅似的一步一挪地往前走。

(2) 我的心像被针扎了一样。

(3) 我心疼得像刀绞一样，眼泪不住地往下流。

(4) 我的心里像打翻了五味瓶，真不是滋味。

(5) 顿时，我好像掉进了冰窖里，从头顶凉到了脚尖。

3. 积累。

写一个人特别高兴，我们可以这样来写：

(1) 我开心极了，心里像喝了蜜一样，甜滋滋的。

(2) 妹妹满脸是甜蜜的微笑，活像一朵盛开的玫瑰花。

(3) 望着朋友甜蜜的微笑，我心中像一股清凉的泉水流过。

(4) 我一头钻进书堆，心中的狂喜难以言喻。

写一个人特别紧张，我们可以这样来写：

(1) 我的心一下子提到嗓子眼儿，我吓坏了。

(2) 我的怀里像揣着一只小兔，怦怦地跳个不停。

(3) 我的心里像有十五只水桶打水——七上八下的，久久不能平静。

(4) 我的心里像打鼓似的咚咚直跳。

4. 这些句子，有什么共同特点？

小结：都是通过比喻、夸张、想象的方式，把自己的心理活动描写出来。

三、练习

1. 表现"紧张"：

（1）我胆怯地低着头，（像一只惊慌失措的小鹿）。

（2）我大脑一片空白，（就像得了失忆症的老人一样，什么都想不起来）。

（3）我双腿发软，（就像没长骨头似的，差点跪倒在地上）。

2. 表现"着急"：

（1）我（像热锅上的蚂蚁一样）急得团团转。

（2）小明着急得（如坐针毡）。

（3）我无法平息自己，双手不断地搓来搓去，几乎（要把皮都搓破了）。

四、总结

有人说，写文章不是科学研究，不要局限于如实记录。眼睛的观察很重要，内心的发现更重要。没有想象，没有心理活动的语言，就像风干的丝瓜一样干瘪、枯燥、乏味。希望大家在描写的时候，不仅要把自己观察到的写下来，还要把心里想到的写下来。这样，写出来的东西，就生动、形象、有趣多了。

第二课时：心理活动的贯穿

一、导入

我们在做事情的过程中，会伴随着丰富的心理活动。也就是说，随着事情的发展，我们会产生各种各样的想法。善于捕捉内心的想法和情感体验，就能写出不一样的东西。一篇记事的文章，因为有了这些心理活动，才会变得真实、生动、感人。

二、品读

1. 寻找：自读《争吵》一文，把描写"心理活动"的句子画下来。

争吵

今天我和克莱谛吵架，并不是因为他得了奖，我嫉妒他。早晨，"小石匠"病了，老师叫我替他抄写每月故事。我正抄着，坐在旁边的克莱谛忽然碰了我的胳膊肘，把墨水滴到笔记本上，本子被弄脏了，字迹也看不清了。我火了，骂了他一句。

他只微笑着说："我不是故意的。"

我本来会相信他的，可是他的笑让我很不高兴。心想："哼，得了奖，有什么了不起了！"于是我想报复他。过了一会儿，我也碰了他一下，把他的本子也弄脏了。

克莱谛气得脸都红了。"你这是故意的！"说着就举起手来，正好被老师看见了，克莱谛急忙缩回手去,说:"我在外边等你!"

我觉得很不安,气也全消了。我很后悔,不该那样做。克莱谛是个好人,他绝对不会是故意的。我想起那次去他家玩,他帮助父母亲干活、服侍生病的母亲的情形。还有他来我家的时候,我们全家都诚心诚意地欢迎他,父亲又是那么喜欢他的种种情形来。啊,要是我没有骂他,没有做对不起他的事该有多好!我又记起父亲"应该知错认错"的话来。但是,要我向他承认错误,我觉得太丢脸。我用眼角偷偷地看他,见他上衣肩上的线缝都开了,大概是因为扛多了柴的缘故吧。想到这里,我觉得克莱谛很可爱,心里暗暗说"去向他认错吧",可是"请原谅我"这几个字怎么也说不出来。

克莱谛不时用眼睛瞟我,从他的眼里表示出来的不是愤怒,而是悲哀。

他又说:"我在外边等着你!"我回答说:"我也等着你!"可我心里却在想着父亲对我说过的话:"要是你错了,别人打你,你千万不要还手,只要防御就是了。"

我心想:"我只是防御,决不还手。"毕竟是心里有事,老师讲的功课我一句也没有听进去。

终于挨到了放学。我独自在街上走着,听见克莱谛从后面跟上来。我手里拿着戒尺站住等他。他走近了我,我举起戒尺。

"不,安利柯!"克莱谛微笑着用手拨开戒尺,温和地对我说:"让我们像从前那样做好朋友吧!"

我愣住了。我觉得有两只手搭在我的肩上。

"以后我们再不吵架了,好吗?"

"再也不了!再也不了!"我回答说。然后我们就高高兴兴地分手了。

回到家里,我把这件事告诉了父亲,本想让父亲高兴一下,不料父亲把脸一沉,说:"既然你错了,就应该第一个伸过手去请他原谅,而不应该向一个比你高尚的朋友举起戒尺!"说着从我手里夺过戒尺,折成两段,向墙角扔去。

2. 品读:这些描写心理活动的句子,分别表现了安利柯怎样的心情?

(1) 我本来会相信他的,可是他的笑让我很不高兴。心想:"哼,得了奖,有什么了不起了!"

——表现出"我"当时很生气。

(2) 我觉得很不安,气也全消了。我很后悔,不该那样做。克莱谛是个好人,他绝对不会是故意的。我想起那次去他家玩,他帮助父母亲干活、服侍生病的母亲的情形。还有他来我家的时候,我们全家都诚心诚意地欢迎他,父亲又是那么喜欢他的种种情形来。啊,要是我没有骂他,没有做对不起他的事该有多好!我又记起父亲"应该知错认错"的话来。但是,要我向他承认错误,我觉得太丢脸。我用眼角偷偷地看他,见他上衣肩上的线缝都开了,大概是因为扛多了柴的缘故吧。想到这里,我觉得克莱谛很可爱,心里暗暗说"去向他认错吧",可是"请原谅我"这几个字怎么也说不出来。

——表现出"我"当时很矛盾,很后悔。

(3) 我心想:"我只是防御,决不还手。"毕竟是心里有事,老师讲的功课我一句也没有听进去。

——"我"认识到自己错误后的坦然。

3. 小结:在"我"和克莱谛争吵前,我妒忌他,觉得很生气;争吵后,我感到很纠结,很矛盾,很后悔;等我认识到自己的错误后,就显得冷静了很多。人们常说:冲动是魔鬼! 每一个犯错的人,也许都会有这样的心理活动变化过程。写下来,文章就生动了,感人了。

三、练笔

每个人都有许多"第一次"。第一次做某件事的时候,我们的心理活动更为丰富。请同学们回忆一下自己第一次独自回家的情景,完成下列练习。

(1) 早上上学的时候,妈妈说她下午有事。不能接我回家,让我放学后回家,

_____ ;

(2) 放学后,我背着书包,独自一人走在回家的路上,

_____ ;

(3) 终于安全到家了,我长长地吁了一口气。

_____ 。

第三课时:心理活动的形式

一、复习

1. 回顾:在三年级的时候,我们就学习过不同的对话形式:

(1) 小男孩摆弄了很久很久,说:"一切准备停当。"

(2) "一定会飞回来!"男孩肯定地说。

(3) "是的。"小男孩站起来,鞠了个躬,"请让我进去吧!"

2. 补充:除以上三种之外,还有第四种形式,完全不需要提示语。比如:

"是谁把它放在那儿的呢?"

"听说天上常常掉下来陨石,也许它是从天上掉下来的吧!"

3. 小结:对话的形式有四种:提示语在前,提示语在后,提示语在中间,不需要提示语。

二、迁移

心理描写和语言描写一样,也有如下一些形式:

(1) 儿子摇摇晃晃地走了。从他出门的那一分钟起,我就开始后悔。我想我一定是世上最狠心的母亲,在孩子有病的时候,不但不帮助他,还给他雪上加霜。我就

是想锻炼他,也该领着他一道去,一路上指点指点,让他先有个印象,以后再按图索骥。这样虽说可能留不下记忆的痕迹,但来日方长,又何必在意这病中的分分秒秒呢?

（2）让我担心的是,家里并不宽裕,我只攒了100美元,却要由五个孩子来分享,他们怎么可能买到很多很好的礼物呢?

（3）时间长了,他对这块大石头发生了兴趣:这么大的一块石头,是从哪儿来的呢?

——提示语在前面,只不过把"想"换成了"后悔""担心",后面都是"后悔""担心"的具体内容。

（4）小柱子觉得奶奶说得在理,看来想拿出绝招,只有练。练点什么呢? 晚上小柱子躺在炕上还在想,想着想着终于有了主意。

（5）这块突兀的大石头到底是怎么来的? 为什么它的四周都是平整的土地,没有一块石头呢? 这个问题李四光想了许多年。

——提示语在后面。前面是想的具体内容。

（6）我的脸顿时烧起来,心想,这么难听的声音一定破坏了这林中的和谐,一定破坏了这位老人正独享的幽静。（想在中间）

（7）妈妈可真小气! 我想,今天我过生气,她连个蛋糕也没有给我买!

——提示语在中间。前面"脸顿时烧起来",是内心活动的外显。

（8）劝他不去? 要不把他放在队尾? 再不就把他藏在队伍中间? 可是跟他怎么说呢? 谁去跟他说呢?

——不要提示语,全段都是队员们的想法。

三、练习

请认真阅读下面这篇文章,找出描写心理活动的句子。运用刚刚学习过的方法,把这些句子改成不同的表达形式,让文章更自然,更灵动。

第一次炒菜

周六下午,妈妈不在家。可是我的肚子已经咕咕叫了。我想:我还是自己做饭吧。

打开冰箱门,发现里面的东西并不多,只剩下两个西红柿,和四五个鸡蛋。我想:别的菜我也不会,那就做个西红柿炒鸡蛋吧!

我把西红柿洗净、切碎,又拿了两个鸡蛋,打到碗里。我想:应该搅拌一下,鸡蛋液才会均匀吧? 我就拿起筷子,搅了好一阵子。

开火、倒油。油烟飘起来了,我想:先放什么呢? 容不得我再思考,先倒西红柿吧。翻炒了一阵子,我把鸡蛋倒进去了。

西红柿和鸡蛋混在一起,成"糊"了。我想:可能多炒一会儿,就好了。三五分钟过去,糊还是糊。束手无策的我,只好把它铲到盘子里。

第一次做西红柿炒鸡蛋,就这样失败了。我想:要是平时仔细看看爸爸是怎么做的,就不会出现这样的问题了。

第四课时:人物语言的推理

一、导入

在事情发展变化过程中,随机出现的想法,是零散的、碎片化的。当一件事情结束后,我们从整体上梳理整件事情的前因后果时,就会有全新的发现,就会得到一些有益的启示。

有的时候,我们会把自己的想法,完整地写出来;有的时候,我们会借用人物的语言,将自己的想法,完整地讲述出来。

二、欣赏

1.《惊弓之鸟》片段赏析:

更赢说:"它飞得慢,叫的声音很悲惨。飞得慢,因为它受过箭伤,伤口没有愈合,还在作痛;叫得悲惨,因为它离开同伴,孤单失群,得不到帮助。它一听到弦响,心里很害怕,就拼命往高处飞。它一使劲伤口又裂开了,就掉下来了。"

——每一句话分别讲什么?(慢与悲惨;受过箭伤;离开同伴;因害怕而高飞;裂开与掉下)

——如果划分为三个层次,分别讲什么?(现象、原因,结果)

——总结:更赢正是经过了严密的推理,才做出这样的承诺:"大王,我不用箭,只要拉一下弓,就能把那只大雁射下来。"

2.《画杨桃》片段赏析:

老师让这几个同学回到自己的座位上,然后和颜悦色地说:"提起杨桃,大家都很熟悉。但是,看的角度不同,杨桃的样子也就不一样,有时候看起来真像个五角星。因此,当我们看见别的人把杨桃画成五角星的时候,不要忙着发笑,要看看人家是从什么角度看的。我们应该相信自己的眼睛,看到是什么样的就画成什么样。"

——这是老师在观察了整件事情之后,对同学们的教导,实际上是写自己的想法。

——每一部分都讲了什么?(熟悉、角度、不要忙着发笑,相信自己的眼睛)

——这几点有没有内在的联系?(因为熟悉,才会受到原有认识的影响,才会忽略角度的问题。所以,当别人和我们不一样的时候,就应该静下心来观察、思考。)

3.《给予树》片段赏析:

没等我问,金吉娅先开口了:"妈妈,我拿着钱到处逛,本来想送给您和哥哥姐姐一些漂亮的礼物。后来,我看到了一棵援助中心的'给予树'。树上有许多卡片,其中一张是一个小女孩写的。她一直盼望圣诞老人送给她一个穿着裙子的洋娃娃。于是,我取下卡片,买了洋娃娃,把它和卡片一起送到了援助中心的礼品区。"

——找出每一部分的关键词。（本来、后来、其中、一直、于是。）

——追问：金吉娅心里没有家人么？为什么没有给家人买漂亮的礼物呢？这棵树和小女孩有什么关系呢？她为什么要帮助小女孩呢？

——只有这样符合情理的描写，才让我们觉得这个故事非常真实、自然。

三、练习

1. 提炼：

一系列的想法，就如同提炼上的一个个小环。当这些小环依次相连，环环相扣的时候，才会形成一条完整的提炼。我在写文章的时候，一定要进行思考，让每句话紧密地联系在一起。

2. 训练：

因为我书写潦草，出现了不少错别字，语文考试的成绩很不理想。晚上，妈妈认真看过我的试卷，语重心长地对我说："_____。"

第五课时：正反两方面比较

一、导入

任何事物，都会有正反不同的两个方面。看似正确的事情，如果换个角度来看，也许就有问题了。在很多情况下，我们需要从不同的角度，去思考问题，提高我们的思考辨别能力。这不是钻牛角尖，其实是一种创新思维能力。

二、理解

1. 寻找：默读《两个铁球同时着地》这篇文章，找出描写伽利略心理活动的句子。

两个铁球同时着地

伽利略是 17 世纪意大利伟大的科学家。他在学校念书的时候，同学们就称他为"辩论家"。他提出的问题很不寻常，常常使老师很难解答。

那时候，研究科学的人都信奉亚里士多德，把这位两千多年前的希腊哲学家的话当作不容许更改的真理。谁要是怀疑亚里士多德，人们就会责备他："你是什么意思？难道要违背人类的真理吗？"

亚里士多德曾经说过："两个铁球，一个 10 磅重，一个 1 磅重，同时从高处落下来，10 磅重的一定先着地，速度是 1 磅重的 10 倍。"这句话使伽利略产生了疑问。他想：如果这句话是正确的，那么把这两个铁球拴在一起，落得慢的就会拖住落得快的，落下的速度应当比 10 磅重的铁球慢；但是，如果把拴在一起的两个铁球看作一个整体，就有 11 磅重，落下的速度应当比 10 磅重的铁球快。这样，从一个事实中却可以得出两个相反的结论，这怎么解释呢？

伽利略带着这个疑问反复做了许多次试验，结果都证明亚里士多德的这句话的确说错了。两个不同重量的铁球同时从高处落下来,总是同时着地,铁球往下落的速度跟铁球的轻重没有关系。伽利略那时候才 25 岁,已经当了数学教授。他向学生们宣布了试验的结果,同时宣布要在比萨城的斜塔上做一次公开试验。

消息很快传开了。到了那一天,很多人来到斜塔周围,都要看看在这个问题上谁是胜利者,是古代的哲学家亚里士多德呢,还是这位年轻的数学教授伽利略? 有的说:"这个青年真是胆大妄为,竟想找亚里士多德的错处!"有的说:"等会儿他就固执不了啦,事实是无情的,会让他丢尽了脸!"

伽利略在斜塔顶上出现了。他右手拿着一个 10 磅重的铁球,左手拿着一个 1 磅重的铁球。两个铁球同时脱手,从空中落下来。一会儿,斜塔周围的人都忍不住惊讶地呼喊起来,因为大家看见两个铁球同时着地了,正跟伽利略说的一个样。这时大家才明白,原来像亚里士多德这样的大哲学家,说的话也不是全都对的。

2. 品析:

(1)出示句子:

他想:如果这句话是正确的,那么把这两个铁球拴在一起,落得慢的就会拖住落得快的,落下的速度应当比 10 磅重的铁球慢;但是,如果把拴在一起的两个铁球看作一个整体,就有 11 磅重,落下的速度应当比 10 磅重的铁球快。这样从一个事实中却可以得出两个相反的结论,这怎么解释呢?

(2)思考:

伽利略从哪两个角度,来分析亚里士多德的观点的?(把两个铁球看成两个独立的个体;把两个铁球看成一个整体)

分别得出了怎样的结论?

一个事实,却出现两个相反的结论,说明了什么?

3. 引导:每个人,都应该有自己独立的思考,不要随意盲从别人。听到别人的观点时,我们要像伽利略一样,从不同的角度,去思考问题。

三、练习

很多人认为,多读课外书,就能写好作文。你怎么看? 请从"可以"、"不可以"两个方面的比较中,得出属于你自己的观点。

如果说,多阅读课外书,就能写好作文是对的,

_____ ;

如果说,多阅读课外书,就能写好作文是错的,

_____ ;

所以,我认为,

_____ ;

第六课时：从不同角度去想

一、导入

心理活动，看不到，摸不着，没有颜色，也没有味道。很多同学，在写心理活动的时候，总是有一种"老虎吃天——无处下爪"的感觉。究竟该怎么把心理活动写具体，写生动呢？

二、分析

1. 勾画：默读《穷人》，找出描写桑娜心理活动的片段。

渔夫的妻子桑娜坐在火炉旁补一张破帆。屋外寒风呼啸，汹涌澎湃的海浪拍击着海岸，溅起一阵阵浪花。海上正起着风暴，外面又黑又冷，这间渔家的小屋里却温暖而舒适。地扫得干干净净，炉子里的火还没有熄，食具在搁板上闪闪发亮。挂着白色帐子的床上，五个孩子正在海风呼啸声中安静地睡着。丈夫清早驾着小船出海，这时候还没有回来。桑娜听着波涛的轰鸣和狂风的怒吼，感到心惊肉跳。

古老的钟发哑地敲了十下，十一下……始终不见丈夫回来。桑娜沉思：丈夫不顾惜身体，冒着寒冷和风暴出去打鱼，她自己也从早到晚地干活，还只能勉强填饱肚子。孩子们没有鞋穿，不论冬夏都光着脚跑来跑去；吃的是黑面包，菜只有鱼。不过，感谢上帝，孩子们都还健康。没什么可抱怨的。桑娜倾听着风暴的声音，"他现在在哪儿？上帝啊，保佑他，救救他，开开恩吧！"她一面自言自语，一面在胸前画着十字。

睡觉还早。桑娜站起身来，把一块很厚的围巾包在头上，提着马灯走出门去。她想看看灯塔上的灯是不是亮着，丈夫的小船能不能望见。海面上什么也看不见。风掀起她的围巾，卷着被刮断的什么东西敲打着邻居小屋的门。桑娜想起了傍晚就想去探望的那个生病的邻居。"没有一个人照顾她啊！"桑娜一边想一边敲了敲门。她侧着耳朵听，没有人答应。

"寡妇的日子真困难啊！"桑娜站在门口想，"孩子虽然不算多——只有两个，可是全靠她一个人张罗，如今又加上病。唉，寡妇的日子真难过啊！进去看看吧！"

桑娜一次又一次地敲门，仍旧没有人答应。

"喂，西蒙！"桑娜喊了一声，心想，莫不是出什么事了？她猛地推开门。

屋子里没有生炉子，又潮湿又阴冷。桑娜举起马灯，想看看病人在什么地方。首先投入眼帘的是对着门放着的一张床，床上仰面躺着她的女邻居。她一动不动。桑娜把马灯举得更近一些，不错，是西蒙。她头往后仰着，冰冷发青的脸上显出死的宁静，一只苍白僵硬的手像要抓住什么似的，从稻草铺上垂下来。就在这死去的母亲旁边，睡着两个很小的孩子，都是卷头发，圆脸蛋，身上盖着旧衣服，蜷缩着身子，两个浅黄头发的小脑袋紧紧地靠在一起。显然，母亲在临死的时候，拿自己的衣服盖在他们身上，还用旧头巾包住他们的小脚。孩子的呼吸均匀而平静，他们睡得正香甜。

桑娜用头巾裹住睡着的孩子，把他们抱回家里。她的心跳得很厉害，自己也不知道为什么要这样做，但是觉得非这样做不可。她把这两个熟睡的孩子放在床上，让他们同自己的孩子睡在一起，又连忙把帐子拉好。

桑娜脸色苍白，神情激动。她忐忑不安地想："他会说什么呢？这是闹着玩的吗？自己的五个孩子已经够他受的了……是他来啦？……不，还没来！……为什么把他们抱过来啊？……他会揍我的！那也活该，我自作自受……嗯，揍我一顿也好！"

门吱嘎一声，仿佛有人进来了。桑娜一惊，从椅子上站起来。

"不，没有人！上帝，我为什么要这样做？……如今叫我怎么对他说呢？"……桑娜沉思着，久久地坐在床前。

门突然开了，一股清新的海风冲进屋子。魁梧黧黑的渔夫拖着湿淋淋的撕破了的鱼网，一边走进来，一边说："嘿，我回来啦，桑娜！"

"哦，是你！"桑娜站起来，不敢抬起眼睛看他。

"瞧，这样的夜晚！真可怕！"

"是啊，是啊，天气坏透了！哦，鱼打得怎么样？"

"糟糕，真糟糕！什么也没有打到，还把网给撕破了。倒霉，倒霉！天气可真厉害！我简直记不起几时有过这样的夜晚了，还谈得上什么打鱼！谢谢上帝，总算活着回来啦。……我不在，你在家里做些什么呢？"

渔夫说着，把网拖进屋里，坐在炉子旁边。

"我？"桑娜脸色发白，说，"我嘛……缝缝补补……风吼得这么凶，真叫人害怕。我可替你担心呢！"

"是啊，是啊，"丈夫喃喃地说，"这天气真是活见鬼！可是有什么办法呢！"

两个人沉默了一阵。

"你知道吗？"桑娜说，"咱们的邻居西蒙死了。"

"哦？什么时候？"

"我也不知道，大概是昨天。唉！她死得好惨哪！两个孩子都在她身边，睡着了。他们那么小……一个还不会说话，另一个刚会爬……"桑娜沉默了。

渔夫皱起眉，他的脸变得严肃、忧虑。"嗯，是个问题！"他搔搔后脑勺说，"嗯，你看怎么办？得把他们抱来，同死人待在一起怎么行！哦，我们，我们总能熬过去的！快去！别等他们醒来。"

但桑娜坐着一动不动。

"你怎么啦？不愿意吗？你怎么啦，桑娜？"

"你瞧，他们在这里啦。"桑娜拉开了帐子。

2. 聚焦：

桑娜脸色苍白，神情激动。她忐忑不安地想："他会说什么呢？这是闹着玩的吗？

自己的五个孩子已经够他受的了……是他来啦？……不，还没来！……为什么把他们抱过来啊？……他会揍我的！那也活该，我自作自受……嗯，揍我一顿也好！"

——这段话主要写了桑娜抱回孩子以后的心情。你想用哪一个词语来概括？

——作者为什么使用了大量的"？"、"！"、"……"？

——这一段心理活动描写，共有几句话？紧张、矛盾的桑娜，分别想到了什么？（丈夫、自己、结果、幻觉）

3. 小结：任何一件事情，我们从不同的角度看，都会有内心最真实的想法，当我们将这些想法一一写下来的时候，心理活动就描写得具体生动了。

三、练习

1. 设置情境：

晚上，爸爸妈妈都出去了，只留下我一个人在家里。夜深了，屋子里静得可怕，只听到钟表滴答滴答的声音。这时，我的心里想到了很多：＿＿＿＿＿＿＿＿＿＿＿。

2. 完成练习。

3. 交流讲评。

第七课时：魔鬼天使的对话

一、导入

有人说，每个人心里都住着一个天使和一个恶魔。在我们犹豫不决，难以拿定主意的时候，天使和恶魔之间，就会进行一场激烈的争斗。

二、指导

1. 距离：同学们都有这样的经历：夜已经深了，你还趴在桌子上写作业。这时，你真叫一个"困"哪。这时，你的心里，就会出现两个人物，一个是魔鬼，一个是天使，他们之间会进行激烈的争吵。

2. 模拟：先找出必须写完作业的几个理由，再找出几个不用写完作业的理由，同桌之间相互合作。来一场"魔鬼"与"天使"的对话。

3. 展示。

4. 欣赏：认真读如下片段，看看你发现了什么？

魔鬼与天使的对话

魔鬼：夜，已经很深了，明天还要早早起床去上学呢！实在写不完，就算了吧。

天使：不行！明天早上回到学校，老师发现我没有完成作业，会严厉批评我的。

魔鬼：你跟老师说明情况，说晚上作业太多，不就可以了吗？你困得厉害，写的作业乱七八糟的,跟不写有什么不同呢?

天使:肯定不同!写得不好,是能力问题;没有完成,是态度问题。再说了,班上那么多同学都能完成,我还有什么理由不完成呢?

魔鬼:人和人的能力不同。你这样劳累,会影响视力,损害身体健康,身体都保证不了,学习有什么用?

天使:身体确实很重要。但是,不在于今天晚上的这点时间。我想,还是坚持一下,把它写完,我的心里会好受点。

5. 总结:

(1)一般来说,对话最好进行三个回合以上;

(2)争论的语言分为两种:应答——回应对方的问题,观点;质问——换一个角度,挑起新的话题。只有这样,争论的话题,才会继续下去。

三、练习

1. 情境设置:

你一直想要一辆遥控车,可是妈妈不答应。有一天,妈妈不在家,你看到妈妈放在桌子上的钱,就想到了歪主意。当手伸向钱的哪一刻,你犹豫了。这时,心里的天使和恶魔,会进行一番激烈的争吵。

2. 完成练习。

3. 交流评点。

第八课时:回忆往事与插叙

一、导入

我们在描写一件事情的过程中,有时候会想起曾经发生过的某些事情。这个时候,我们需要运用一种新的描写方法:

插叙是在叙述中心事件的过程中,为了帮助展开情节或刻画人物,暂时中断叙述的线索,插入一段与主要情节相关的回忆或故事的叙述方法。

二、赏析

1. 寻找:阅读《凡卡》一文,找出插叙的内容。

凡卡

九岁的凡卡·茹科夫,三个月前给送到鞋匠阿里亚希涅那儿做学徒。圣诞节前夜,他没躺下睡觉。他等老板、老板娘和几个伙计到教堂做礼拜去了,就从老板的立柜里拿出一小瓶墨水,一支笔尖生了锈的钢笔,摩平一张揉皱了的白纸,写起信来。

在写第一个字母以前，他担心地朝门口和窗户看了几眼，又斜着眼看了一下那个昏暗的神像，神像两边是两排架子，架子上摆满了楦头。他叹了一口气，跪在作台前边，把那张纸铺在作台上。

"亲爱的爷爷康司坦丁·玛卡里奇，"他写道，"我在给您写信。祝您过一个快乐的圣诞节，求上帝保佑您。我没爹没娘，只有您一个亲人了。"

凡卡朝黑糊糊的窗户看看，玻璃窗上映出蜡烛的模糊的影子；他想象着他爷爷康司坦丁·玛卡里奇，好像爷爷就在眼前。爷爷是日发略维夫老爷家里的守夜人。他是个非常有趣的瘦小的老头儿，65岁，老是笑眯眯地眨着眼睛。白天，他总是在大厨房里睡觉。到晚上，他就穿上宽大的羊皮袄，敲着梆子，在别墅的周围走来走去。老母狗卡希旦卡和公狗泥鳅低着头跟在他后头。泥鳅是一条非常听话非常讨人喜欢的狗。它身子是黑的，像黄鼠狼那样长长的，所以叫它泥鳅。

现在，爷爷一定站在大门口，眯缝着眼睛看那乡村教堂的红亮的窗户。他一定在跺着穿着高筒毡靴的脚，他的梆子挂在腰带上，他冻得缩成一团，耸着肩膀……

天气真好，晴朗，一丝风也没有，干冷干冷的。那是没有月亮的夜晚，可是整个村子——白房顶啦，烟囱里冒出来的一缕缕的烟啦，披着浓霜一身银白的树木啦，雪堆啦，全看得见。天空撒满了快活地眨着眼睛的星星，天河显得很清楚，仿佛为了过节，有人拿雪把它擦亮了似的……

凡卡叹了口气，蘸了蘸笔尖，接着写下去。

"昨天晚上我挨了一顿毒打，因为我给他们的小崽子摇摇篮的时候，不知不觉睡着了。老板揪着我的头发，把我拖到院子里，拿皮带揍了我一顿。这个礼拜，老板娘叫我收拾一条青鱼，我从尾巴上弄起，她就捞起那条青鱼，拿鱼嘴直戳我的脸。伙计们捉弄我，他们打发我上酒店去打酒。吃的呢，简直没有。早晨吃一点儿面包，午饭是稀粥，晚上又是一点儿面包；至于菜啦，茶啦，只有老板自己才大吃大喝。他们叫我睡在过道里，他们的小崽子一哭，我就别想睡觉，只好摇那个摇篮。亲爱的爷爷，发发慈悲吧，带我离开这儿回家，回到我们村子里去吧！我再也受不住了！……我给您跪下了，我会永远为您祷告上帝。带我离开这儿吧，要不，我就要死了！……"

凡卡撇撇嘴，拿脏手背揉揉眼睛，抽噎了一下。

"我会替您搓烟叶，"他继续写道，"我会为您祷告上帝。要是我做错了事，您就结结实实地打我一顿好了。要是您怕我找不着活儿，我可以去求那位管家的，看在上帝面上，让我擦皮鞋；要不，我去求菲吉卡答应我帮他放羊。亲爱的爷爷，我再也受不住了，只有死路一条了！……我原想跑回我们村子去，可是我没有鞋，又怕冷。等我长大了，我会照顾您，谁也不敢来欺负您。

"讲到莫斯科，这是个大城市，房子全是老爷们的，有很多马，没有羊，狗一点儿也不凶。圣诞节，这里的小孩子并不举着星星灯走来走去，教堂里的唱诗台不准人随便上去唱诗。有一回，我在一家铺子的橱窗里看见跟钓竿钓丝一块出卖的钓钩，能钓各种各样的鱼，很贵。有一种甚至钓得起一普特重的大鲇鱼呢。我还看见有些铺子卖各种枪，有一种跟我们老板的枪一样,我想一杆枪要卖一百个卢布吧。肉店里有山鹬啊,鹧鸪啊,野兔啊……可是那些东西哪儿打来的,店里的伙计不肯说。

"亲爱的爷爷,老爷在圣诞树上挂上糖果的时候,请您摘一颗金胡桃,藏在我的绿匣子里头。"

凡卡伤心地叹口气,又呆呆地望着窗口。他想起到树林里去砍圣诞树的总是爷爷,爷爷总是带着他去。多么快乐的日子啊!冻了的山林喳喳地响,爷爷冷得咝咝地咳,他也跟着咝咝地咳……要砍圣诞树了,爷爷先抽一斗烟,再吸一阵子鼻烟,还跟冻僵的小凡卡逗笑一会儿……许多小枞树披着浓霜,一动不动地站在那儿,等着看哪一棵该死。忽然不知从什么地方跳出一只野兔来,箭一样的窜过雪堆。爷爷不由得叫起来,"逮住它,逮住它,逮住它!嘿,短尾巴鬼!"

爷爷把砍下来的树拖回老爷家里,大家就动手打扮那棵树。

"快来吧,亲爱的爷爷,"凡卡接着写道,"我求您看在基督的面上,带我离开这儿。可怜可怜我这个不幸的孤儿吧。这儿的人都打我。我饿得要命,又孤零零的,难受得没法说。我老是哭。有一天,老板拿楦头打我的脑袋,我昏倒了,好容易才醒过来。我的生活没有指望了,连狗都不如!……我问候阿辽娜,问候独眼的艾果尔,问候马车夫。别让旁人拿我的小风琴。您的孙子伊凡·茹科夫。亲爱的爷爷,来吧!"

凡卡把那张写满字的纸折成四折,装进一个信封里,那个信封是前一天晚上花了一个戈比买的。他想了一想,蘸一蘸墨水,写上地址。

"乡下 爷爷收"

然后他抓抓脑袋,再想一想,添上几个字。

"康司坦丁·玛卡里奇"

他很满意没人打搅他写信,就戴上帽子,连破皮袄都没披,只穿着衬衫,跑到街上去了……前一天晚上他问过肉店的伙计,伙计告诉他,信应该丢在邮筒里,从那儿用邮车分送到各地去。邮车上还套着三四匹马,响着铃铛,坐着醉醺醺的邮差。凡卡跑到第一个邮筒那儿,把他那宝贵的信塞了进去。

过了一个钟头,他怀着甜蜜的希望睡熟了。他在梦里看见一铺暖炕,炕上坐着他的爷爷,耷拉着两条腿,正在念他的信……泥鳅在炕边走来走去,摇着尾巴……

2. 汇报:本文的插叙内容,主要有如下三个方面。

(1) 回忆爷爷的样子。

他想象着他爷爷康司坦丁·玛卡里奇,好像爷爷就在眼前。爷爷是日发略维夫老爷家里的守夜人。他是个非常有趣的瘦小的老头儿,65 岁,老是笑眯眯地眨着眼睛。白天,他总是在大厨房里睡觉。到晚上,他就穿上宽大的羊皮袄,敲着梆子,在别墅的周围走来走去。老母狗卡希旦卡和公狗泥鳅低着头跟在他后头。泥鳅是一条非常听话非常讨人喜欢的狗。它身子是黑的,像黄鼠狼那样长长的,所以叫它泥鳅。

现在，爷爷一定站在大门口，眯缝着眼睛看那乡村教堂的红亮的窗户。他一定在跺着穿着高筒毡靴的脚，他的梆子挂在腰带上，他冻得缩成一团，耸着肩膀……

（2）回忆乡下冬夜的景色。

天气真好，晴朗，一丝风也没有，干冷干冷的。那是没有月亮的夜晚，可是整个村子——白房顶啦，烟囱里冒出来的一缕缕的烟啦，披着浓霜一身银白的树木啦，雪堆啦，全看得见。天空撒满了快活地眨着眼睛的星星，天河显得很清楚，仿佛为了过节，有人拿雪把它擦亮了似的……

（3）回忆和爷爷一起砍圣诞树的情景。

凡卡伤心地叹口气，又呆呆地望着窗口。他想起到树林里去砍圣诞树的总是爷爷，爷爷总是带着他去。多么快乐的日子啊！冻了的山林喳喳地响，爷爷冷得吭吭地咳，他也跟着吭吭地咳……要砍圣诞树了，爷爷先抽一斗烟，再吸一阵子鼻烟，还跟冻僵的小凡卡逗笑一会儿……许多小枞树披着浓霜，一动不动地站在那儿，等着看哪一棵该死。忽然不知从什么地方跳出一只野兔来，箭一样的窜过雪堆。爷爷不由得叫起来，"逮住它，逮住它，逮住它！嘿，短尾巴鬼！"

3. 讨论：

本文的主要内容是凡卡写信告诉爷爷，自己在城里受到的种种折磨，祈求爷爷带他回到乡下去。为什么要插入这些内容呢？

（主要是和现在的生活，形成鲜明对比，突出凡卡的可怜。乡下的生活，虽然不宽裕，但是有乡村的宁静，有疼爱他的爷爷。）

三、练习

1. 情境再现：

有一天放学回家，你看到爸爸（妈妈）躺在床上。原来，她（他）重感冒，发烧了。这时，你会为她（他）做些什么？在这些事情的过程中，你又会情不自禁地回忆起哪些生活的画面。请用插叙的方式，写一写。

2. 练习交流。

第九课时：漫无边际的想象

一、导入

北京大学教授曹文轩，在《开奖啦》中，接受撒贝宁的采访："写好作文的秘诀"是什么？曹文轩说："写作文，其实是没有秘诀的！非要说一条的话，那就是要折腾。"如何折腾呢？他给大家讲了一个故事《一根羽毛》。

二、阅读

1. 认真阅读小说《一根羽毛》，想一想作者是如何折腾的？

一根羽毛

（1）

一根羽毛，一会儿被风吹到这边，一会儿又被风吹到那边。没有风的时候，一连许多天，她就孤单地待在杂草丛中，或是待在一堆落叶里。

这天，一个男孩儿和一个女孩儿路过，把羽毛捡了起来，互相传着看了看，又把她扔回地上，走了。

不一会儿，羽毛就听见女孩儿问男孩儿："这根羽毛，是哪只鸟的呢？"

"是啊，我属于哪只鸟呢？"从这一刻起，羽毛开始不住地问自己。

一阵大风把她吹上天空。

在天空飘动的感觉真好。

"如果我能属于一只鸟，会飞得更高啊！"

她多么渴望天空，多么渴望飞翔！

她落在了水边的一棵树上。

（2）

一只翠鸟站在树枝上，歪着脑袋，静静地看着水面。

羽毛怯生生地问翠鸟："我是你的吗？"

翠鸟没有搭理她，一头扎向水面，等她飞起来时，一条银色的小鱼正在她的嘴里扭动着。

翠鸟重新飞回树枝，又歪着脑袋，静静地看着水面。

羽毛一次又一次地问翠鸟："我是你的吗？"

可是，翠鸟只顾着抓鱼，总不搭理她。

羽毛静静地等待着。

翠鸟终于不再忙碌，扭头看了看羽毛，说："不是我的。"

（3）

一阵风吹来，羽毛被吹上了天空。

一只布谷鸟从她身旁飞了过去。

"我是你的吗？"羽毛问道。

布谷鸟只顾向人们叫唤着："布谷！布谷……"没有理会羽毛。

风不住地吹着，羽毛不住地在空中飘动。

当布谷鸟重又飞回来时，羽毛又问道："我是你的吗？"

布谷鸟扭头看了看："不是！不是！"

（4）

羽毛落在了水塘边。

一只苍鹭正在浅水里寻找食物。

羽毛问苍鹭："我是你的吗？"

苍鹭只顾一路向前寻找食物，不理她。

过了一会儿，苍鹭走了回来。

羽毛又问道："我是你的吗？"

苍鹭看了看羽毛："不是我的。"

（5）

一阵风吹来，羽毛又被吹上了天空。

一群大雁飞了过来。

羽毛问领头的那只大雁："我是你的吗？"

那只大雁只顾领着这群大雁往前飞，没有搭理羽毛。大雁飞过时，形成一股气流。

羽毛在气流中翻滚着，但她依然不住地问："我是你的吗？我是你的吗？"

飞在最后的那只大雁说："孩子，你不是我们大雁的羽毛。"

"知道了。"羽毛轻声说。等她终于能够稳稳地在天空飘动时，大雁的队伍已经远去了。

（6）

羽毛落在了一片草地上。

那时，有一只蓝孔雀正在开屏。

许多人在观看——实在太漂亮了！

好一会儿，孔雀才把彩屏慢慢收起。人们散去了。

羽毛问孔雀："我是你的吗？"

孔雀看了看羽毛说："你也好意思问'我是你的吗？'

你也不仔细看看，我的羽毛可是这世界上最美丽的羽毛！"

（7）

羽毛藏在草丛里不吭声了。

后来，羽毛问过喜鹊："我是你的吗？"

问过天鹅："我是你的吗？"

问过野鸭："我是你的吗？"

问过琴鸟和百灵："我是你的吗？"

回答是一样的："不是。"

这天，羽毛遇到了好心的云雀。

云雀说："孩子，你虽然不属于我，但我可以满足你的愿望，带你飞上高空。我可是这个世界上飞得最高的鸟呀！"

云雀用嘴衔着羽毛，向云的上空一个劲儿地飞去。

穿越了茫茫的云海，云雀把羽毛带到了云层的上方。

云雀放下羽毛，然后和羽毛一起在天空飘动。

羽毛落在了一座山上。

（8）

岩石上，立着一只威猛的鹰。

羽毛毫无理由地觉得，她是属于这只鹰的。想到这一点，不知是因为激动，还是因为有微风吹来，她有点儿颤抖起来。

"我是你的吗?"羽毛小声地问。

"什么?"鹰歪了一下脑袋问。

"我是你的吗?"羽毛声音大大地问。

鹰没有回答羽毛。他矮下身子，慢慢展开巨大的翅膀——一只云雀正向这边飞来。

羽毛对鹰说："我认识这只云雀?"

她的话还没有说完，只见鹰"嗖"地飞离了岩石，然后像一支黑色的箭，向云雀射去。

羽毛听到了空中的一声尖叫，她甚至看到有一滴鲜红的血珠，亮晶晶地从空中滴落下来。

"风呀，你赶紧来吧! 赶紧来把我吹走吧!"羽毛在心里不住地呼唤。

风来了，羽毛飞起，在峡谷中旋转，向山下的田野飘去。

天下起雨来。雨珠从羽毛上滑落，仿佛泪珠。

"我一辈子也不想再见到这只鹰!"

（9）

羽毛落在了田野上。

她躺在草丛里，什么也不想，一躺就是好几天。

灿烂的阳光下，一只母鸡带着一群小鸡，正在觅食。

一家子欢欢喜喜，自由自在。

羽毛想：其实，不飞到天空，就在大地上走着，也很好呀!

她多么想问母鸡："我是你的吗?"但她已经没有勇气了。

温暖的阳光下，母鸡展开了双翅——

啊，好像缺一根羽毛呢!

2. 讨论：

（1）这一根羽毛，一直在做一件什么事?

（2）他在寻找"自己属于那只鸟"的过程中，分别遇到了谁? 分别发生了怎样的故事?

（3）寻找故事中的"巧合"：你觉得哪些情节安排得很巧妙?

——翠鸟正在捉鱼。

——布谷鸟正在唱歌。

——苍鹰正在寻找猎物。

——大雁在天空翱翔。

……

（4）作者选择这些鸟儿的时候，有没有经过认真思考呢？

3．总结：巧妙的安排再加上天马行空般的想象，让这个故事变得跌宕起伏，一波三折。

三、练习

题目：一张纸的经历

提示：一张白纸，被风吹出了窗户，它飘呀飘，会飘过哪些地方呢？请你发挥想象，编一个故事。

第十课时：环境与心理活动

一、导入

有时候，心理活动可以直接写出来，这叫直抒胸臆；比如在《草原》中，文章一开头就这样写：这次，我看到了草原。那里的天比别处的更可爱，空气是那么清鲜，天空是那么明朗，使我总想高歌一曲，表示我满心的愉快。

有时候，作者会把内心的感受，含蓄地隐藏起来。然后，通过自然环境的变化，巧妙地表现出来。

二、品读

1．寻找：

读《那片绿绿的爬山虎》，将关于自然环境的描写画下来。想一想，作者为什么要在记事的过程中插入自然环境的描写呢？

那片绿绿的爬山虎

1963年，我上初三，写了一篇作文叫《一张画像》，经我的语文老师推荐，在北京市少年儿童征文比赛中获了奖。

一天，语文老师拿着一个厚厚的大本子对我说："你的作文要印成书了，你知道是谁替你修改的吗？"我睁大了眼睛，有些莫名其妙。"是叶圣陶先生！"老师将那大本子递给我，又说："你看看叶老先生修改得多么仔细，你可以从中学到不少东西。"

我打开本子一看，里面有这次征文比赛获奖的20篇作文。翻到我的那篇作文，我一下子愣住了：映入眼帘的是红色的修改符号和改动后增添的小字，密密麻麻，几页纸上到处是红色的圈、钩或直线、曲线。

回到家，我仔细看了几遍叶老先生对我作文的修改。题目《一张画像》改成《一幅画像》，我立刻感到用字的准确性。类似这样的修改很多，长句断成短句的地方也不少。有一处，我记得十分清楚："怎么你把包几何课本的书皮去掉了呢？"叶老先生改成："怎么你把几何课本的包书纸去掉了呢？"删掉原句中"包"这个动词，使得句子干净了也规范了。而且"书皮"改成"包书纸"更确切,因为书皮可以认为是书的封面。我虽然未见叶老先生的面,却从他的批改中感受到他的认真、平和以及温暖,如春风拂面。

叶老先生在我的作文后面写了一则简短的评语:"这一篇作文写的全是具体事实,从具体事实中透露出对王老师的敬爱。肖复兴同学如果没有在这几件有关画画的事上深受感动,就不能写得这样亲切自然。"这则短短的评语,树立了我写作的信心。

这一年暑假,语文老师找到我,说:"叶圣陶先生要请你到他家做客。"我感到意外:像叶圣陶先生那样的大作家,居然要见一个初中生!

那天下午,天气很好。我来到叶老先生住的四合院。刚进里院,一墙绿葱葱的爬山虎扑入眼帘。夏日的燥热仿佛一下子减少了许多,阳光都变成绿色的,像温柔的小精灵一样在上面跳跃着,闪烁着迷离的光点。

叶老先生见了我,像会见大人一样同我握了握手,一下子让我觉得距离缩短不少。

我们的交谈很融洽,仿佛我不是小孩,而是大人,一个他的老朋友。他亲切之中蕴含的认真,质朴之中包含的期待,把我小小的心融化了,以至不知黄昏的到来。落日的余晖染红窗棂,院里那一墙的爬山虎,绿得沉郁,如同一片浓浓的湖水,映在客厅的玻璃窗上,不停地摇曳着,显得虎虎有生气。

我非常庆幸,自己第一次见到作家,竟是这样一位人品与作品都堪称楷模的大作家。他跟我的谈话,让我好像知道了或者模模糊糊懂得了:作家就是这样做的,作家的作品就是这么写的。我15岁时的那个夏天意义非凡。在我的眼前,那片爬山虎总是那么绿着。

2. 讨论:

作者为什么要插入这三次自然景物的描写呢?

——第一次:通过环境描写,表现出作者当时即将见到叶老先生时的欣喜和激动;

——第二次:通过环境描写,表现出作者与叶老先生交谈时的愉悦和轻松。

——第三次:通过环境描写,表现出作者对叶老先生深深的怀念和感激之情。

3. 点拨:

(1)环境描写可以穿插一次,也可以穿插多次;

(2)环境描写,可以描写同一种景物的变化,也可以描写不同的景物。

三、练习

题目:难忘的一天

情境:早上,我满怀期待上学去,因为今天老师要发期中考试的试卷。

中午,拿到试卷的那一刻,我失望极了,仅仅一分之差,我又输给了同桌。

放学了,我闷闷不乐地走在回家的路上。

要求:扩写这篇文章,加入自然环境的变化。

评 析

　　我在《小学语文学习与教学论》一书中区分了两种水平的教学设计：课程水平与课堂水平的设计。前者应该由课程专家完成。很可惜，如何教小学生写作，语文课程标准和语文教材中只有抽象含糊的目标和要求，缺乏具体教材内容。为了应付考试，家长往往求助于校外补习。屈太侠老师设计的"心理活动描写"单元，属于课程水平的教学设计。

　　课程水平的单元教学目标不是来自教材分析，而是来自学生需要评估。在现实生活中，我们经常发现，小学生在写作时往往只能就看到的人、事、物进行描写。他们不知道，除了写看得见的东西之外，还可以写想象的和心理活动。正如屈老师所说，文章"没有想象，没有心理活动的语言，就像风干的丝瓜一样干瘪、枯燥、乏味"。针对小学生这个弱点，本单元利用课内外资源（课内已经学过课文五篇、若干片段，课外补充读物两篇），教会学生如何在写看得见的人、事、物的同时，加上自己的想象和心理活动描写，使写出来的东西更生动、形象、有趣。

　　目标确定以后，为实现目标，教师需要选择或开发教材。在本单元中，所选教材有五篇来自人教版课文，有两篇选自课外；有两个片段选自人教版课文，一个教师自编。这里的教材如叶圣陶所说，"无非是例子"。教师还需要从中提取写作规律性知识，如给出心理活动的定义；心理描写的定义与作用，它与比喻、夸张、想象等的关系；心理描写的提示语的几种形式，心理描写的内容和形式，等等。其中既有概念性知识，又有程序性知识。教师一一给出学生易于接受的定义和规则，并用实例予以说明。

　　写作属于综合能力。综合能力的形成离不开练习。所以本节十个课时，每课时都有针对性很强的写作练习。如果普通教师运用该单元的设计，真实地贯彻设计者的意图，认真指导学生完成所有应该完成的练习，学生的写作必定有很大长进。

（皮连生）

小学语文教学设计与实施